教育部新世纪优秀人才支持计划资助项目
河北省社会科学重要学术著作出版资助项目

中国农村市场
中介组织研究

我国农村市场中介组织涵盖了多种组织形态，虽然目前还处于发展的初级阶段，但是也应该找准自己在市场中的位置，明确自己的优劣势，才能正确选择组织经营战略。

纪良纲 刘东英 梁 佳◎著

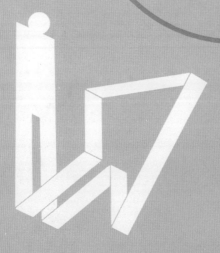

人民出版社

策划编辑:吴焰东
责任编辑:吴焰东
封面设计:肖　辉

图书在版编目(CIP)数据

中国农村市场中介组织研究/纪良纲　刘东英　梁　佳　著.
－北京:人民出版社,2009.3
ISBN 978－7－01－007673－7

Ⅰ.中…　Ⅱ.①纪…②刘…③梁…　Ⅲ.农村市场-中介组织-研究-中国
Ⅳ.F723.82

中国版本图书馆 CIP 数据核字(2009)第 011785 号

中国农村市场中介组织研究
ZHONGGUO NONGCUN SHICHANG ZHONGJIE ZUZHI YANJIU

纪良纲　刘东英　梁　佳　著

人民出版社 出版发行
(100706　北京朝阳门内大街 166 号)

北京集惠印刷有限责任公司印刷　新华书店经销

2009 年 3 月第 1 版　2009 年 3 月北京第 1 次印刷
开本:710 毫米×1000 毫米 1/16　印张:19.75
字数:322 千字　印数:0,001－3,000 册

ISBN 978－7－01－007673－7　定价:46.00 元

邮购地址 100706　北京朝阳门内大街 166 号
人民东方图书销售中心　电话 (010)65250042　65289539

前　言

　　中国是农业大国，农村问题是我国建设小康社会的关键。我从 20 世纪 90 年代开始专注农业和农村问题的研究，先后承担过"中国农产品流通体制与价格制度"、"农产品流通中介组织研究"、"市场中介组织与中小企业发展研究"等三项国家社科基金项目和"中国农村商品流通体制研究"、"我省农村市场中介组织建设对策研究"等多项省级课题。我在这个方面的研究，侧重于农村市场中介组织，已经发表了几十篇论文。

　　2005 年我入选教育部新世纪优秀人才支持计划，其中一个主要的研究课题就是中国农村市场中介组织研究。该课题的研究历时 3 年，由我和我校商学院的刘东英教授、梁佳老师共同完成；我的硕士研究生李柱石参与了资料的搜集与整理，并参与了第六章和第十六章的撰写工作；我校经济研究所的丁玉霞老师参与了资料的搜集与整理，并参与了第二章的撰写工作。在课题调研过程中，我们曾得到过河北省委宣传部、河北省发改委、保定市委宣传部、涿州市委市政府、安平县委县政府、宁晋县委县政府等部门领导的大力支持，在课题出版过程中人民出版社的吴焰东等同志付出了艰辛的劳动，河北省社科联和我校科研处的同志们也给予了很大帮助，在此一并表示衷心的感谢！

　　关于中国农村市场中介组织的研究，虽然我们已经取得初步成果，但还有很多课题需要深入探讨，我们将继续关注这个问题，力争取得更多更好的成果，也期望继续得到各位学者和专家的指导和帮助！

纪良纲
2009 年 1 月

目　录

第一章　中国的农村市场

　　推行市场经济体制以来，中国的社会与经济发生了深刻的变革，但是，从总体看，农业没有能和工业保持同步发展，农村面貌较之城市差别巨大，农民生活远落后于城市居民。"三农"问题的日益突出已经成为经济发展的瓶颈，农村市场作为中国市场体系的重要构成部分，其发育水平与发展方向对总体经济发展产生重要影响。考察中国的农村市场，必须要把握两点：第一，中国的农村市场是二元社会经济结构下的市场；第二，中国的农村市场是处于转型背景下的市场。这两个前提决定了农村市场不是一个简单的区域概念。二元结构下，农村市场与城市市场之间既有不能割断的联系，又存在着明显的断层，这使得农村市场必然包含特别丰富的内容；而转型的背景，又会使制度环境及其变化成为农村市场发育过程中明显的推动或阻滞力量。农民是农村市场最主要的微观主体，他们的组织化程度与行为选择受制于这两个前提，从当前农村市场的主要矛盾来看，农民组织的创新和制度的演进是推动农村市场发展的根本动力。

一、农村市场的形成

　　市场是商品经济的载体，为社会分工和交换提供支撑，并与分工和交换一起形成互相促进的动态循环发展过程。伴随着由自然经济向商品经济再到市场经济的发展，市场也经历了从传统市场向现代市场的转化，从低级市场向高级市场的转化，在这个转化的过程中，市场发展形成了自身的规律和特点。中国的市场经济是从计划经济转型而来，市场并没有经历一个自发的发展过程，因此中国的市场具有明显的转型特点。

（一）农村市场的内涵

狭义的市场指的是交易的场所和地点，广义的市场是指交易关系的总和。当农村处于自然经济或半自然经济状态下的时候，农村市场是微不足道的，它只是一个余缺调剂、品种调剂的场所，是对自然经济的简单补充，一些学者认为20世纪二三十年代的中国农村就是这种情况。新中国成立以后没有多久，中国开始执行计划经济，对市场进行了彻底的否定，农村市场随之淡出了研究视野。农村改革以后，随着中国社会主义市场经济的深入发展，人们对农村市场有了重新的认识，农民的生产、生活以及剩余产品的价值实现越来越多地依赖于农村市场，农村市场这个概念也频繁地出现在经济研究文献中，但从总体上看，对农村市场的内涵和内在规律性还缺乏一个明确的认识，研究者总是倾向于根据自己的研究对其进行理解和定义。比如，在通货紧缩时期，开拓农村市场成为热门话题，这里的农村市场就主要指的是农村消费品市场，研究的是农民的购买力，关注的是农民何时、何地、多大规模、消费什么的问题，指导的是农村商品的供给行为。显然这个意义上的农村市场太狭义了，它只是农村市场的一个部分。国家计委开拓农村市场课题组指出农村市场的内涵要广泛得多，不仅仅是农村消费品市场，还包括农业生产资料市场、农产品市场和农村社会化服务市场等。

本书认为，对农村市场内涵的理解必须基于系统理论，不仅要看到农村市场包括农产品市场、农业生产资料市场、日用消费品市场以及其他要素市场等市场形式，还必须看到这些市场形式并非各自独立，而是有着内在联系的，它们相互影响、相互制约，共同构成一个严密的农村市场体系。即使做某一种市场形式的独立研究，也必须以整个市场体系为背景，否则就没有实际意义。

因为中国的农村市场具有明显的转型期市场的特点，所以它不仅是一个互相影响的严密体系，而且有其逻辑起点。这个逻辑起点就是始于1978年的农村土地承包制度，从那时起，农民具有了独立的生产经营权利，当农民拥有了对农产品的独立交易权和收益权之后，农村市场发展起来。在农村市场体系中，农民活动是整个市场体系的核心。首先，农民是各种市场形式中最重要的微观经济主体。农民为了进行正常的生产生活，是农业生产资料市场和农村日用消费品市场上的需求者，是农产品市场和农村劳动力市场上的供给者，是农村金融市场上的需求者和供给者。其次，农民在产品市场和要素市场上的供给与需求水平是相互影响的。对农业生产资料的购买和日用工业品的消费表现为农民的支出，一种是生产性支出，另一种是生活性支出，其水平受到农民收入水平的限制，而农民在农产品市场上的销售情况直接影响农民的收入（随着农民兼业越来越普遍，农民在劳动力市场上的处境也成为影响农民收入的重要因素）。显然，农产品市场对农民来说尤其重要。当然，投入到农业生产中的农资产品的质量，以及农业生产过程中得到的技术服务的质量会对农产品的产出和质量有很大影响，从而对农产品价值实现产生影响。再次，农民在生产经营制度改革之后所释放出的巨大生产力，与以分散的小规模的形式进入农产品市场的状态之间的矛盾，成为整个农村市场体系中最根本的问题。

总体来讲，对中国农村市场的理解应该是这样的：中国农村市场的逻辑起点是农村土地承包制度改革，它是一个包含了多种市场形式和丰富经济内容的市场系统，在这个系统中，农民是核心，农产品市场是关键，根本矛盾是农民的低组织化程度和大市场之间的矛盾，其发展出路是基于农民的制度与组织的创新。

（二）1978 年以来农村市场的演化阶段

1978 年以前，农村并非完全没有市场因素，比如一些农副产品农民是可以在集市上自由交易的，但是由于这些产品只是很小的一部分，而且集市贸易的形式也常常会受到国家政策的限制，所以可以说真正意义的农村市场是在 1978 年农村改革之后才得以发展起来的，整个农村市场体系是以农产品市场的发育为主线的。

第一阶段（1978～1984 年），农村市场化改革启动阶段。这一阶段首先是改革了农业生产经营制度，由计划经济体制下的人民公社经营体制转变为符合市场经济需要的以土地为基础的家庭承包经营，这种新体制的特点是农民得到了土地的使用权和剩余产品的所有权，并成为农业生产和经营的基本单位，其根本意义在于它确立了市场发育的产权制度基础，使广大农民成为市场发育的主体。二是分步骤改革统派购制度，从 1979 年起国务院及有关部门对农产品统购统销的范围进行了重新规定。在统购范围上，1979 年国家规定，对于水稻地区口粮在 400 斤以下、杂粮地区口粮在 300 斤以下的，一律免除征购任务。1981 年国家首次对西藏地区取消了统购统销任务。1981 年 7 月，国家物价总局、商业部等 8 个单位联合颁发的《农副产品议购议销价格暂行管理办法》，共列出全国统一派购的二类商品 128 种，其中属于商业、粮食、供销、医药等部门经营的 101 种，比 1978 年减少 16 种。1983 年和 1984 年，国家先后两次调减统购派购农副产品的品种，将原商业部主营的一、二类农副产品从 46 种降到 12 种，将国家医药管理局管理的二类中药材从 54 种减到 24 种，淡水鱼和二类海产品全部退出派购。属于统派购的农产品，在完成国家制定任务后，剩下的部分可以自由出售，其余农副产品由市场调节，价格随行就市。三是开放集市贸易，允许部分产品实行议购议销和自由购销。1979 年 4 月以后，国家放宽对集市贸易的限制，规定三类农副产品和除棉花以外完成统购任务的一、二类农副产品，均可实行议购议销和上市自由购销。这一政策在 1980 年和 1981 年出现了反复，但是在 1983 年中共中央发出《关于当前农村经济政策的若干问题的通知》后，议购议销和自由购销的范围明显扩大，议购议销和有限度议购议销的农副产品均可到集市上自由购销，并且对农副产品开展了多渠道经营。四是放开大部分农产品的价格管制，大幅提高农产品收购价格，使农民收益迅速提高。五是对发展非农产业放松管制，允许农村发展零售商业、农副产品加工业、乡镇企业、村办企业、家庭副业等。上述改革不仅使城乡集贸市场大量增加、农产品交易规模不断扩大，而且也培育了大批的农产品生产专业户、运销专业户，促进了独立的市场主体发育。

第二阶段（1985～1992 年），农村市场化的全面探索阶段。这一阶段，政府取消统购派购和定购，农产品集贸和批发市场逐渐发展起来。同时，积极培育农产品市场组织，逐步形成多种经济成分、多种经营形式、多种流通渠道的新型农产品流通体系。调整农村产业结构，大力发展乡镇企业；积极发展和完善农村合作制，建立农业社会化服务体系。1985 年 1 月 1 日，中共中央和国务院发布了《关于进一步活跃农村经济的十项政策》。文件的核心内容是改革计划经济时期的统购派购任务，按照不同情况分别实行合同定购和市场收购。具体规定了从 1985 年起，除个别品种外，国家不再向农民下达农产品统购派购任务，按照市场情况，分别实行合同定购和市场收购。另外，国家还对一些农副产品取消统购做了一些具体规定，如中药材中四个品种，只能由国家指定的商业公司收购。烟草仍实行由国家统一下达指令性的收购计划，并由烟草公司统一经营。棉花由供销合作社统一经营。随着农产品购销政策的改革，自由购销的农产品逐渐增多，1985 年以后，大部分农产品都可以上市自销，但主要集中于干鲜蔬菜、果品、畜禽及其肉制品、水产品等品种。到 1990 年，全国集市总数已达到 72579 个，比 1980 年增长 77.9%，成交额为 2168.2 亿元，比 1980 年增长 8.2 倍，占社会商品零售总额的 26.12%。到 1993 年全国城乡集市贸易数达到 83001 个，乡村集市 66551 个，城乡集市成交额 5343 亿元，是 1985 年的 8.45 倍，年平均递增 93.13%。[①]

从 1988 年下半年开始，由于某些农产品的供需矛盾又显突出，市场不完善及流通领域经营比较混乱，政府又对棉花、蚕茧等实行统一经营，导致农村市场化进程出现反复。1990 年以后，郑州中央粮食批发市场和地方粮食批发市场相继建立。1990 年 9 月，国务院决定筹建国家粮食储备局，并建立用于调节供求和市场价格的粮食专项储备制度。这标志着农产品流通体制改革进入了市场取向的积极推进阶段，这大大增强了农民的商品意识，对于促进农村产业结构调整，增加农民收入和发育农村市场机制都起到了显著的推动作用。

第三阶段（1992 年以后），农村市场经济体制的初步形成阶段。1992 年，中国明确提出了建立社会主义市场经济体制的改革目标，在农村，主要任务就是按照建立社会主义市场经济的目标和要求，全面深化改革，进一步确立农户经营主体的地位，建立和完善市场体系。这一阶段，农产品经营渠道全面放开，不同的经营主体被允许进入流通领域参与市场竞争；积极推进农产

---

① 姚今观、纪良纲等：《中国农产品流通体制与价格制度》，中国物价出版社 1995 年版，第 74 页。

品和农业要素市场体系建设，完善要素市场的运行机制；以农业产业化的发展为契机，促进农村产业结构调整，以市场为依托，把农产品的生产、加工、销售等环节连成一体，形成利益共享、风险共担的组织形式和经营机制，增加了农民收益。伴随着农产品市场的发展，农村市场体制在不断深化。比如，在经济改革初期，政府开始放松对市场贸易的限制，以后又不断改革产权、价格和流通体制，到 20 世纪 90 年代初期，市场体系如批发市场、期货市场和市场信息系统逐渐发展起来。

也有一些学者将 2000 年以后作为第四个阶段（冯绪芳，2006）。[①] 这一阶段体现了农村市场向纵深发展的趋向。按照统筹城乡发展、统筹区域发展、统筹经济社会发展、统筹人与自然的和谐发展、统筹国内发展和对外开放的要求，更大程度地发挥市场在资源配置中的基础性作用，农村市场化改革持续推进。大量有利于农村经济发展的政策出台，成为农村市场发展的有力支撑。

从以上农村市场的演化进程可以看到，首先是基本生产经营体制的变革为农村市场的形成提供了制度环境（这是转型国家市场形成的一大特点），继而围绕农产品市场的发育成长，农村市场体系逐渐形成。期间，制度创新一直是市场发育的方向和支撑，而主体的培育和创新（组织创新）则形成市场发展的直接动力。

二、农村市场的规模及发育水平

经过 30 年的不懈努力，中国农村的经济面貌发生了巨大变化，市场的观念已经深入人心，农民逐渐习惯将其行为选择的决策放在市场的背景下进行。但是，我们也必须看到，无论是在市场运行机制、制度保障系统上，还是在微观主体的市场反应能力以及行为模式上，距离成熟的市场经济，我国农村市场的发育水平都还较低。正确把握农村市场的规模和发育水平，发现其中的关键问题，有助于推动农村市场的健康发展。

---

① 冯绪芳：《农村市场化——理论与方法》，中国经济出版社 2006 年版。

（一）从统计数据看农村市场的规模变化情况

市场的数量与交易规模的变化，可以反映市场发育的情况。

表1—1　中国农村集市市场个数变动情况（1978～2006 年）

单位：万个

年份	1978	1980	1984	1988	1990	1992	1994	1996	1998	2000	2002	2004	2006
数量	3.33	3.79	5.04	5.92	5.94	6.47	6.66	6.46	6.77	6.24	5.59	4.61	4.18

资料来源：《中国农村统计年鉴》（历年）。

表1—2　中国农村集市贸易额变动情况（1978～2003 年）

单位：亿元

年份	1978	1980	1984	1988	1990	1994	1998	2000	2002	2003
交易额	125.9	211.0	390.3	1076.0	1330.4	4412.5	8792.7	10479.2	10835.6	11050.0

资料来源：《中国农村统计年鉴》（历年）。

表1—3　中国商品市场分类交易额（1978～2003 年）

单位：亿元

年份	粮油类	肉禽蛋类	水产品类	蔬菜类	干鲜果类
1978	20.1	21.2	5.2	14.3	4.0
1982	39.36	57.61	14.82	27.21	10.26
1985	49.6	140.1	33.2	48.8	25.5
1992	213.0	859.1	292.6	434.6	291.3
1995	602.5	2221.4	870.1	1202.8	781.9
1998	1464.8	3557.4	1659.0	2207.0	1234.7
2000	1959.5	4201.9	2072.4	2661.8	1546.2
2001	1868.5	4185.3	2076.8	2695.1	1584.4
2002	2095.6	4468.0	2205.4	2887.7	1692.2
2003	2324.9	4541.4	2246.0	2938.1	1708.8

资料来源：《中国农村统计年鉴》（历年）。

表1—4　农村居民家庭平均每人出售主要农产品（1985～2006年）

单位：公斤

年　份	粮　食	棉　花	油　料	麻　类	烟　叶	蔬　菜	水　果
1985	123.49	4.13	14.37	2.80	2.25	53.76	6.78
1989	154.27	3.48	10.70	1.28	2.78	64.05	11.93
1990	180.24	4.31	12.87	1.56	2.67	65.07	13.17
1991	179.44	5.54	13.22	1.32	3.17	68.70	15.74
1992	165.89	4.16	11.27	1.18	3.58	75.58	16.92
1993	159.35	3.26	10.48	0.86	3.19	77.73	19.60
1994	188.53	4.01	10.68	0.50	2.02	72.68	22.64
1995	179.20	4.31	12.02	0.73	2.21	79.96	24.28
1996	203.47	3.90	11.64	0.83	3.07	97.00	29.78
1997	228.01	5.12	11.13	0.57	4.45	106.22	36.21
1998	227.53	5.10	12.39	0.41	2.33	108.72	38.51
1999	243.34	4.43	15.59	0.28	2.42	111.66	43.17
2000	264.74	5.59	18.43	0.47	2.73	132.07	46.43
2001	268.04	7.05	18.31	0.44	2.42	132.94	48.21
2002	281.15	6.94	18.47	0.64	2.59	143.77	49.06
2003	294.35	16.77	19.22	0.71	2.62	147.58	48.83
2004	287.25	19.19	18.88	0.53	2.47	151.57	57.48
2005	375.79	22.06	20.09	0.69	3.69	167.93	61.62
2006	394.64	23.79	17.79	0.43	3.83	172.98	59.49

资料来源：《中国统计年鉴2007》。

表1—5　农村居民家庭平均每人出售主要畜产品和水产品（1985～2006年）

单位：公斤

年　份	猪　肉	羊　肉	牛　肉	家　禽	蛋　类	牛羊奶	蚕　茧	水产品
1985	16.27	0.57	0.52	1.00	2.21	1.02	0.36	1.74
1990	17.84	0.71	0.55	1.45	1.89	1.68	0.58	2.05
1991	20.07	0.90	0.76	2.18	2.65	1.91	0.65	2.92
1992	21.17	0.86	0.72	2.23	2.90	1.85	0.70	3.21

续表

年　份	猪　肉	羊　肉	牛　肉	家　禽	蛋　类	牛羊奶	蚕　茧	水产品
1993	23.80	1.02	0.86	2.41	2.89	1.76	0.74	3.10
1994	23.31	1.11	0.93	2.30	3.35	1.81	0.83	2.97
1995	24.17	1.15	0.96	2.42	3.54	1.90	0.79	2.94
1996	25.73	1.68	2.01	2.45	2.58	2.55	0.50	3.27
1997	26.08	1.76	2.33	2.99	3.76	2.76	0.54	4.50
1998	23.04	1.67	1.04	2.42	3.57	2.60	0.65	4.31
1999	28.41	1.85	1.86	3.41	4.07	3.00	0.62	6.20
2000	30.19	2.06	2.40	4.60	6.32	2.67	0.64	5.82
2001	30.86	2.31	2.76	5.03	5.96	3.65	0.80	6.53
2002	32.30	2.50	2.73	6.01	6.54	4.87	0.77	8.04
2003	29.49	2.87	2.71	6.67	7.06	7.29	0.76	7.47
2004	26.62	2.94	2.49	6.87	6.39	7.67	0.79	7.28
2005	32.19	3.26	2.87	9.62	10.52	11.27	0.91	8.54
2006	34.44	3.12	3.07	8.86	10.96	13.27	1.05	8.94

　　资料来源：《中国统计年鉴2007》。

　　从以上数据可以看出，农民人均售卖农副产品数量在逐年增加，农产品市场交易额在不断提高，说明农村市场的规模在持续扩大。同时，可以看出农村集市市场的数量在1994年之后从上升趋势转为下降趋势，市场个数的下降主要是因为随着市场交易半径的不断扩展和市场整合度的提高，市场间合并或市场撤销的步伐在加快，这在某种程度上体现了市场发育从数量扩张转向了质量提高。从不同农产品的交易量变化情况看，需求弹性较大的农产品市场发育较快，譬如水果、蔬菜、肉禽蛋、水产等，需求弹性较小的农产品市场发育较慢，比如粮油，这种市场发育的非均衡基本上遵循需求弹性原则，符合各国的发展经验。

（二）从评价指标值看农村市场发育水平[①]

统计数据显示了农村市场规模的数量变化，但是，从综合的角度看，究竟我国的农村市场发育到了什么程度，还需要量和质的综合计量与评价。这就涉及评价指标和评价体系的问题，近年来中国农业和农村市场化研究取得了一些成果，学者们一般通过设定指标、建立模型的形式对农产品市场化指数、农村劳动力市场化指数、农业资金市场化指数、农业技术市场化指数等进行计算，得到我国农村市场化水平所处阶段，表1—6、表1—7是冯绪芳（2006）所设计的指标体系和评价标准。[②]

表1—6　农村市场化程度评价指标体系

综合指数	指标名称	指标测算
生产经营化指数（M_1）	农户投入市场化指数（M_i） 农户产出市场化指数（M_o） 农户收益市场化指数（M_r）	家庭生产费用现金支出/家庭经营支出 第一产业现金收入/第一产业收入 现金收入/农户总收入
要素流动市场化指数（M_2）	土地市场化指数（M_a） 资金市场化指数（M_k） 劳动力市场化指数（M_l） 技术市场化指数（M_t）	耕地流转率 银行及信用社贷款/期末农户债务余额 非农业劳动时间/农业劳动时间 农膜、种植业良种、动物良种、大棚技术综合普及率
决策行为市场化指数（M_3）	生产决策市场化（M_p） 消费决策市场化（M_c）	非粮收入/家庭经营收入 由现金支出/生活费支出和服务消费/生活消费支出两个指标综合而成
政府宏观调控能力指数（M_4）	市场体系建设指数（M_d） 基础设施综合指数（M_s）	由农户与集市距离和集市兴办频率两个指标复合而成 电话、电力、公路、电视接受综合通达率
市场化综合指数（M）		$M = a_1 M_1 + a_2 M_2 + a_3 M_3 + a_4 M_4$

[①]　对农村市场发育的评价不是本书的重点研究内容，此小节直接引用现有文献研究成果。

[②]　表1—6、表1—7及以下几位学者关于市场化水平测度的成果均转引自冯绪芳：《农村市场化——理论与方法》，中国经济出版社2006年版，第119、129页。

表1—7 农村市场化进程的阶段划分

市场化综合指数值（％）	0～20	20～40	40～60	60～80	80以上
市场化发展阶段	非市场化阶段	起步阶段	发展阶段	成长阶段	成熟阶段

从研究结果看，陈宗胜测度 1994 年中国农业整体市场化水平为 64.66％，并存在地区差异，尤其是在单项市场化发展中表现突出，劳动力市场化低速增长，资金则是迅速达到一定发展水平后波动起伏，价格和农产品流通市场化呈现出明显的阶段性跳跃现象。程国强测度 1996 年中国农业市场化的整体水平为 69.86％，其中，农产品价格市场化水平提高最快，为 94.86％；技术市场化发展较慢，为 42.92％；劳动力、资金、农产品市场化水平提升较快。林鹰漳测算 2000 年中国农村市场化水平为 50.10％，处于中期稳步发展阶段，其中，生产经营市场化发育最快，要素市场化水平比较薄弱。根据冯绪芳测度，2003 年西部地区农村市场化水平为 48.89％，市场综合化指数处于0.2～0.4的农户达到 36.73％，达到 0.4～0.6 的农户占 54.86％，表明近三分之一的农户处于市场化发展的起步阶段，而一半左右的农户已经步入市场化的发展阶段，另外有不足 5％的农户市场化水平还相当低，而不足 1％的农户的市场化水平则相对成熟。

从评价的结果来看，30 年中国农村市场的发展，从趋向上看已经确立了市场的绝对地位，但就所积累的成果看还远未实现我们所期望的理想水平，换句话说，就是农村市场发展仍然是任重道远。

三、农村市场中的突出问题

中国现阶段的农村市场，带有典型的转型期市场经济的特征，正在经历着从不完善走向完善的过渡时期，发现其中的问题所在至关重要。只有问题明确了，才能有针对性地找到解决问题的方法，将农村市场体系建设推向前进。

（一）农村分工不深化且地区差异显著，市场规模难以扩大

亚当·斯密在《国富论》中指出："自古以来，在劳动生产力上做出的最大的改善，以及人们在劳动过程中所表现出来的更高的熟练程度、更精湛的技巧以及更加准确的判断力，几乎都是分工的结果……劳动分工产生的原因在于人性中进行交换的倾向……人们的交换能力导致了劳动分工的产生。因此，劳动分工的程度，总要受到人们交换能力大小的限制，也就是说，要受到市场范围的限制。"[①] 杨格进一步发展了斯密的思想，他把需求与供给看成是分工的两面，而市场容量与分工又是同一钱币的两面，并以生产的迂回程度来表示分工的程度，生产迂回程度高能产生巨大的市场供给与需求。后人把其发现归纳为：不只是分工依赖于市场规模，而且市场规模也依赖于分工。这样一来，我们就可以看到一个"市场扩大—分工深化—市场扩大"的动态循环过程。

从我国农村市场来看这个循环过程，在制度的变革为农村市场的形成奠定了坚实基础之后，市场规模扩大与分工深化之间的良性循环并没有能顺利形成，特别是在我国的中西部地区，传统的、周期性交易的农村集市还是农民赖以支持生产生活的主要市场形式。农村市场的周期性特征是由市场辐射范围内购买力不足的特征决定的。农村人口居住密度小，缺乏城市的聚集效应。由于外部环境和农民自身素质制约，相当一部分地区的农民还没有真正进入这个大市场，多数地区专业分工不明显，各种协作、中介组织尚未发展起来，农民基本还在自给半自给的经济圈中循环。

（二）二元结构导致了农产品市场结构的不对称

二元社会经济结构是中国的典型特征，其主要体现是城乡分割的户籍制度，这种体制建立的本意就在于让农村支撑城市，农业为工业化提供积累，是为实现新中国成立后的工业化赶超战略服务的。由于户籍管理职能上附加

---

① ［英］亚当·斯密著，张兴等编译：《国富论》，北京出版社 2007 年版，第 1、3、5 页。

了许多利益分配的功能，其结果固化和加重了城乡二元社会结构。经济体制改革以后，传统的户籍制度并没有改变，由于长期以来城乡居民在资源占有上的不同地位，使得城乡经济体制改革没有能实现同步。

城乡改革不同步，导致了农产品市场结构的不对称性。这主要体现在农产品供求双方各自对价格和市场反应能力上的不一致。作为农产品需求方的主要是城市消费者，他们具有强大的谈判优势，加之沿袭的福利预期，使得他们能够迫使政府严格控制农产品的销售价格，在此背景下，城市消费者对市场变化的反应能力大为下降，市场对需求的调节作用难以有效发挥。比如1993年年底粮食市场涨价，政府因此而实行粮食最高限价措施；继而1994年政府又规定，由国有粮食部门统一负责粮食的收购与批发；1995年粮食生产下滑，政府则通过实行米袋子省长负责制，来保障粮食自给率。与城市消费者对应的是，分散的农户作为农产品供给方，虽然在改革后具有了比过去更强的对市场的反应能力，但是过低的组织化程度，难以取得有利的甚至只是平等的谈判地位。这种不对称的市场结构使得供求系统的稳定性难以获得，反而加剧市场的波动。而在市场波动中，农民往往成为国家干预后最终的代价承担者。尽管进入21世纪以来，整体经济发展的市场化取向越来越坚定，对农村市场的限制变为更多的支持，但是供求双方不对称的谈判地位仍然是明显的。这已经成为农产品市场发育中的关键问题。

（三）要素市场发展滞后影响了产品市场的发展

在整个农村市场体系中，要素市场必须与产品市场同步发展，才能保持市场的总体效率。目前我国的农村要素市场发育严重滞后，制约了整个农村市场体系的发展。

首先是劳动力市场尚未形成，难以实现农村劳动力资源的使用效率和优化配置。在经济发展过程中，长三角、珠三角等东部经济发达区域成为吸收农村剩余劳动力的主要地区，而中西部地区则成为农村劳动力的主要输出地。近些年来，农村剩余劳动力外出务工总量呈现平稳增长的态势，但是，由于缺乏劳动力市场引导，劳动力的转移无组织、无秩序，具有很大的盲目性，而且农村劳动力迁移具有很明显的季节性。这些特点使得农业生产对这些流动中的剩余劳动力状态缺乏稳定的预期，从而缺乏对生产组织方式进行战略性改进的动力。

第二是农村土地市场尚未形成。随着经济建设的规模和范围的不断扩大以及农村剩余劳动力不断向城市迁移，农村土地流转问题越发突出。当前农村土地的流转处于自发、分散和无序状态，没有有效的引导和规范。近年来，沿海经济发达地区的企业和外地农户承租和转包农地已不是个别现象，农地使用权流转实现了土地资源的优化配置，但就大部分地区而言，没能实现土地资源在更大范围的优化配置。当前，土地流转的市场中介组织相当匮乏，严重影响了土地流转的规模、速度和效益。

第三是农村资本市场不完善。在农村市场，正规金融的有效供给不足，不能满足农村经济发展和农业结构调整对金融服务的需求，不但外部资本很少进入农村，而且农村资金还大量流出，不断通过金融渠道、不合理的收费和负担等形式流向城市和非农产业；除了正规机构外，农村民间金融比较活跃，但是缺乏必要的规范和保护；农业保险供给不足，农业风险补偿机制没有建立，农村金融宏观调控体系不健全，货币政策传导不畅，农村信用体系建设滞后，广大农户的信用信息分散闭塞，还没有形成统一的、全面的农村信用体系。

（四）市场主体的弱质性制约市场机制的有效性

一般认为，市场机制包含四个缺一不可的要素：生产者对生产不同产品的收益差别有权做出独立选择和决策；消费者的购买行为完全受自己的货币收入、信用状况和消费偏好的制约；各种产品分别占用多大比例的要素资源，唯一听命于社会有购买力的需求结构的要求；供求的矛盾由价格变化来反映，并通过影响消费者的经济行为来调节。有了这四个要素，就能够做到通过等价交换机制、竞争机制、风险机制和信息机制来配置资源，确保市场对经济运行的自我调节功能的实现。通过以上分析，可以认为，市场主体行为的独立性和价格信号的有效性是市场机制发挥作用的关键。

中国农村市场的最大主体是农民，他们是市场化进程的最终实施者，其决策行为是诱发农村市场化变动的微观基础，直接决定着农村市场的质量和发展速度。作为市场主体，他们应该是自主经营、自我约束、自负盈亏、自我发展的经济实体，运用自己所占有的生产要素或产品进入生产过程和交换过程，享有自主地支配和处置归自己所有或占有的财产的权利，同时又要为此承担责任。但是，观察农民行为的实际，我们会发现，虽然，表面上农民似乎具有了这样的特征，但是事实上，由于他们存在供给上的过度敏感性以及市场信息上的不对称性，因而是不完备的市场主体。具体表现在：一是生产选择上的盲目性。农民对市场信息缺乏分析能力，因此在千变万化的市场面前，究竟什么赚钱，到底什么好销，心里没谱。二是家庭经营上的分散性。农户各自为政的小生产，商品规模小，难以形成规模经济，难以占领市场。三是经营方式上的封闭性。小而全的生产经营方式，排斥社会化和专业化生产。四是商品交换上的滞后性。由于农民在市场交易行动中所具有的弱势，使其往往不得不屈从于不利的交易条件，简言之，农民还没有成为真正能够对各种市场价格做出正确反应的微观行为主体，那么这里的价格机制配置资源就有可能出现偏差。比如某种农产品的稀缺可以产生有诱惑力的价格，导致生产资源的流入，但是由于农民在市场上的谈判能力弱，那么他们所获得的最终价格对资源的诱导能力就会降低，资源配置效率打了折扣。

实践证明，目前总体上由分散的农户充当市场主体的现状，是导致无序竞争进而产生供求矛盾的根本原因。但是，农村市场经济的发展，要求必须有完整的市场主体，且构成市场的主体还必须是农民自己，这就要求必须创新农村市场主体。

四、培育农村市场中介组织是农村市场发育的关键

农村市场发育过程中所凸显出来的问题，既有经济转型期的烙印，也有二元结构的典型特征，不可能在短期内迅速解决，需要制度环境的配合与时间的累积。但是，从对上述问题的分析中，可以明确地说，农村市场的关键问题已不是市场缺失问题，而是农户的组织化程度低与中介组织缺失问题，如果这个问题不能有效解决，那么农村市场的实践探索难有前途。

（一）农村市场发育不完善的一个重要原因是农村市场中介组织发育不足

中国现在的农业生产方式的特征是：以家庭为单位的小块地分散生产；耕作方式粗放落后；经营水平及市场化程度低。截至 2004 年，全国乡村住户总数为 24971 万户，除极个别住户外，绝大部分从事农业生产经营，全国平均每个农户经营的耕地面积仅为 0.499 公顷（合 7.49 亩）。[1] 超小规模的生产和经营使生产规模与要素配置难以达到赢利产量，加之农业生产资料价格上涨较快，农产品单位成本上升，收不抵支，难以维持简单再生产，极大地影响农民的生产积极性。农业产业结构虽然一直处于调整中，但从总体看生产结构和产品结构趋同现象仍很明显，农产品种类及其品质大体相同，使产品的市场渗透力弱、竞争力差，无效供给增加，难以适应多样化的市场需求。

由于农户以家庭为单位的封闭式生产，社会化、组织化程度低，在市场经济下无力与其他市场竞争主体相抗衡，成为市场竞争中的弱势群体，所承担的市场风险越来越大。据曹利群、张岸元（2001）的研究，对于农业而言，自然风险显著低于市场风险，近年来，自然风险导致的波动只有平均产量的 6% 左右，且存在着趋于稳定的趋势。市场价格的波动幅度在 20% 左右，且没有收敛的动向。总体而言，农民收入波动已经摆脱了自然因素的限制，其主要诱因已经转向了市场价格的不确定性，且市场风险存在着显著的增大趋势。[2] 根据刘景江（1996）的研究，由于中国 60%~70% 甚至更高比重的农户要自己解决农产品的运销问题，从而在流通环节损失的利润每年高达 200 亿元。[3] 根据冯绪芳（2006）的调查研究，农户在生产过程中遇到困难先去找政府或组织的只占 12%，从来就不找政府或组织的占 27.3%，找亲友邻居的占 60.7%。政府下属的农村社会服务组织并未发挥其应有作用，

---

① 吕炜主编：《中国公共政策：评价、演进与展望》，东北财经大学出版社 2006 年版，第 332 页。

② 曹利群、张岸元：《"入世"：风险化解与农业组织变革》，载《改革》2001 年第 2 期。

③ 刘景江：《提高农产品销售的组织化水平与政府行为研究》，载《经济与管理研究》1996 年第 2 期。

有实力的龙头骨干企业和农民合作组织数量少、规模小，与农民的联系松散，往往导致农民对市场信息反映不灵，盲目经营，产品或多或少，生产大起大落。[①]

上一节对农村市场存在问题的概括以及本小节对一些现象的基本描述都说明了一个问题，那就是为农业经营单位竭诚服务、介于农民与市场之间的农村市场中介组织与农业发展的实际需求不相适应。在市场经济条件下，中介组织对维持产业的动员状态和进行竞争结构的重新塑造具有十分重要的意义，中介组织的缺失，使得农民无处可得以市场需求为导向的生产指导，无处寻求帮助他们与产前、产后部门和政府职能部门进行对话的代理人，从而无法反映其政策需求，无法得到信息、技术等的咨询服务。

（二）大力发展农村市场中介组织是推动农村市场发展的关键

因此，农村市场组织形态创新的核心在于积极培育市场中介组织，提高农民的组织化程度。市场中介组织或者代表农户进入市场，或者将农户组织起来后进入市场，帮助农户克服交易中的弱势，降低市场风险，提高经营收入。有了中介组织，农户不必再依靠生产的多样性来回避市场风险，避免了土地经营的进一步细碎化，相反，农户可以放心地从事专业化生产，取得规模效益。概括起来说，发展农村市场中介组织，可以推动农村分工深化，形成农业专业化生产，从而扩大农村市场的规模；发展农村市场中介组织，可以改变农村市场供需力量不对称的状态，为农村市场的平衡、健康发展做出贡献；农村市场中介组织的不断发育和完善，可以促进整个农村市场体系的发育和完善。

农村市场中介组织一方面作为一类独立的市场主体，可以弥补市场主体发育不足的缺陷，更重要的是它可以改变农户的组织化程度，培训和引导农民进入市场。为了推动中国农村市场的进一步发展，必须大力发展农村市场中介组织。

---

① 冯绪芳：《农村市场化——理论与方法》，中国经济出版社 2006 年版，第 96 页。

第二章　农村市场中介组织的研究现状

中国农村市场中介组织的研究始于 20 世纪 90 年代。在农村经济体制改革之后，长期与市场分隔的农民逐渐与市场联系起来，而农户经营的个体化、私营化和分散化与大市场之间衔接不畅的问题也随之凸显。为了改变市场力量的对比，顺利实现农户与市场的对接，实践中出现了一些将农户组织起来进入市场的具有服务性质的组织，这些组织的产生和发展引起了学术界的重视，十几年来，一大批学者在这一领域从各个角度对农村市场中介组织进行了广泛的研究，本章将对这些研究进行综述，并在此基础上给予评价，提出进一步研究需要关注的问题。

一、研究角度及内容

综观农村市场中介组织研究的进展，可以发现该领域的研究角度主要集中在以下几个方面：一是什么是农村市场中介组织，具体包括哪些类型；二是农村市场中介组织发展的动力是什么；三是政府在农村市场中介组织发展中的作用如何；四是怎样推动农村市场中介组织的发展。

（一）关于农村市场中介组织的内涵及类型

对于农村市场中介组织的定义，学术界直到今天都没有一个统一结论。国外并无农村市场中介组织的直接提法，可以说，这一概念是我国农村市场研究学者们自己的创造。所以，对农村市场中介组织内涵的界定缺乏可资借鉴的国际成熟理论，只能以市场中介组织的内涵为研究的基础。

1993 年 3 月 23 日，国家计委市场价格调控司、国家计委学术委员会、华仁市场研究和德国诺曼基金会在北京共同举办了市场中介组织研讨会，与会的专家学者认为，市场中介组织是市场体系的重要组成部分，关于它的内涵和外延，一种看法认为，市场中介组织就是为市场主体提供各种服务，保证市场正常运行的各类组织。在这一定义之下，市场中介组织的外延十分宽泛。与此相对的一种狭义理解认为，市场中介组织的真正含义只是媒介政府和企业之间联系的各类中介组织；折中一点的看法认为需要把市场中介组织和社会中介组织区别开来。市场中介组织范围狭窄一些，社会中介组织的范围宽一些，市场中介组织是社会中介组织的主要组成部分。①

此次高层研讨在对市场中介组织内涵与外延的理解上并没有达成一致，其主要分歧在于市场中介组织的存在空间，因此后来的研究者都试图在对市场中介组织的定义中揭示其存在空间及性质。比如阎克庆、杨咏中（1994）提出所谓市场中介组织是指在市场经济体制下，广泛存在于政府与市场之间、市场与企业之间、企业与企业之间的大量的非官办的社会经济组织。②王勋铭（1995）认为市场中介组织是介于政府与企业之间、商品生产者与经营者之间、个人与单位之间，从事服务、协调、评价、监督等活动的机构和个人，是非官办的民主化的社会经济组织。③ 王冰、陈纲（2004）则提出市场中介组织是在市场经济条件下，通过不同的市场主体间的协商、对话、谈判、调整，取得相互间市场活动和经济利益的配合与协调，使市场成为和谐整体的社会经济组织，这些组织不以单纯的赢利为组织目标，不生产具体的物质产品，同时与各种市场经济主体发生广泛的联系。④

关于市场中介组织内涵的不一致意见直接导致了农村市场中介组织内涵的模糊，再加上农村市场及其存在问题的特殊性，使得农村市场中介组织的

---

① 许荣昌、刘文、张旭宏：《促进中介组织发展，保证市场正常运行——市场中介组织研讨会会议纪要》，载《市场观察》1994 年第 4 期。

② 阎克庆、杨咏中：《试论我国市场中介组织的培育和发展》，载《红旗文稿》1994 年第 3 期。

③ 王勋铭：《发达的市场经济离不开完善的市场中介组织》，载《兰州商学院学报》1995 年第 1 期。

④ 王冰、陈纲：《作为一种协调机制的市场中介组织》，载《学术研究》2004 年第 10 期。

内涵及其类型的研究具有了相对独立的研究视野。从时序上看，20世纪90年代中期，文献中有了明确的农村市场中介组织的提法。早期的一些学者并没有从研究农村市场中介组织的内涵出发，而是直接从类型上对那些事实上起中介作用的组织进行了归纳，比如刘大旺、陈长新（1993）认为农村市场中介组织包括依托主产区建立的农副产品专业市场；以加工企业为龙头，实行的种养加、贸工农的一条龙；国合商业牵头组建的专业生产合作社；乡村合作经济组织兴办的流通实体；一体化的专业集团公司；以专业大户为主的农民个体运销和加工组织。① 张瑞清（1996）认为农村市场中介组织可以是经济实体或利益共同体；可以是公司、协会、合作经济组织；可以是松散的也可是紧密的，它可由国营、集体、个体、私营"三资"分别牵头组织，包括信息中介组织、科技中介组织、组织性中介组织、贸工农一体化、产加销一条龙、公司加农户、协会加农户等合作经营中介组织；招商中介组织；流通中介组织。② 从文献上看，最早给出农村市场中介组织定义的是雷海章（1995），他认为农村市场中介组织是联结农业与其产前、产后部门、联结农民与其他市场主体、联结政府与农民、充当农民进入市场的桥梁和纽带，为农村市场经济的发展提供各种服务，并具有法人地位的经济组织。在这样的理解下，公司（企业）＋农户（基地）、专业农协、综合农协、要素市场中介组织、执行监督保障职能的中介组织都属于农村市场中介组织的不同形式。③ 纪良纲、刘东英（1997）提出了农产品流通中介组织的概念，认为农产品流通中介组织是在农业发展过程中，为解决小生产与大市场之间的矛盾，搞好产销衔接，节约农户与市场的交易费用，推动社会分工和专业化进程而逐渐发展起来的新型经济组织。这种中介组织以市场为导向，帮助农民提高组织化程度，加强农产品的市场竞争力，降低农民进入市场的风险，减少中间盘剥，从而提高经济效益，增加农民收入。④ 廖卫东、袁克忠

---

① 刘大旺、陈长新：《大力培育市场中介组织——兴化、宝应两县市引导农民走向市场的调查》，载《中国农村经济》1993年第10期。

② 张瑞清：《构建农民进入市场的导引机制——市场中介组织》，载《山西财经大学学报》1996年第2期。

③ 雷海章：《论农村市场中介组织》，载《财经理论与实践》1995年第1期。

④ 纪良纲、刘东英：《重在发展农产品流通中介组织》，载《经济参考报》1997年8月19日第四版。

（1998）认为农村市场中介组织是市场经济和社会分工的产物，它是沟通市场与农户，充当农户进入市场的桥梁和纽带，连接政府和农户，为农村市场经济的发展提供各种服务，并具有法人地位的经济实体。农村市场中介组织的理想模式应为管理水平高、科技力量雄厚和经济实力强大的产业实体。从产权组织形式看，可以是合作经济组织、股份合作制经济组织等；从经营内容看，可以是生产型的公司或企业、服务经济实体、各种专业协会等。[1] 池泽新（2002）认为农村市场中介组织就是在建立社会主义市场经济体制、发展农村市场经济条件下，农村中的生产者、经营者以优化资源配置、最佳组合生产要素、取得最好经济效益为目的，以劳动联合、资产联合、技术服务、权益保护为合作方式，自愿组成的群众性经济组织。[2] 安建明、霍学喜、刘瑜（2007）则把在农村市场上为农业生产提供服务的市场组织统称为农村市场中介组织，主要包括两个方面：一方面是在农产品市场上为农业生产者提供服务的市场组织，在农业生产者与农产品消费者之间起中介作用；另一方面是在要素市场上为农业生产提供服务的市场组织，在农业生产者与要素供给者之间起中介作用。从本质上而言，农村市场中介组织是在农业生产要素和农产品流通、交换中起桥梁和纽带作用的农村大市场体系中的一个独立的微观市场主体。[3]

这一角度研究的主要目的在于对随着市场实践发展起来的一些新型的组织进行界定并分类，通过明确概念、划定范围将实践内容引入理论视野。

（二）关于农村市场中介组织发展的动力

从市场经济的发展规律以及国际经验来看，市场体系的完善离不开市场中介组织，所以从根本上说，市场系统的运转是产生市场中介组织的源动力。中国农村市场中介组织发展的实践就是一个有力证明。从文献上看，学

---

[1] 廖卫东、袁克忠：《发展农村市场中介组织是我国农村经济发展的必然要求》，载《农业经济问题》1998 年第 11 期。

[2] 池泽新：《农村市场中介组织基础理论问题研究综述》，载《江西农业大学学报》（自然科学版）2002 年第 2 期。

[3] 安建明、霍学喜、刘瑜：《我国农村市场中介组织发展模式研究》，载《生产力研究》2007 年第 8 期。

者们对农村市场中介组织发展动力的认识比较一致，主要集中在以下几个方面：

第一，农村土地及生产制度变革之后，农户对利润的渴求以及对市场的不适应产生了组织创新的强大动力。毕玉奎（1996）认为一旦利润刺激导入家庭经营，它的生产能力就会成倍增长，农户家庭经营可以通过降低组织成本来补偿由于经营规模小而生产成本高的缺陷，以追求最高的边际效益，但是这种补偿只能停留在生产领域，一旦需要市场来实现这些成倍增长的农产品的价值时，小生产与大市场的矛盾就凸显出来。① 廖卫东、袁克忠（1998）分析了家庭承包责任制及统分结合的双层经营机制在解放生产力的同时，在市场面前表现出的不足。② 何坪华、杨名远（1999）看到，分散的农户搜寻和利用信息困难，无法实现远距离购销，单个农户购销批量小，因而谈判地位低，分散交易容易受到机会主义的危害，签订购销合同难，解决交易纠纷更难。③ 周立群、曹利群（2000）指出农户与市场间的连接机制相当薄弱，散兵游勇式的农户年复一年地在其原有技术规模上重复再生产，其社会化组织程度低，抵抗风险的能力较弱，剩余劳动力难以得到有效的组织利用，产品销售困难，农用投入物资购买不便，农户缺乏协调的规划指导等问题成为分散的单个农户顺利进入市场的障碍。④

总之，学者们一致认为降低交易成本，降低自然风险和市场风险，改善农户进入市场的交易条件是发展农村市场中介组织的根本动力。

第二，对技术进步的要求是发展农村市场中介组织的又一动力。现代农业的发展日益取决于技术进步的发展速度，而我国长期沿用的农业技术的政府主导型推广模式由于经费支持力度弱，推广缺乏需求支持，使得大量的农业科技成果滞留在科研院所不能转化为现实生产力。雷海章（1995）指出技术梗阻是农民在卷入市场经济的大潮时所必须克服的一个障碍。⑤ 程耀明

---

① 毕玉奎：《关于农村"市场中介组织"的思考》，载《东岳论丛》1996年第2期。
② 廖卫东、袁克忠：《发展农村市场中介组织是我国农村经济发展的必然要求》，载《农业经济问题》1998年第11期。
③ 何坪华、杨名远：《中介组织降低农业家庭经营市场交易成本分析》，载《农业技术经济》1999年第4期。
④ 周立群、曹利群：《"农村分包制"组织形态分析》，载《天津社会科学》2000年第4期。
⑤ 雷海章：《论农村市场中介组织》，载《财经理论与实践》1995年第1期。

（2004）认为技术进步会改变要素的相对价格，从而诱发农村市场中介组织的变迁。① 傅夏仙（2006）详细分析了农村市场中介组织在农业技术的转移与扩散进程中所发挥的不可替代的作用。他指出，发达国家的农业技术推广模式是以农业中介组织为主导的，发达国家在其强大的农业技术开发实力和完善的农业技术推广体系下，农业产出的技术贡献率已经达到 80% 以上。农村市场中介组织的自身特点表明它能够大大提高农业技术的转移与扩散进程。首先是中介组织的民间性，其主导的农业技术推广工作常常是"示范式"的，更容易得到农民的认可。其次由于中介组织是农民自己组织的，不存在坑害自己人的心理动机，由此能避免技术选择上的盲目性，降低试用新技术的风险。再次作为农业技术推广的主体，为合作成员提供技术咨询与服务本身就是中介组织分内的事，农民对其信任度也高于农技推广部门。②

第三，融入国内大市场并与国际市场接轨也是农村市场中介组织发展的动力。持有这一观点的学者认为看待农村组织创新的动力还应该跳出农村范围，看到农村与城市的交流、国内与国际的交流，因为这些交流过程改变了农户的生产、交易环境，从而改变了其对组织创新的认识。比如徐中年、郑春风（1997）指出发展农村市场中介组织符合国际惯例，在国外，尤其发达国家都有代表农民利益的团体或组织，它们在各国的经济中都发挥了重要的作用，在我国发展农村市场中介组织可以为国内与国际市场的接轨创造较好的内部条件。③ 李慧（1998）认为，农村改革之后出现了一些新问题，包括乡镇企业的发展比较快，但农村工业与农业生产衔接的矛盾尚未解决，存在着生产与加工脱节的问题，城乡经济隔离，两者如何交流的矛盾未解决，存在城乡脱节的问题等，这些问题只有通过农村市场中介组织的培育和发展才能得以解决。④ 程耀明（2004）提出城市化进程中人的经济价值得到提高。城市就业机会的增加，提高了农村劳动力务农的机会成本，造成农村劳动力的大量转移和劳动者兼业的增加，而从农村转移出去的农民绝大多数是

---

① 程耀明：《农民中介组织培育的动力机制及路径依赖》，载《农村经济》2004 年第 9 期。
② 傅夏仙：《农业中介组织的制度变迁与创新》，上海人民出版社 2006 年版。
③ 徐中年、郑春风：《培育市场中介组织　创建粮食购销合作社》，载《中国农村经济》1997 年第 8 期。
④ 李慧：《农业产业化与农村市场中介组织的发育与培植》，载《经济问题探索》1998 年第 5 期。

有一定文化程度的青壮年，留守农村的劳动群体已经很难适应现代农业的需要，更无法应对瞬息万变的市场，因而他们对农民中介组织的培育必然产生一种内在的需求冲动。① 傅夏仙（2006）认为，在 WTO 的背景下，农业的国际化程度日益加快，我国传统的相对封闭的生产经营状态必须迅速打破，而加速这一进程的重要措施之一，就是完善和发展农村市场中介组织。②

这一角度的研究目的在于揭示农村市场中介组织发展的内在动力，从理论上解释农村市场中介组织的生成与存在及发展状态。

（三）关于政府在农村市场中介组织发展中的作用

多数学者认为，市场中介组织虽然是市场经济体制内生的，但是在中国从计划经济向市场经济转轨的这样一个大背景下，政府在市场中介组织的形成与发展中发挥着非常重要的作用。

第一，政府成为市场中介组织建立的主导力量。郝燕（2004）分析到：市场化改革进程中政府的两难困境造成了市场化过程中无数的矛盾、摩擦、扭曲和变形，而市场中介组织的建立和完善一方面使政府有了职能分解的对象，另一方面又有助于市场机制的建立和市场运行的完善。市场中介组织的这一双重功效成为沟通政府和市场的纽带，在构建良好的政府和市场关系，解决政府的两难困境中起着举足轻重的作用。③ 张展（2006）指出，在体制转轨的过程中，政府面临着巨大的职能转变压力，而市场中介组织的特性决定了它可以直接承载原政府的一些行政职能，政府可以利用中介组织来协调其与改革中出现的多元利益主体之间的关系，帮助其维护社会秩序，减少管理成本，提高政府效率。由此，张展认为，对市场中介组织的需要，使得政府成为早期市场中介组织建立的主导力量，表现为首先政府是市场中介组织的制度环境的缔造者，其次，政府直接利用行政手段建立了一大批行业协会等市场中介组织。④ 根据敖毅、许鸣（2004）的研究，全国范围的农产品行

---

① 程耀明：《农民中介组织培育的动力机制及路径依赖》，载《农村经济》2004 年第 9 期。
② 傅夏仙：《农业中介组织的制度变迁与创新》，上海人民出版社 2006 年版。
③ 郝燕：《市场中介组织：解决政府两难困境的组织创新》，载《学术论坛》2003 年第 4 期。
④ 张展：《中国市场中介组织的发展研究》，中国经济出版社 2006 年版。

业协会都是在 20 世纪 80 年代中后期政府机构改革中不断产生的，从 1978 年到 1991 年，围绕建立农村社会化服务体系，在各级党委、政府的积极倡导和大力支持下，各地政府部门特别是科技、农业、供销等涉农部门和共青团、妇联等组织积极参与，农民专业技术协会等市场中介组织在数量上得到了迅速扩张。①

第二，各类政府职能部门给予了专向支持。2005 年，为支持农民的合作经济组织，国家财政部和农业部分别拨款 8000 万元和 2000 万元。省一级的财政部门总共拨款 1.4 亿元用于在 2005 年支持成立 600 个示范性农民组织，而 2004 年这个数字是 6700 万元（Zheng，2006a）②，此外许多政府为农民专业协会的发展提供了资金。江苏、山东和吉林省降低或免除了农民组织的收入税、经营税和土地税，有的省免除了农民专业组织的高速过路费（陈捷，2004）。③ 除了一些经济手段之外，针对农村市场组织所进行的培训和技术咨询活动也体现了政府的支持。

第三，颁布法律法规，为农村市场中介组织的发展提供制度保障。2002 年12 月 28 日，九届全国人大修订通过的《农业法》将"农民专业合作经济组织"作为专门的法律关系主体，进一步明确了农村中介组织的法律地位。民政部于 2003 年 10 月印发了《关于加强农村专业经济协会培育发展和登记管理工作的指导意见》；浙江、山东、湖北和北京等省（直辖市）先后制定了扶持农村专业合作经济组织发展的文件；农业部、全国供销合作总社印发了《农民专业合作社示范章程》，认定了一批农民专业合作社的试点单位或示范组织（敖毅、许鸣，2004）。④ 2006 年 10 月通过了《中华人民共和国农民专业合作社法》，并于 2007 年 7 月 1 日开始执行。

除了以上几个方面，还有一些学者对政府作用的效果进行了评价。李慧

---

① 敖毅、许鸣：《当前我国农村新型社会中介组织的发展及其再转型》，载《中国农村经济》2004 年第7 期。

② 转引自世界银行：《中国农民专业协会回顾与政策建议》，中国农业出版社 2006 年版，第 36 页。

③ 转引自世界银行：《中国农民专业协会回顾与政策建议》，中国农业出版社 2006 年版，第 56 页。

④ 敖毅、许鸣：《当前我国农村新型社会中介组织的发展及其再转型》，载《中国农村经济》2004 年第 7 期。

（1998）认为外部行政机构的介入使农村合作经济组织的经济行为受到影响。因为农村合作经济组织一般都在基层经营站这一政府职能部门的监督之下，一些经管站的站长通常也是合作经济组织的领导，他们左右合作经济组织的行为，甚至把合作经济组织当做自己的经济实体，限制了合作经济组织的发育和发展。[①] 薛兴利、杨学成、靳相木（2000）认为，在农村市场中介组织的发展过程中，政府推动作用巨大，但有利有弊。有的地方强制农民参加协会或合作社，使农民出现与协会或合作社"貌合神离"的现象；有的地方在股份合作制改造中搞拉郎配，强制几个企业联合在一起，强迫职工缴纳较高的股金，使职工产生抵触情绪；有的地方强制一些涉农单位办合作经济组织，但因有关人员积极性不高，管理不善，知识合作经济组织难以健康发展。总的来说，那些由政府直接干预而兴办的新型合作经济组织的生命力较低。[②]

从计划经济向市场经济转轨的过程中，政府在经济发展中的参与问题始终是学者们研究的重点。农村市场中介组织的研究者在这一角度研究的目的在于分析政府参与的原因、程度，并试图通过评价其效果找到政府参与的合适界限，以期从政府与中介组织两个方面提高效率。

（四）关于发展农村市场中介组织的对策

几乎每一位研究农村市场中介组织的学者都会在自己的研究成果中包含对策建议部分，大家尽力结合自己所掌握的实际材料，从各个层面提出了建议。

纪良纲等（1998）较早提出了农产品流通中介组织发展的指导思想：保护农民利益，提高农民收入；有利于政府宏观调控；建立多元化组织结构，各组织之间展开合理竞争；政府在农产品流通中介组织的发育过程中要注意发挥支持和引导作用；不同种类的农产品要采取不同的农产品组织形

---

① 李慧：《农业产业化与农村市场中介组织的发育与培植》，载《经济问题探索》1998 年第5 期。

② 薛兴利、杨学成、靳相木：《农村新型合作经济组织的实证分析与政策措施——山东农村新型合作经济组织的调查》，载《农业经济问题》2000 年第10 期。

式。在此基础上给出了农产品流通中介组织发展的总体思路，即经济成分多元化、组织联系网络化、组织类型多样化、内部运行系统化。指出进一步发展农产品流通中介组织的对策包括政府扶持：财政、金融、税收方面的优惠政策；建立健全各项法规，提供信息和技术人才培训，加强基础设施建设等；中介组织的自我完善和规范：建立自律性组织，利用市场机制的作用；社会支持：培育良好的社会环境，在注册登记、办理各种手续方面提供方便，在人员培训、技术推广方面给予支持等。[①]

　　一些学者基于对农村市场中介组织类型的研究，在选择发展类型上给出了对策建议。邓大才（2000）认为，农村大户经济的兴起，解决了农村主导产业缺位和既存各种产业缺乏连接中介的问题，是农村产业组织创新的首选。[②] 张晓山（2003）指出中国农民中介组织的发展重点应是制度创新和组织创新。在培育新的中介组织的同时，最大限度地利用、改造原有的组织资源，通过两种组织资源的对接，形成一个农业科技能顺利转化为现实生产力、农产品能最终实现价值的组织体系，使农民能以较低成本、较快捷的方式整体进入市场，最终使农民实现增收。[③] 周晓兰、朱述斌、池泽新（2004）则认为应该优先发展以合作社为主体的中介组织，建立综合性的合作社——农协，同时规范"公司＋农户"组织的发展，积极扶持农村股份合作制经济组织的发展。[④]

　　还有一些学者主要是针对当前农村市场中介组织存在的问题提出了解决意见。雷海章（1995）根据农民在市场大潮面前所受的主客观制约条件，提出为了有效地促进农村市场中介组织的发育，必须做到改善认识环境、加大改革力度、实施政策扶持、完善法律制度、健全利益机制、调整产业结构、加强人才培养、构建信息网络。[⑤] 针对现有的农村市场中介组织的组织

---

① 纪良纲等：《农产品流通中介组织研究》，中国商业出版社 1998 年版。
② 邓大才：《试论农村产业组织的变迁轨迹及其选择与创新》，载《经济评论》2000 年第 2 期。
③ 张晓山：《改造传统的组织资源——供销社近期改革措施的实证研究》，载《管理世界》2001 年第 4 期。
④ 周晓兰、朱述斌、池泽新：《略论我国农村市场中介组织的主要问题及其发展对策》，载《农业经济》2004 年第 3 期。
⑤ 雷海章：《论农村市场中介组织》，载《财经理论与实践》1995 年第 1 期。

化程度低、发展不平衡等问题，纪良纲、董进才（2004）提出要分类别、全方位地发展各种类型的市场中介组织，同时，在产权明晰的基础上，根据共同需要，引导各种类型的农村市场中介组织间的联合与合作，以改变现存的小、散、弱现状。① 程耀明（2004）提出在政府主导特点非常明显的前提下，政府主导方式可以仿效美国政府协助建立农业信用合作社的方法，即虽然给予人才资金的支持，但是政府不干预农民中介组织的经营管理，且农民中介组织的产权与政府毫无关系。或者是政府主导农民中介组织建立后，先协助管理一段时间，当农民中介组织稳定发展后，政府便从中退出，让农民中介组织成为一个和政府毫无产权关系的独立经营主体。② 针对中介组织人才缺乏的现状，张展（2006）提出，通过严格选拔素质较高的人员充实市场中介组织队伍，对现有人员进行在职培训，聘请外国专家来华进行学术交流或选派有专业特长的中青年业务骨干到国外进行参观考察等方式提高从业人员素质，建立适当的激励与约束机制留住人才，通过内部扩张或联合等形式扩大市场中介组织规模以增强其竞争力，增强市场中介组织的独立性。③

这一角度的研究有的是从宏观层面来把握，有的是针对区域性研究提建议，有的进行了多方面的讨论，有的侧重某一方面的问题，但是研究的目的是一致的，那就是指明方向、解决问题。

二、研究方法及主要结论

目前，对现有农村市场中介组织进行剖析的方法主要有两种，一种是应用理论模型进行分析，另一种是通过问卷或访谈进行实证分析。

---

① 纪良纲、董进才：《完善农村市场中介组织的对策性研究——以河北省为例》，载《社会科学论坛》2004 年第 4 期。
② 程耀明：《农民中介组织培育的动力机制及路径依赖》，载《农村经济》2004 年第 9 期。
③ 张展：《中国市场中介组织的发展研究》，中国经济出版社 2006 年版。

（一）应用理论模型进行分析

何坪华、杨名远（2000）用交易成本理论，分析了农村市场中介组织替代农户进入市场的约束条件：假定农户经营直接进入市场的交易成本为 TC_0，而由中介组织替代农户的分散交易后，交易成本变为 TC_1，则交易方式的变化带来的市场交易成本的节约额应为：$\Delta TC = TC_0 - TC_1$，若中介组织的管理费用为 OC_1，那么组织化的市场交易所增加的经济收益为 $R = TC_0 - TC_1 - OC_1$，由此，只要 $R > 0$，就表明中介组织替代农户经营分散入市在经济上是合理的，R 越大，替代效果就越好。在 $R > 0$ 且既定的条件下，农村市场中介组织能否发展还要看交易成本节约的经济利益在中介组织与农户之间如何分配。用 R_0 表示农户获得的利益分配额，R_1 表示中介组织获得的利益分配额，则 $R = R_0 + R_1$。若 $R_0 \leqslant 0$，表明农户从中介组织中得不到收益，那么农户作为利益主体，就不会选择参与中介组织交易；若 $R_1 \leqslant 0$，表明中介组织在交易服务中未得到合理的收益，作为利润追求者就会失去发展的动力。所以 $R_0 > 0$、$R_1 > 0$ 是中介组织存在和发展的必要条件。因为在 R 一定的条件下，农户与中介组织在利益分配上是互竞关系，所以如何处理两者之间的利益分配关系，成为中介组织生存和发展中的关键问题。[1]

邱晓平、池泽新、翁贞林（2005）利用产业组织理论体系的 SCP 理论对农村市场中介组织的有效性进行了分析。农村市场可以视为一个"准完全竞争市场"，在"准完全竞争市场"条件下，"小规模、分散化"的农户具有生产经营规模超小化和凝固化的特征，其信息不灵无法适应外在复杂多变的市场，同时由于农户之间过度竞争，农产品价格低于市场出清价格，造成农业生产力的破坏，而农村市场中介组织作为农村市场的有效主体，增强了农产品市场竞争力，使农产品价格接近市场均衡价格，保护了农民利益。农村市场中介组织的行为主要是获取规模经济，增强市场势力，有效衔接产需，收集和反馈市场信息，指导农民做出符合市场需求的生产决策，向农民普及科学知识，推广农业适用技术，促进生产要素的流动与合理配置。从农

---

① 何坪华、杨名远：《农村市场中介组织的经济评价》，载《新疆农垦经济》2000 年第 3 期。

村市场中介组织的绩效看，在农村市场中介组织参与农村市场的前提下，资源配置效率、产业的规模结构效率和技术进步程度都有明显提高。①

张展（2006）利用委托—代理理论分析了当前一般市场中介组织提供低质量服务的市场均衡。市场中介组织与其需求者之间是委托—代理关系，其需求者是委托人，市场中介组织是代理人。根据委托代理理论，当代理人的行为不可观察和代理人风险规避同时存在时，道德风险产生，此时存在激励问题，有效的激励规则是确保双赢的必要手段，而所谓有效的游戏规则其实就是具体的制度安排及与此相配套的社会成员的行为规范，也是市场中介组织作为市场主体追求自身利润最大化时所受到的激励与约束。假设市场中介组织提供低质量服务可以给他带来额外的收入 Y，但如果被惩处将产生 A 的损失，低质量服务被惩处的概率为 β，此时提供低质量服务的预期收益为 $E = Y - \beta A$，当 βA 一定时，Y 越大，则 E 越大；当 Y 一定时，β 越小，A 越小，E 越大。如果 E 较大时，则对于理性的市场中介组织来说，提供低质量服务是经济的。当前，在部分市场中介组织需求者的低质需求诱惑下，政府监管、行业自律、法律监督这些约束机制并未对市场中介组织的违规动机起到强抑制作用，市场中介组织将动机转化为行动，市场处于低质均衡之中。②

（二）通过问卷或访谈进行实证研究

薛兴利、杨学成、靳相木（2000）通过问卷调查方式对山东省 265 个乡镇涉及 17 个地（市）、73 个县（市、区）的合作社、股份合作组织、农民协会等组织的发展状况及参加农户的收益情况进行了实证研究。研究显示，这些组织总体发展较快，但覆盖面仍较低，类型多种多样，但在发展数量、参加农户、吸纳股金方面都存在较大差异。从运行机制上看，合作社和股份合作组织的组织管理机制较为健全，但运转或执行还不够好，农民协会的规范程度不太高，民主管理方面普遍存在着不够民主的问题。从运作绩效上看，调查对象的平均股本收益率为 16.3%，其中，合作社的股本收益率

---

① 邱晓平、池泽新、翁贞林：《经济转型期农村市场中介组织的有效性探讨》，载《世界农业》2005 年第 4 期。

② 张展：《市场中介组织市场均衡分析》，载《商业研究》2006 年第 8 期。

为 20.5%，农民协会为 11.3%，股份合作组织为 17.2%。有 2.8% 的组织亏损。调查对象在实践中为社员服务较好的占 58.8%，一般的占 31.3%，不好的占 9.9%。针对 1325 个参加组织的农户和 1325 个未参加组织的农户进行 1999 年收益比较得到数据：参加农户比未参加农户的人均纯收入高 22.6%。2650 个被调查者对兴办新型合作组织的看法是 58.3% 的人赞成，15.2% 的人不赞成，26.5% 的人无所谓。①

孙亚范（2003）利用入户调查的方式在江苏省对 412 户农户的合作需求与意愿进行了研究分析，调查结果显示，农户在生产经营活动中面临多项困难，缺资金、缺技术、缺少市场信息和农产品经济效益太低是制约多数农户生产经营的突出问题。被调查农户有 83.9% 认为需要和非常需要有专门组织提供社会化服务，11.5% 持无所谓的态度，明确表示不需要的农户占 4.6%。现有的服务组织大多只能为农户提供单项或少数几项服务，除了在供应农业生产资料方面力量较强外，对于农户急需的市场信息服务、技术服务及产后的农产品销售、加工、储藏服务和资金融通服务等方面的服务功能都相当薄弱。412 户被调查者中有 71.4% 的农户具有明确的合作需求，但是真正有合作行为的农户只有 7.3%，说明组织发展严重滞后，制度创新的供给不能满足制度创新的需求。调查显示，农民对于合作组织认知程度低；现有组织存在种种不足，导致对农户缺乏吸引力；对新生事物的思想顾虑；能够推动制度创新的"企业家"稀缺导致制度创新的供给不足是农户没有参与合作的主要原因。②

三、简单评价及后续研究需要关注的问题

综观农村市场中介组织的研究文献，可以看出，随着中国特色社会主义市场经济的深入发展，对市场中介组织的重视已经在研究领域达成共识，但

---

① 薛兴利、杨学成、靳相木：《农村新型合作经济组织的实证分析与政策措施——山东农村新型合作经济组织的调查》，载《农业经济问题》2000 年第 10 期。
② 孙亚范：《现阶段我国农民合作需求与意愿的实证研究和启示——对江苏农户的实证调查与分析》，载《江苏社会科学》2003 年第 1 期。

是，从研究的内容、方法以及研究程度上还存在一些不足，这也正是农村市场中介组织的研究者们应该进一步探讨的问题。

（1）在对农村市场中介组织的内涵与外延的认识上没有达成共识，后续研究必须找到农村市场中介组织的本质内核，明确界定其内涵与外延。从现有文献对农村市场中介组织的定义看，很显然，学者们的认识并不一致，也似乎从未准备就其内涵给出准确定义，而是各自从自己的研究角度或研究目的出发，有的以其作用为定义，有的以其类型为定义，有的则在定义中强调其性质，这样就使得农村市场中介组织的内涵研究既互不矛盾也互不包涵，看起来十分散乱。而且现有研究大都是在对实践中的组织现象进行描述和总结，就事论事，没有从实践中提升出来，从包含其产生、存在和发展趋势的整体角度就其本质给出定义。笔者认为，农村市场中介组织的发展必将伴随市场经济发展的全过程，尽管其存在的特点具有阶段性特征，但是其本质内核是一定的，研究者们必须将这个特定的本质内核明确地界定出来，使各个角度的研究能够真正地统一在"农村市场中介组织"这一概念之下。

（2）现有研究缺乏对中国农村市场特殊性的分析，从而没能找到农村市场中介组织存在状态的根源。后续研究必须关注中国农村市场的特点，及其表现出来的对市场中介组织的需求指向，合理解释农村市场中介组织的多样性和复杂性。虽然从字面上来看，农村市场中介组织的研究必然是属于市场中介组织研究范畴的，但是从现有的文献中却可以明显看出农村市场中介组织有着非常不同的研究内容。张展（2006）在总结国内外市场中介组织的界定研究之后，将市场中介组织概括为中介场所类（如证券交易所、人才交流中心、产权交易中心等）、经济鉴证类（如律师事务所、会计师事务所等）和协会类三大类。[①] 很显然，目前农村市场中介组织的研究一般不涉及前面提到的第一、二类。因此，如果仅将在两个概念之下研究内容上的差别归因于"农村"这个与城市相对的地域概念，显然是不够的，那么，除此之外还有什么原因呢？在众多学者进行自己视野下的农村市场中介组织研究中，很难找到答案。笔者认为，这里的一个重要原因就是在中国所处的二元经济、社会结构下，农村市场有其独特的特点。研究者们应该注意对中国

---

① 张展：《中国市场中介组织的发展研究》，中国经济出版社 2006 年版。

农村市场的特殊性进行分析，包括农村市场的构成、发育程度以及变化趋势，找出农村市场上存在着什么样的对市场中介组织的需求，这个需求又会怎样随着市场的变化而改变，需求分析清楚了，农村市场中介组织的存在状态才能得到合理的解释。

（3）现有研究没有对农村市场中介组织的时序演变进行跟踪分析，从而没能揭示农村市场中介组织发展与制度环境变化之间的内在联系。后续研究应该注重从动态的角度把握农村市场中介组织的演化过程，并将其放在农村制度变迁的大框架之下，科学地预测和引导其变化趋势。伴随着中国从计划经济体制向市场经济体制改革的进程，制度与组织的创新成为经济生活中最具普遍特色的主体行为。学者们一致认为农村市场中介组织以各种形式活跃在农村市场，正是制度与组织创新的具体表现。大家对各种形式的组织创新过程和取得的效果给予了高度重视，但却普遍缺乏从"农村市场中介组织"这个整体概念的角度，对其创新在时间序列和制度环境变化这两个维度上进行跟踪分析。没有这样的分析，就无法认识农村市场中介组织创新的诱致与约束条件，也就无法在宏观上理清楚二十几年来农村市场中介组织的发展脉络。笔者认为，在农村市场质与量的变化中，农村市场中介组织的创新无论是诱致因素还是约束条件都是在变化的，这种持续的变化通过改变创新成本与收益的对比导致了持续的创新。只有了解创新主体是如何受诱致因素推动又如何对约束条件妥协，才能理性认识农村市场中介组织的发展阶段，并能指出克服约束因素推动农村市场中介组织发展的主观努力方向。

总之，由于以上几个方面的原因，现有研究没能找到农村市场中介组织发展的一般规律性，从而无法在理论上对实践发展给予明确的指导。理论研究的目的在于指导实践，但其前提条件是研究结论具有一般性。目前，学术界尚缺乏一个具有一般意义的农村市场中介组织的概念，其中具体类型的称谓也多有不同，所以从研究成果来看，学者们要么用自己定义的"农村市场中介组织"这个概念泛谈，不对具体组织形式进行分析，只提出发展的政策建议；要么就某一地区某种类型的组织形式进行研究，有针对性地提出发展对策。总的来说，这些对策大都缺乏普遍的指导意义，或者缺乏可操作性。笔者认为，农村市场中介组织的本质内核是"市场中介"，研究者们应该首先从这个内核出发，给出一个具有一般意义的农村市场中介组织的概念，然后抛开各类组织在形式上的差别，找到它们作为"市场中介"所具有的共性，以及这些共性变化的一般规律，据此提出的发展建议才有可能真正地指导实践。

第三章　农村市场中介组织的概念与边界

理论上缺乏一个一般意义上的农村市场中介组织概念，不仅使学术研究看上去零乱分散，也使这一领域的研究对实践的指导意义打了折扣。本书希望在综述学者们研究成果的基础上对农村市场中介组织的内涵与外延进行明确界定，并在此基础上对其理论边界进行分析，以期找到农村市场中介组织存在与演化的一般规律。

一、农村市场中介组织的概念界定

鉴于大部分学者对农村市场中介组织概念的界定都是基于对现象的概括和描述，所以未能找到其一般规律性，本节拟依据前两章所作的研究，首先剖析农村市场中介组织概念的构成因素，然后从一般意义上对农村市场中介组织的内涵和外延进行界定。

（一）农村市场中介组织的概念构成

基于实践的变化和研究的进展，本书认为，要让农村市场中介组织的概念既能涵盖普遍规律性，又能包容实践中的复杂多样性，首先需要对概念的构成要素予以认识。

1. 对概念中"农村市场"的理解

根据古典经济学的假定，在一个统一的市场上，产品、资源和要素是可以完全流动的，因此市场机制的有效性和灵敏性能够优化配置资源要素，实现社会经济增长的目标。而现实中，这种完全市场并不存在，其中一个重要原因在于城市地域和农村地域长期发展中所存在的巨大差异甚至隔离。中国这样一个传统的农业国家，由于发展基础差、农村人口压力大、人均收入低，兼之改革开放前片面工业化战略的负面影响，所建立起来的工业体系主要集中在少数大中城市，农村地域发展非常落后。虽然改革开放后农村市场化程度有了很大提高，但是其落后的特点还是没有得到彻底改变。

因此，我们所关注的"农村市场"这个概念，不单单是一个地域概念，它还承载着发展传统、制度选择、政策偏向以及意识形态等方面的长期积累。通常市场可以划分为产品市场、要素市场和资本市场三个部分。

就中国的农村市场而言，产品市场具有最根本的地位。现代西方经济学一般都假定农产品市场是完全竞争的，但这种假定并不符合实际。张培刚教授早就从"农民作为买者"和"农民作为卖者"两个方面分析过农业市场的不完全竞争性。[1] 从农民作为买者来看，由于工业制成品领域存在的较为普遍的垄断力量，导致农民所购产品价格较高；从农民作为卖者来看，一些大批发商占据农产品运销过程的瓶颈或关口，极有可能在不完全竞争的条件下从农民手中购买农产品。由此可见，无论是从买方来看，还是从卖方来看，乡村市场都是不完全竞争的，农民由于基本处于无组织状态，他们在两个垄断市场的夹缝中求生存，地位是很脆弱的。改革开放已经有30年了，但是农户生产经营的分散性和小规模没有改变，所以由此形成的农户市场地位也就没有根本变化。

农村劳动力市场是农村市场的重要构成部分，剩余劳动力的有效转移是提高农业劳动生产率，提高劳动要素使用效率的前提条件。目前，从农村劳动力候鸟式的转移方式以及进城务工所能从事的工作看，显然没有一个成熟的农村劳动力市场来实现劳动力要素的有效配置和优化。体制上不能彻底突破城乡隔离、农民的科技文化素质低下是这个不成熟的农村劳动力市场的主要特征。

农村资本市场发育滞后。发展中国家农村金融市场发育普遍较差，原因在于金融市场的功能在于把储蓄转化为投资，以促进资源要素更合理的分

---

① 张培刚、方齐云：《工业化进程中的中国农业》，载《求是学刊》1996年第1期。

配。然而，位于城市的商业银行，由于缺乏在农村进行有效经营所必需的知识和技能，加之经营成本高，风险大，一般不愿意到农村去经营信贷业务。同时，农民收入水平低下，从而储蓄水平低，难以吸引城市金融机构向农村发展。而由政府出资组建农村银行或农村发展银行这些农村金融机构，一般带有政府垄断性质，也带有很强的政策性，不能保证广大农户都能通过这一渠道获得足够的资金支持。

对农村市场认识的关键，一是要认识到农村市场是农户从小农经济的主体转化为市场经济主体的重要依托，从生产资料、日常用品的购买到农产品的生产和出卖，从剩余劳动力的转移到农用资金的融通，农户越来越需要它、依赖它；二是要认识到农户作为农村市场的一类重要主体所固有的、难以改变的弱质性。

一个市场的完善与否、发育的层次如何，与市场主体是否完善关系很大。市场主体发育健康，市场就发育良好，运行效率就高，反之则相反。这也决定了在中国的农村市场上一切能改变农户这种市场地位的努力将受到欢迎和鼓励。

2. 对概念中"市场中介"的理解

《现代汉语词典》中把中介等同于媒介，即"使双方发生关系的人或事物"。经济学者们又根据这一概念引申出了"市场中介"的概念，1993年由新华出版社出版的《市场经济大辞典》给市场中介下了这样一个定义：在市场经济运行中联结各个行为主体，即市场主体之间的媒介形式或手段。进而指出，市场中介既可以是有形的媒介形式或手段，比如个人、组织或规章制度，也可以是无形的媒介形式，比如经济信息、市场竞争、价格等。具体而言，市场中介按照它联结的市场主体不同，可以划分为三类：一类是联结生产者之间的中介形式，也可以说联结市场供给主体之间的中介形式，既包括同类的生产者与供给者之间的媒介形式，也包括不同类的生产者与供给者之间的媒介形式，比如生产者集团、供给者集团、供给者协会、生产者之间的经济行为的规则和规章制度及竞争等。另一类是联结消费者之间的中介形式，也就是联结市场需求主体之间的中介形式，既包括同类消费者与需求者之间的媒介形式，也包括不同类的消费者与需求者之间的媒介形式，比如消费者组织、消费者权益的保障规则和规章制度、消费者之间竞争以及消费风尚和习惯的市场导向与示范效应等。再一类是联结市场的供给者与市场需求者之间的媒介形式，它是市场中介的主体，包括价格、供求信息、市场信息、交易规则和规章制度、交易中介人和仲裁机关、交易后的权益保护等。当然还有一类是政府与企业之间的中介形式，如经济政策、行业协会、工会等。但这些都可以看做是上述三种形式的延伸。

在市场经济中，通过各种有形的和无形的市场中介，把活动在市场上的各个行为主体联结起来，从而使各自独立分散的经济行为主体组成一个有机的社会经济整体。无论是有形的还是无形的市场中介，需要把握的都是其居间联结的作用。

（二）农村市场中介组织的内涵与外延

1. 农村市场中介组织的内涵

根据我们对农村市场中介组织这个概念中"农村市场"和"市场中介"的理解与把握，将农村市场中介组织的内涵定义如下：农村市场中介组织是居于农户与市场其他主体之间，为农户在生产和经营中所发生的要素和产品的需求与供给活动提供居间服务的非营利性组织。

该定义首先强调了居间服务性。居间服务是中介的基本含义，农村市场中介组织的居间服务是在农户与其他市场主体之间发生的，其他的市场主体包括除了农户以外，在农村市场中与农户发生各种类型对手交易的经济主体。值得提出的是该定义特别强调了为农户服务，这是由农户在农村市场中的市场地位决定的。虽然一般地讲，居间服务应该为交易双方提供同样的服务，但是这里暗含了双方具有对等交易条件的前提，而农户难以从市场中获利的主要原因正是他们不具有这样的交易条件，所以从农户的需求上讲，农村市场中介组织的服务首先是改变他们由于过低的组织化程度而形成的较低的市场地位。这样一来，农村市场中介组织的居间服务从客观上已经具有了向农民的偏向性，而这种偏向性的存在决定了农村市场中介组织最可能从农民内部产生。

该定义明确了农村市场中介组织居间服务的领域是农户在生产和经营中所发生的要素和产品的需求与供给活动。形成市场的基本要素就是需求与供给，由此引发的各种活动显示了市场繁荣还是萧条，决定了市场萎缩还是发展。农村市场上的各种活动就是由农户的需求和供给引发的。农户要生产、要经营，由此产生了对生产资料的需求、对资金融通的需求；农户要实现剩余产品的价值，要为剩余劳动力寻找出路，由此产生了农副产品的供给、剩余劳动力的供给。这些直接的需求与供给还产生了对技术和信息的衍生需求。农村市场中介组织的居间服务存在于所有这些领域。农户生活消费与城市居民消费在形式上没有本质区别，只是购买力水平上的差异，因此在这一领域并不特别需要中介组织的介入。

该定义明确了农村市场中介组织的非营利性。非营利性是中介组织区别于其他经济组织的根本属性。在农村市场上，正是因为单个农民作为市场主体参与交易显现出来的弱质性，才使得农村市场主体发育不平衡的矛盾非常突出，一切营利性组织在与农民的交易中，因为以利润最大化为其行为选择的出发点，所以自然会利用农民的弱势，分割本该属于农民的利益。农村市场中介组织只有保持其非营利性，才有可能既发挥自己的组织优势，又能真正帮助农民改变市场地位。如果失去了非营利性，也就失去了对农民的吸引力，同时失去了化解农村市场矛盾的能力，从而失去其发展空间。

该定义将农村市场中介组织作为一类独立的市场主体，这就隐含了一点，即农村市场中介组织是非政府性组织。在对市场中介组织的研究中，有许多学者提出了市场中介组织在形成过程中对体制改革下政府工作人员的分流，以及对政府职能的分担，使得许多的中介组织具有了半官方或半政府的性质。本书认为，在理解农村市场中介组织时，特别当关注其发展趋势时，这样的特点不具有普遍性，也更不具有效性。而且，由于"三农"问题的特殊性，各级政府采取各种措施包括成立一些特定的机构参与农村事务，认识农村市场中介组织的"非政府性"可以明确地将政府工作与中介组织活动区分开来，也将村级集体经济组织排除在外。

2. 农村市场中介组织的外延

在对农村市场中介组织内涵有了明确界定之后，其外延也就很容易把握了。下面所列组织从其活动方式和服务内容看都属于农村市场中介组织的范畴。

第一，针对单个农户的农产品售卖提供居间服务的组织。包括将单个农户和农副产品需求者联系起来并撮合成交的经纪人及其组织；接受农产品生产者委托，本着商品交换自愿让渡、保护买卖双方经济利益的原则，组织拍卖的农产品拍卖商；为单个农户提供交易场所和信息服务，使农户比较容易找到交易对手的农村专业市场等。这些组织提供居间服务，改善农户市场地位的有效性主要体现在，通过传递市场信息并帮助农户找到合适的交易对手，缩短农户熟悉和进入市场的时间，降低农户的交易成本。

第二，先将农户组织起来，再为其生产和销售提供居间服务的组织。主要包括农民专业协会和农民合作社。这两类组织是目前农村市场上最普遍也最有效的农村市场中介组织。它们居于农户和生产资料销售商之间、农户和农业技术研发部门之间、农户和农副产品购买商之间，为农户提供生产资料联合采购服务、生产过程中的管理标准制定和技术指导服务、农副产品销售和物流服务，有时还有资金融通服务。其有效性在于它们改变了农户的组织化程度，从而改变了与其他市场主体之间的力量对比。这两类组织的居间服务具有明显对农户的偏向性，因而只能是由农户自己组织形成。

第三，与农户建立起组织内分工与合作关系，为农户获得生产技术、生产资料，实现农副产品的加工增值提供居间服务的组织，主要是一体化组织。一体化组织通常以一个农副产品加工企业为核心，与农户建立起稳定的合作关系，将生产资料供应、农户生产、技术指导、农副产品收购、加工、储存、销售等完全纳入一体化管理。单从组织形式看，一体化组织是一个经营实体，而不像一个中介组织，但是从其为农户提供的服务来看，它彻底改变了农户与市场的衔接方式，大大降低了农户的生产经营风险，并分享了一部分农副产品加工转化的增值。因此，只要农户不是以加工企业员工的身份存在的，那么一体化组织就是居于农副产品的供给者和需求者之间，并主要为供给者即农户提供服务的农村市场中介组织。

二、农村市场中介组织产生的理论必然性

农村市场中介组织的产生并非偶然，要准确把握农村市场中介组织在农村社会经济生活中所发挥作用的灵活性和复杂性，进一步理解农村市场中介

组织的内涵与外延，就必须首先从理论角度寻找其存在和发展的必然性。

（一）经济学意义上的必然性

经济学是以市场和交换关系为研究起点的有关稀缺资源配置的研究，而在市场交易关系中，最基本的形式是商品交换的关系。在长期的交换实践中，市场主体越来越认识到交易成本是影响交换成功与否的重要因素。交易成本经济学解释了市场中介组织存在的必然性。

交易成本经济学有两个有关人类行为的基本假设：第一个假设是人类行为是有限理性的。在诺斯看来，人的有限理性包括两方面的含义，一是环境是复杂的，在非个人的交换形式中，由于参加者很多，同一项交易很少重复进行，所以人们面临的是一个复杂的、不确定的世界，而且交易越多，不确定性就越大，信息也就越不完全；二是人对环境的计算能力和认识能力是有限的，人们不可能无所不知。威廉姆森认为，只要或者是不确定性或者是复杂性的存在达到了必要的程度，有限理性就会产生。与有限理性相连的是决策中可能出现问题。在农村市场上，交易主体特别是作为供给者的农户，他们在经营中面临着非常大的不确定性，而其个人对环境的认识能力又更加有限，所以他们非常需要一个依托来帮助他们提高对环境的认识能力并减少环境的不确定性，这个依托必然是农村市场中介组织。

第二个假设是人的机会主义倾向。这是人们对自我利益的考虑和追求，意思是，人具有随机应变、投机取巧、为自己谋取更大利益的行为倾向。威廉姆森认为，"机会主义是指信息的不完整或受到歪曲的透露，尤其是旨在造成信息方面的误导、歪曲、掩盖、搅乱或混淆的蓄意行为。它是造成信息不对称的实际条件或人为条件的原因，这种情况使得经济组织的问题大为复杂化了"①。在非均衡的农村市场上，交易主体追求收益内在、成本外化的逃避经济责任的机会主义行为造成了高昂的交易成本，极大伤害了交易。商品的供求双方都希望借助一个外力来抑制对方的机会主义行为，作为第三方的农村市场中介组织成为一个必然选择。

---

① ［美］迈克尔·迪屈奇：《交易成本经济学》，经济科学出版社1999年版，第34页。

新制度经济学研究指出，制度变迁的大方向就是为了不断减少市场交易成本，使各种资源的所有者在交易过程中尽可能达到自己的交易目的。中介组织作为一种制度形式，它的存在就是减少不确定性、减少信息搜寻成本并分散风险。在农村市场上，商品的供求双方一方面都是有限理性并且具有机会主义倾向的，另一方面又都希望能够降低交易成本，实现交易目标。由此，在农村市场上出现为商品交易双方提供信息的搜寻和筛选服务、提供价格谈判的协调服务、提供维持长期交易的保证服务、提供交易公平的维护服务的农村市场中介组织就成为必然。

（二）社会学意义上的必然性

社会学是关于社会生活、社会变迁和人类行为的社会原因和结果的研究。社会学家调查群体、组织和社会的结构，以及人们如何在这种背景下互动。

从历史的角度看，社会在发展，与发展过程相联系的是结构分化，而结构分化是一个过程，借助这个过程"从一个社会角色和组织，分化为两个或两个以上能充分有效地在新的历史条件下发挥功能的角色"。在社会发展的初期，人们建立社会组织的基础大多是同一部落、同一种族或同乡关系。而随着发展进程的推进，人们交往的网络变得更为复杂，兴趣也变得更加多样化，于是，出现了建立在经济、政治、娱乐、艺术等不同利益和兴趣基础上的新的社会组织。这些新的社会组织在那些结构已经变得规模宏大、因素众多、异质性强的社会中，似乎成为社会共同体整合的适当形式，而其中一部分是具有经济功能的。然而由这些组织所织成的社会关系网络再严密，也会存在如波特（Burt，1992）所说的"结构洞"①，而中介组织就是要将"结构洞"周围的组织联系在一起。

新中国成立以来，中国社会虽然经过了半个多世纪的发展和演变，但至今仍然呈现出明显的二元社会结构特征。城乡二元社会结构使农民陷于相对

---

① Burt. R. S., *Structure Holes: The Social Structure of Competition*, Cambridge, Harvard University Press, 1992.

封闭的状态，大大减缓了农村社会的演化，在城市和乡村之间存在着社会组织网络的巨大的"结构洞"。然而市场经济条件下，城市与农村在发展过程中的相互依赖和相互约束的力量必然由包括农民在内的各类市场主体亲自感受和把握，他们因而必然需要有中介组织来填充这个"结构洞"，将他们更密切地联系在一起。值得重视的是，在这个结构洞周围的组织并非同质，而是在形成基础和交往能力上存在着巨大的落差，从这个意义上讲，他们不仅需要农村市场中介组织来修补"结构洞"，还要它能尽力来抹平这个落差。

从社会学的意义上来讲，农村市场中介组织是城市与乡村二元社会结构向一元社会结构转化的必然产物，他们通过改善农民的弱势地位、传递来自先进社会的各类经验，打破农村与农民的封闭状态，以经济角度的突破带动农村社会各个层面与先进社会的融合。

本书在对农村市场中介组织的内涵进行界定的时候，还强调了它的非政府组织的性质。国际经验表明，非政府组织在满足弱势群体的社会需求、解决一些长期性的社会问题方面具有独特的优势，这些优势使其具有政府、市场不可替代的作用。

（三）伦理学意义上的必然性

在中国农村，长期以来形成的地缘与血缘关系特征是农村与城市的本质区别，而基于血缘与地缘形成的伦理观念深刻地影响着农村社会生活的各个方面。然而，包括基于血缘与地缘的伦理观念在内，农村的传统伦理体系正在受到来自各个方面的冲击，整个社会政治经济体制的变化极大地改变了农民的伦理观，从而改变了农民行为选择的标准。

首先，市场经济体制的建立促进了农民主体意识的增强，培养了农民现代的自由平等的道德意识；使农民的生产能力突破狭窄的范围和孤立的地点，并形成了公平变换、平等获利的预期。其次，由于经济结构重组、利益格局调整等因素的作用，农民在计划经济体制下养成的过分依赖行政控制，凡事喜欢"等、靠、要"的心态，逐渐转化为价值取向多元、价值选择务实的伦理意识。再次，农民的时间和效益观念得到加强，自然经济下散漫、拖沓、慢半拍的习惯彻底改变，竞争和创新意识融入了农民的伦理体系。新的伦理观念一旦形成，必将产生相应的对实践效果的预期，然而农民在市场实践中同时发现，由于诸多方面的原因使他们经常处于弱势地位，且依靠单个的力量基本不能改变。

农村市场中介组织在新的伦理观念与不协调的实践效果下必然产生。因为，在新的伦理观念下，农民解决现实问题将不再简单地依靠政府，而是从更宽泛的视角依靠自己以及自己周围一些更有能力解决问题的人，并把突破了血缘与地缘基础的信任和委托放在他们及他们的组织身上；而这些人和组织恰好能够在尊重农民的自由平等的基础上，帮助农民改变市场实践中的弱势地位，获得公正、平等的交换条件和广泛的交换空间。

显然，从伦理学角度更能够理解农村市场中介组织的内涵与外延，理解其形成的基础。

三、农村市场中介组织存在的现实意义

从农村市场中介组织产生的理论必然性来看，其存在的现实意义将主要体现在以下几个方面：第一，帮助农民进入市场，减少农村市场的交易成本；第二，改变农民组织化方式和程度，逐渐形成新的农村社会关系网络；第三，保护农民利益，推动农村产业结构调整。

（一）帮助农民进入市场，减少交易成本

农村市场上的交易主体可以简单地分为两类：农民和除农民以外的其他主体（主要是中间商、农副产品加工商、日用品生产商和农资生产商）。在市场交易中，这两类主体个性鲜明。

首先说农民，农民擅长的是农副产品的生产，他们的活动在这些方面最富有效率，农村体制改革之后，农业生产所发生的巨大变化证明了这一点。而他们中的绝大多数并不擅长交易，但是生产经营制度改革之后，他们却必须通过自己交易来获得收益，而且在某种程度上可以说，正是交易的能力而不是生产的能力直接影响到他们收益的多少。在交易能力上，他们欠缺很

多，表现在农民个体基本不能预测市场需求，特别是农副产品流通范围越来越大的情况下，农民根本没有对需求的把握能力，他们缺乏获得信息的方式方法，即使获得之后也没有能力进行筛选和判断；他们没有交易谈判的砝码，当他们带着收获的农副产品去交易的时候，手中的产品已经具有了资产专用性的特点，很容易被交易对手"敲竹杠"；他们长期以来几乎没有对交易合约的了解，基本没有对合约履行的监督能力，自己也缺乏必须履约的意识和责任感，这就使得与农民的合约交易并不更加先进。农民在交易中的这些特点决定了农民参与交易时要支付高额的交易成本。

其次是农民以外的其他主体，这些主体相对于农民来讲或者具有丰富的交易经验，或者在交易中具有规模优势，从而在交易谈判中具有主动地位。根据机会主义行为假设，这些特点使他们很难不在交易中压挤农民的利益，而这样做的结果就是一方面增加了农民的交易难度，另一方面也激起了农民的防范意识，从而反过来也增加自己与农户交易的难度。另外，这类主体尽管可能存在价格谈判上的优势，但是因为要与众多的农户谈判，还是要支付很高的重复谈判成本。再有，与农民的交易因为农民的分散性和独立性，因此可控性差，由于农民在交易中的随意性往往造成其他主体的交易风险。

总之，农民和其他交易主体在交易中显示出来的特性都在双重地加重他们的交易成本，这虽然是双方都不愿意看到的，但是如果没有外力的作用，这样高成本的均衡却难以打破。农村市场中介组织就是打破这种均衡的外力。

（1）农村市场中介组织可以凭借其专业性，帮助农民和其他市场主体降低供求信息的搜寻成本，从而降低交易成本。中介组织代替农户对分散信息重复搜寻，不仅可以减少信息搜寻次数，节约市场信息调查费用，而且由于中介组织专业化和规模化的经营方式，能较为全面地进行市场调研，因而可以从整体上把握市场信息的变化，并能利用充分掌握的信息进行统计分析和决策，克服农户在收集信息时的盲目性和从众心理，避免一哄而起的决策失误现象频繁发生。因为农村市场中介组织与农民的密切联系，来自农民的信息也能在这里大量集中并能被有效化处理，为其他市场主体降低对农户的信息搜寻成本提供了支持。

（2）农村市场中介组织的第三方保证作用，可以降低交易双方在谈判中的相互不信任程度，促进谈判达成，减少谈判费用。以农产品交易为例，谈判成本主要包括为确定农产品品种、质量、数量、价格、交货方式等事项所进行的谈判立约的成本。如果交易双方之间重复交易的可能性不大，彼此缺乏信任，甚至都希望能凭借自己的优势挤压对方的利益，那么谈判成本将变得非常高昂。农村市场中介组织因为与农民和其他交易主体都具有较稳定的联系，从而拥有他们的共同信任，在这个共同信任的基础上，谈判将更容易在保证公平的前提下达成，谈判费用将大大降低。而且农村市场中介组织参与达成的谈判越公平，次数越多，更低的谈判费用越可能实现。

（3）农村市场中介组织在监督和保证履约方面也具有不可替代的能力。随着农业现代化的发展，订单农业成为一个特色，但是合约的履行却处于非常低效的状态，无论是农民还是农民的交易对方都会发生毁约现象，履约成本变得十分高昂。在这个问题上，农村市场中介组织可以发挥作用，对农民，他们可以凭借地缘与血缘的纽带加以约束，这是其他力量难以替代的；对农民的交易对方，农村市场中介组织可以依赖自己的组织特性代理农民与之交涉，这是单个农户不能比的。显然，有了农村市场中介组织的参与，履约成本可以大大降低。

（二）改变农民组织化方式和程度，形成新的农村社会关系网络

追溯农村社会经济生活演进的历史，可以发现以自给自足为特征的传统农业和农村经济的社会分工程度较低，农户的生产和生活方式简单而雷同，加上农村人口的流动性较低，由此形成以家庭、家族或村落为单位的狭小的社会关系网络。新中国成立后，我国的农村集体经济得到发展，在农村社会基本有两类组织，一类是以血缘关系为基础的纽带型非正式组织，另一类就是村级行政组织。农民生产生活方面的各类决策都依赖于这两类组织。

改革开放以后，随着市场经济的发展，分工日益深化。人们逐步放弃"自给自足"的"小而全"的生产和生活方式，面向市场的专业化生产成为农村普遍的生产方式。分工和专业化水平的提高意味着经济活动的风险程度增加，为规避和减少风险，向外界学习和取得帮助就显得十分重要。人们专门从事专业化较强的经济活动，需要获取相关信息。一般而言，只有从事同

一行业的人才可能提供有参考价值的意见和信息，而传统的基于血缘和地缘关系所形成的狭小的社会关系网络很难起到这种作用。因此，分工和专业化的发展要求超越血缘、地缘关系以形成更大的社会关系网络。当农民的问题越来越难以在正式的村级行政组织和基于血缘的非正式组织那里得到解决时，在较大的范围内建立起人与人之间的广泛信任就成为必然。此时，能人或强人以及以他们为核心的组织，往往可以替代原有的组织方式在社会关系网络中占主导和优势地位。农村市场中介组织正是以能人和强人为核心，专门为农民解决市场经济条件下所遇到的新问题，通过在商品市场上的衔接作用客观上为抹平城乡之间的鸿沟做出贡献。

（1）农村专业市场、经纪人及其组织帮助农民在更广大的范围内获得交易机会。经纪人是与农民最贴近的一种中介服务形式，他们一边活跃在农村的田间地头，另一边对市场行情高度敏感，并保持着与客商的密切联系，成为农民生产活动中不可缺少的依托，经纪人逐渐成为那些小规模分散生产的农户的核心。相对于经纪人来讲，农村专业市场能支撑更大的供给范围，能吸引更远距离的需求，从而提供更多的交易机会。农村专业市场成为农村社会关系网络中新的核心，引导了农民的生产经营决策，沟通了城乡的经济交流。这是一种虽然松散但能灵活适应市场经济的新的农村社会组织关系。

（2）农民专业协会和农民合作社在原有的基层集体经济组织作用日益淡化的情况下，建立了新型的农村组织体系，在农民的生产经营决策中发挥着日益重要的作用。与经纪人和农村专业市场相比，农民专业协会和农民合作社的组织化程度更强，对农民的服务更有针对性，从而也使得农民对其依赖性更强。这种正式的组织形式不仅改变农民进入市场的形式，更主要的是从根本上改变了农民对参与经济并获得社会分工收益的预期。

（3）一体化组织对农村生产经营的意义是深远的，虽然从其活动形式和目的上仍然是以改变农民参与市场的形式为特征的，但是一体化组织最具有产业化特征，最可能从本质上改变农民在社会分工网络中的地位，使农业和农民最终成为产业系统中既有独立性又能与产业系统共同演进的产业和要素。

（三）保护农民利益，推动农村产业结构调整

改革开放前的计划经济时代，国家通过农产品价格剪刀差的形式为完成工业化提供主要资金积累。改革开放后，农民除了来自政府部门的各种税费负担外，由于市场风险因素引起的农民负担凸显出来。近几年的农村税费改革尽管逐步规范了国家与农民的分配关系，并于 2006 年最终取消了农业税，但这并不意味着农民负担的彻底消除，相反，随着农业市场化进程的加速，我国农业面临的市场风险更难预料。农民的利益将时刻受到来自国内和国际市场的威胁。因此，如何降低市场风险，保护农民利益将是今后相当长时期内我国农业政策的基本取向。从国家的角度分析，仅仅依靠 WTO 的绿箱、黄箱和蓝箱政策不能从根本上提升我国的农业产业竞争力，难以起到保护农民利益的作用。分散的家庭经营需要形成合力对抗变化莫测的市场。在传统的集体经济"失灵"而被实践抛弃的情况下，农业产业化过程中涌现出来的农村市场中介组织为解决这一问题提供了可行的办法。①

农村市场中介组织作为从农民中产生的、主要为农民服务的组织，使分散经营的农民具备集体谈判的地位，使其在市场上面对其他利益集团的不公正待遇可以说"不"，从而较好地维护自己的利益。农民利益得到维护意味着农民在更公平的基础上达成交易，专业化分工的价值得到实现，农民将更有激励进行专业化生产的规划与投资，这将比政府强制性的产业结构调整更有说服力。

由农村市场中介组织倡导和引入的产业结构调整，因为以维护农民利益为基础，超越了农户家庭经营的局限，超越了传统集体经济组织的边界，在合作成员范围内进行自愿、自主的要素分配、资源调整，经营权仍然归农户所有，农村市场中介组织负责信息提供、市场调研、技术指导、合同签订的工作，这种分工既发展了专业化生产，又提升了资源配置的效率，是实现产业结构调整的有效途径。

---

① 张要杰编著：《农业中介组织》，中国社会出版社 2006 年版。

四、农村市场中介组织的边界

然而，在对农村市场中介组织的实践进行观察的过程中，我们仍然存在很多疑惑：农村市场中介组织行为在整个农村市场体系中具有普遍意义吗？为什么会有多种形式的农村市场中介组织，它们的主要区别在哪里？为什么农村市场中介组织的规模普遍较小，这种规模状态是合理的吗？有没有演化的空间？借鉴科斯对企业边界的研究，我们试图对上述问题进行回答。

一些经济学家认为，经济体制是由价格机制来协调的，也有一些经济学家注意到了现实中资源的流动并非因为相对价格的变化而是服从于某种命令，在企业之外，价格变动决定生产，这是通过一系列市场交易来协调的。在企业之内，市场交易被取消，伴随着交易的复杂市场结构被企业家所替代，企业家指挥生产。由此马歇尔把组织作为第四种生产要素引入经济理论。那么在经济理论中就含有了两个假设：一是资源的配置由价格机制决定，二是资源的配置依赖于作为协调者的企业家。科斯的研究目的就是说明实践中影响在这两者之间进行选择的基础。

科斯指出企业在一个专业化的交换经济中出现的根本原因在于利用价格机制是有成本的。最明显的成本就是发现相对价格的工作，另外市场上每一笔交易的谈判和签约的费用也必须考虑在内。所以，市场的运行是有成本的，通过形成一个组织，并允许某个权威来支配资源，能节省某些市场运行成本。

那么企业规模的扩大或缩小又是什么原因造成的呢？科斯的结论是：企业扩大必须达到这一点，即在企业内部组织一笔额外交易的成本等于在公开市场上完成这笔交易所需的成本，或者等于由另一个企业家来组织这笔交易的成本；资源浪费带来的亏损等于在公开市场上进行交易的成本，或者等于由另一个企业家组织这笔交易的亏损。①

---

① R. 科斯著，陈郁译：《企业的性质》。

（一）农村市场中介组织对市场的替代

农村市场对资源的配置是围绕农民进行的，农民是农村微观经济的主体。农民作为生产者、流通者、消费者三种角色参与农产品市场、生产资料市场、日用消费品市场。市场经济体制改革之后，农民逐步认识、了解价格机制，并自觉依靠价格机制来实现资源的配置。但是，这个过程中也出现了农民对市场的不适应，也就是价格机制不能完全解决农民所遇到的问题，特别是在农副产品售卖和农用生产资料购买方面。然而，农民角色的多重性，使农村市场体系既相互联系，又相互分离，从而对农户家庭生产经营形式的理解也变得复杂。

就农业生产而言，德国的大卫（David）在《社会主义与农业》（1922）第二章中，将机械生产的工业与有机生产的农业进行比较，把有机生产的农业的异质性归纳为 9 点：①劳动过程是季节性的，而非持续性的。②劳动形式呈现出多样性，并且不断变化。③在田间的劳动和劳动手段必须移动。④生产过程必须遵循作物的自然生长规律。⑤作业场所开阔，即使雇佣农业劳动力，也不可能对其作业进行全面的监督。如果一定要进行监督，则需要大量的时间和成本。⑥在农业经营中人与自然的全面结合。⑦受自然因素的制约，农业生产力的提高是缓慢的和有限的。⑧土地报酬呈现出递减规律。⑨农地的扩大（外延性扩大）将会导致与现有农地的竞争。[①] 农业生产的这种异质性的存在是客观的，既不随技术的进步而改变，也不随制度的更迭而改变。它直接导致的就是以家庭为单位的生产制度的普遍存在，实践证明了家庭生产是富有效率的。由此可见，除非农业生产的过程特别容易监督、农产品质量很容易按照一定标准分级的领域（这样的情况很少），将农业作为一个严格意义上的生产车间的做法并不更加富有效率。这就意味着在农村市场上不存在简单的企业（组织）与市场之间的替代。

尽管生产阶段的效率是普遍存在的，然而，当农民为了保证生产而进入生产资料市场，为了实现农产品的价值而进入农产品市场的时候，他们的小

---

① 转引自祖田修：《农学原论》，中国人民大学出版社 2003 年版，第 76 页。

规模分散的特点大大提高了交易成本，如果存在某种力量能够简化农民参与市场交易的步骤，把交易成本降下来，显然，那正是农民所寻找的。也就是说，当农民与其他市场主体进行交易的时候，有可能存在某种组织对市场的替代，这个市场是以农民个体卷入交易为特征的。

（二）农村市场中介组织的理论边界

农村市场中介组织对市场的替代在于它能够带来交易成本的节约，同时农村市场中介组织的运行也是有成本的，那么借鉴科斯的研究，我们说农村市场中介组织的理论边界应该在边际组织成本等于边际交易成本那一点得到。为了能更清晰地理解这个理论边界，我们必须弄清楚农村市场中介组织所节约的交易成本是什么，所耗费的组织成本又是什么。

1. 农村市场中介组织节省的交易成本

在科斯看来，交易成本是获得准确的市场信息所需要付出的费用，以及谈判和经常性契约的费用。威廉姆森认为，交易成本可以分为两部分：一是事先的交易费用，即为签订契约、规定交易双方的权利、责任所花费的费用；二是签订契约后，为解决契约本身所存在的问题，从改变条款到退出条款所花费的费用。在农村市场上，为达成交易而产生的行为包括：①寻找有关价格的确切信息；②在价格内生的情况下，为弄清楚买者和卖者的实际地位而必不可少的谈判；③订立合约；④对对方是否违约的监督；⑤当对方违约之后强制执行合同和寻求赔偿。所有这些行为都引发交易成本，农民和其他交易对手之间的交易深度决定具体会发生哪种行为，从而决定发生哪种交易费用。农村市场中介组织视其组织形式和规模大小对上述交易成本均有不同程度的节约。

2. 农村市场中介组织耗费的组织成本

组织成本在某种意义上与交易成本相对，资源配置选择由组织替代市场，但并不会全面替代的原因就是因为组织是有成本的。组织成本就是要使组织有效行使配置资源的功能所必须支付的费用。具体到农村市场中介组织，它的组织成本应该包括创办组织并维持其正常活动所必须花费的开办费用和运行费用、取得农民和其他交易主体信任的费用、代理多个农民的活动时用于摆脱"集体行动的逻辑"① 的费用。

3. 交易成本节约与组织成本耗费的均衡点

参与农村市场的交易主体必须支付什么样的交易成本与他们的交易对象和交易目的直接相关,这里我们从农民的角度做分析。如果农民要出卖的是供给量和需求量都很大的大路农产品,农产品主要产自自家有限的承包土地,属于剩余产品,那么农民的主要交易成本就是用于寻找交易对手、了解价格行情所支付的费用,满足这类农民需求的农村市场中介组织必须有较低的组织成本耗费与相对较低的交易成本节约空间相对应,经纪人就是一例。当农民生产的农产品具有鲜活性、易腐烂、稀有性等特点,且农民的生产具有了较强的专业性和一定的规模后,农民将在寻找交易对手上更具急迫性,对价格有更高的期待,对农资保障和技术有更强烈的需求,这些方面所耗费的交易成本较上一类将有很大提高,满足这类农民需求的农村市场中介组织有较大的交易成本节约空间,因此承受较大的组织成本耗费,农民专业协会、农民合作社等组织形式主要在这个领域存在。如果农民在农产品生产过程中投入了较高的专用性资产,农民将对保持交易关系的稳定有更高期待,那么将涉及订立合约并监督合约的执行,交易成本进一步扩大,此时,组织成本最高的一体化组织作为农村市场中介组织的一种形式就有了存在的空间。

表3—1　农村市场中介组织的边界与形式

组织成本耗费 交易成本节约	低	较 高	高
低	经纪人	—	—
较高	—	农民专业协会 农民合作组织	—
高	—	—	一体化组织

---

① 奥尔森认为,在追求集体行动收益的过程中,"除非一个集团中人数很少,或者除非存在强制或其他某些特殊手段使个人按照他们共同的利益行事,有理性的、寻找自我利益的个人不会采取行动以实现他们共同的或集团的利益"。奥尔森将这种由于个人利益与集体利益往往不一致,从而对集体有益的目标难以实现的情况称为"集体行动的逻辑"。

（三）农村市场中介组织演化的影响因素

分析农村市场中介组织的边界，帮助我们了解为什么会存在多种形式的农村市场中介组织，它们的区别在哪里，各自会在什么领域活动。接下来的问题是：在形式区别之外，组织成本耗费与交易成本节约的边际均衡点有没有变化的可能呢？也就是说这个均衡点会不会移动，可能因为什么而移动呢？

我们认为交易成本的上升和组织成本的节约都可能导致边际均衡点的位置变化，即影响农村市场中介组织的规模，进而推动农村市场中介组织的演化。

威廉姆森认为，资产专用性会使利用市场进行交易的成本上升。专用性资产是指沉没成本较高的资产。当某种资产不能或者不花费极高的成本就难以转做其他用途时，这种资产就是专用性较强的资产。产生资产专用性的原因主要有：资产本身的技术特征导致其通用性较差、该资产在空间上转移困难以及要素市场的不完善。在有限理性和机会主义的假定前提下，资产专用性的存在使投资者面临被交易对手套牢的危险。比如农民生产的普通小麦资产专用性较弱，而专门为某一加工企业生产的黑小麦就具有了一定的资产专用性，那么黑小麦生产者为了不在小麦种植收获后被加工企业剥削准租，就要为此付出较普通小麦生产者高得多的交易成本。

不确定性的存在是又一个抬高交易成本的原因。哈耶克认为，人们之所以对经济组织问题感兴趣，只是由于它和不确定性有关。农产品交易市场本来就是一个变数极大的市场，而且随着整体农产品交易规模和交易范围的不断扩大，竞争日益激烈，农民日益处于一个不确定的市场环境中，不确定性增加了机会主义行为发生的可能性，从而导致更高的交易成本。

交易成本的提高意味着农村市场中介组织具有更大的节约空间，借以支撑较高的组织费用耗费，实现在既有形式下的规模扩大。

在交易成本相对稳定的前提下，农村市场中介组织的组织成本节约也支持其规模扩大。具体来说，开办费用的降低、组织行为的规范、保持信誉以取得信任、制度与法律保证等都可以降低组织费用。在组织费用降低之后，农村市场中介组织扩大规模就成为可能，而且规模扩大与增强降低交易成本能力之间将有望形成良性循环。

比较而言，致力于降低农村市场中介组织的组织成本耗费，对农村市场中介组织的演化更具积极意义。明确农村市场中介组织的法人地位，确定并简化其开办手续有利于降低农村市场中介组织的开办费用；以法律和规章明确其运行规则，对其服务活动进行有效约束，有利于降低其维持健康运行的费用，并可以建立信誉，从而降低赢取信任的费用；选择有效的治理结构，摆脱"集体行动的逻辑"，都可以降低组织成本。

在不断降低组织成本，更多地节约交易成本的过程中，农村市场中介组织将不断演化，变得更具规模优势并富有效率。

第四章　农村市场中介组织性质分析

性质是反映事物本质的，对农村市场中介组织性质的分析，可以帮助我们对其进行深入的理解。我国的农村市场中介组织在发展过程中呈现出灵活、复杂的特点，其中很多对现实问题表现出来的折中态度反映的是我们整个改革进程大环境的约束。随着改革的持续深入，农村市场中介组织的概念将越来越清晰，它的性质、功能、作用都将成为农村市场主体知识与经验的积累，慢慢稳定下来，并得到坚持和传播。

一、农村市场中介组织的一般性质

在成熟的市场经济国家，市场中介组织的发育程度被视为衡量一国市场经济发育程度的重要指标。在第三章我们提出，农村市场中介组织不是一个简单的地域概念，它有自己的特点，但是，我们并不否认，它是市场中介组织的一种，具有市场中介组织的一般属性。

（一）市场中介组织的性质

对市场中介组织属性的认识，学者们的意见大致相同，只是有的归纳得详细一些，有的归纳得简单一些。综合来看，市场中介组织具有以下属性：一是组织性。中介组织的成立应该经过一定的程序，有自己的活动章程，享有一定的民事权利并承担相应的民事责任。二是独立性。组织本身独立，不依附于任何单位，更不依附于政府职能部门而存在；独立提供服务，不受任何单位和个人的干涉；经济独立，实行独立核算，自负盈亏。三是自律性。市场中介组织在市场中起着非常重要的作用，因此必须建立起一套中介组织行业内部的规章制度，使其能够自我约束、自我调节。四是公正性。中介组织提供服务坚持客观性原则，遵循公正、公平、公开的原则，以实际发生的经济业务为依据，依照国家有关的法律法规做出客观公正的结论。五是中介性。它一般不直接参与商品生产和市场交易，而是充当通过联系和协调各市场主体的媒介，为市场主体间的生产交易活动提供服务。六是非营利性。中介组织本身不从事以营利为目的的经营活动，尊重并保障交易双方获得平等的经济权益。七是权威性。市场中介组织的权威性依赖于它的独立性、公正性和自律性，又依赖于从业人员良好的业务素质和职业道德，以及所有资料的可靠性、全面性和客观性。

在这些属性中，中介性是根本。中介性也可称为居间性，市场中介组织凭借在经济活动中的居间服务增进资源配置效率。这也是市场中介组织与社会中介组织的区别所在。市场经济作为一种资源配置方式，依靠供求、竞争、价格发挥调节作用。1776 年，亚当·斯密在《国富论》中指出：在市场经济中，每个人都力图应用自己的资本，使其生产的产品得到最大的价值，他追求的仅仅是个人的利益，但是当他这么做时，有一只看不见的手引导他促进了社会利益，自发的市场机制通过供求、竞争和价格波动，促进着生产力的发展，实现社会资源的合理配置。这一著名的"看不见的手"原理解释了市场机制是如何发挥作用的，但是这种作用发挥的过程并没有这么简单，市场主体在追求个人利益的过程会因为一些原因受到阻碍，比如交易是有成本的，人是有限理性和机会主义的，信息是不完全和不对称的，这些原因导致了市场交易的扭曲，对市场机制构成伤害。市场中介组织可以利用其专业能力，通过居间服务，减少交易成本，增加交易机会，提高交易效率，抑制机会主义，减少逆向选择和道德风险的发生，实现资源的优化配置。

非营利性保证中介组织行为的公正和权威。一般经济组织在追求利润最大化的过程中，与交易对手间往往形成利益的争夺，那么信息不对称和机会主义行为都将改变交易条件，造成交易过程的不确定性和风险。非营利性组织自身没有独立的经济利益，它代表组织成员的共同利益。市场中介组织作为一种非营利性组织，其存在空间就是要依靠自身在信息上的优势和专业化服务帮助交易双方尽量减少不确定性，化解市场风险，非营利性就是市场中介组织获得交易双方信任的前提。

独立性决定市场中介组织的市场主体身份。尽管市场中介组织在一定程度上可以缓解由于信息不完全和不对称等原因造成的市场失灵，但是它的运作模式仍然是以市场体系为依托的，不同于政府调控对市场失灵的矫正。市场中介组织会起到联结政府和其他市场主体的作用，但是它必须是独立的。成熟的市场经济国家提供了这样的经验。但是我国的市场中介组织的独立性不强，在 20 世纪 80 年代，我国市场中介组织发展的初期，市场中介组织被定义为国家的事业单位，必须经国家某行政单位、事业单位或准政府机构同意成为其下属单位才能成立。体现了由某行政单位的参与或支持所获得的合法性。在我国由计划经济向市场经济转轨的过程中，政府的支持甚至直接主持确实推动了市场中介组织的发展，但是其缺乏独立性也成为后续发展中的一大问题。

自律性保证市场中介组织具有效率。市场中介组织实行的是自律管理。以行业的管理为例，从行为的角度分析，其之所以必不可少，是因为市场是自由行动的社会空间，市场主体是自由的、自主的和自我负责的行动主体，这两个自由增加了行动的不确定性和盲目性。有了自由行动的制度供给和事务空间后，行动的自律就不能仅仅依赖个别行动者的自我管理，而应建立基于群体利益的、自动接受规约的自律管理机制。

（二）农村市场中介组织的性质

农村市场中介组织是市场中介组织的一种，它既具有市场中介组织的一般属性，又由于农村市场主体和市场系统的特殊性具有一些属于自己的特性。

第一，中介性。农村市场中介组织在其形成和发展过程中主要起中介作用，这是其最本质的特性。它联结市场与农户，充当他们的中间人，为双方提供基本的中介服务，如互通信息、协助签约、进行谈判、技术咨询与服务等。

第二，经济性。农村市场中介组织得以产生、延续、发展的根本原因在于其经济功能。这里的经济功能强调它是经济活动的组成部分，而并非一定是由组织自身进行营利性活动。农村市场中介组织的根本目的就是要改善农民的市场地位，为其在生产经营活动中获得更多的收入服务。

第三，非营利性。在农村市场上，一般的营利性组织在与农民的交易中最突出的特点就是对农产品的买断，它们自身的经济利益与农民的利益是完全分离的，甚至是对立的。而农村市场中介组织的非营利性使之成为农民的合作伙伴，组织本身的利益与农民利益是紧密相连的，这一点决定了农村市场中介组织在农村市场上的发展空间。

第四，非政府性。农业生产的根本性和农户作为市场主体的弱质性，使得各个国家政府对农业、农村、农民的问题都十分重视。农村市场中介组织作为完善农村市场，帮助农民提高生产经营水平的重要组织也会得到政府的大力支持。但是从发达国家的经验看，政府的支持偏重于政策倾斜、资金支持等方面，而非直接由政府设立类似组织。这种非政府性可以保障农村市场中介组织在协调政府与农户利益方面切实起到桥梁作用而非成为政府意志的代言人。

另外，农村市场中介组织的一类主要形式就是合作经济组织，这些组织符合合作组织的所有特征：加入自愿、退出自由、互助共济、民主管理和盈余返还，具有明显的合作性。

二、当前中国农村市场中介组织的性质特色

（一）中介性名副其实

中介性是市场中介组织的根本属性，决定了其在市场体系中的地位。我国的农村市场中介组织从产生开始，中介性就十分鲜明。这是因为农村生产经营制度改革以后，农民与市场的衔接不畅始终是令农民和政府都十分头疼的事情，因此，无论是应农民的需求，还是政府全面发展农村经济的需要，

都使得在农民和其他市场主体之间发挥中介联结作用成为组织创新的一个目标。

自 1979 年起，我国的农业生产进入了增长与发展的新时期，农产品的供给状况随之有了根本性改变。主要农产品的增长速度都突破了历史常规，而且农业结构的单一格局开始扭转，农林牧副渔五业兴旺，生产增长的速度大大超过同期的人口增长速度，农产品人均占有量有了突破性提高。但同时，农产品买难卖难的现象开始交替出现。1982 至 1984 年席卷全国，涉及几乎所有农产品的卖难问题揭示了蓬勃发展的生产力和落后的农产品流通体制之间的矛盾。改革农产品流通体制，改善农产品流通成为重要的制度需求。1983 年中央 1 号文件规定：允许农民长途贩运，打破了统派购制度建立以来，对农民从事商业行为的限制，多成分、多形式、多渠道、少环节的农产品流通体制不断发育。1985 年中央 5 号文件指出：农民组织起来进入流通，完善自我服务，开展各方面的对话，反映了农村商品经济发展的客观要求和必然趋势。这样，农民组织起来进入流通具有了制度环境的保障。从那以后，农产品流通领域组织的创新活动积极开展起来。当时，农民参与农产品流通主要有五种组织形式：第一是乡村集体购销组织，由乡村集体筹办，从当地群众生产、生活需要出发，以服务为宗旨的社区性服务组织；第二是民办购销联合体，它是农民自愿联合的流通组织，是以经营某一种商品或为商品生产提供服务为特征，从事购销活动，其联合有紧密型、松散型，有常年联合也有季节性联合；第三是个体商贩与购销专业户，有的常年经营，有的季节性经营，有的长途贩运，也有就近购销或为商业部门代购代销；第四是专业合作社和专业协会，在专业化生产初具规模的地方，特别是在产供销、加工储运一体化的地区出现，合作项目单一，利益共享，风险共担；第五是集市贸易，个体农户入市自产自销或代销。① 这五种形式中，第三、第五两种个体形式，占参加流通领域农民人数与运输量中最大的比重，但它们只能从事近距离的购销运销，且规模较小。第二、第四两种联合体形式虽然占农民进入流通总数与运销总量中的比重小，但它们的组织化程度

---

① 引自詹武主编：《农产品买难卖难剖析与对策》，北京科学技术出版社 1993 年版，第 208 页。

高，能从事较长距离、较大批量的运销，作用也较大。除了这五种形式外，农民信息员或信息中介人的活跃值得关注。河北省大名县有 1500 多名信息中介人，1992 年通过他们的活动，成交商品额达到 1 亿多元，约占集市成交额的 60%。① 这些信息中介人中多数并无雄厚的资金技术，靠的是信息灵通，外加脑子灵活，腿脚勤快，奔波于各地区市场和企业之间，促进了农产品流通。安徽省凤台县乡镇服务体系培训了 1000 名精干的农民推销员、信息员和技术员，划片联系农户，全县两亿多公斤粮、油、禽蛋、精细蔬菜等过剩农产品就是通过他们找到了销路。

可见，初期农民参与市场、搞活农产品流通是通过三种形式进行的，一是一些农民直接转换为从事农副产品经营的商人，通过他们，农产品市场范围和容量得到扩大；二是部分农民联合起来，通过合作和共享成果的方式为会（社）员提供服务，将专业化收益提高；三是一些农民通过专门提供信息、技术服务为农产品的购销提供媒介。后两种方式具有了市场中介组织的根本属性。

随着农村经济的发展，这几种形式都得到了长足的发展。特别是 1984年以后，我国大量兴办了农副产品批发市场，在这里，集中了大量的供求信息，引导并实现了大量的交易活动，成为联结农村商品供求的最有效的中介场所。上面提到的这些组织大都是围绕农副产品批发市场开展活动的。随着市场体系的不断发育，一些问题也暴露出来。那些已经转化为商人的农民都是独立经营，和生产者一头已经买断，他们进入市场是对农产品商业利润的分割和再分割，所以不能真正代表农民利益。他们往往是一方面垄断着需求信息，一方面又对生产者歧视，使供求关系扭曲。这些组织虽然拓展了农副产品的交易空间，但是不能从根本上改变农民的市场地位，并为农民获取更多的利益提供帮助。所以，农民需要真正代表他们利益的市场中介组织。

在对农村市场中介组织的内涵进行界定时，提到农村市场中介组织作为农村市场中的一类重要主体，满足的是农民在生产经营活动中获得更强市场能力和更多利益的需求，所以，与其他转化为纯粹商人的农民流通组织相比，它的中介性保证其对农民利益的维护。

① 《人民日报》1993 年 1 月 19 日。

（二）非营利性被灵活变通，农民偏向性时有模糊

经济性不同于营利性，从严格的意义上讲，非营利性是中介组织区别于其他市场组织的本质属性，一旦具有了营利性，就不应该算是中介组织了。经济性强调农村市场中介组织是经济活动的重要组成部分，而其本身并不一定从事营利性活动。观察我国农村市场中介组织的实践，其具有的经济性是显而易见的，但是，在非营利性的体现上则呈现出一些灵活变通的特点。

当前，农村市场中介组织运行所需费用的来源并不乐观。那些专门提供信息、技术、媒介购销的经纪人等组织形式较为简单，服务内容比较明确，服务收费的针对性和可操作性都较强，所以这些组织都具有明显的非营利性。但是像农民专业协会、行业协会、专业合作社等组织要想充分发挥其对农民的带动和服务作用，必须有可靠的经费来源。一项调查显示，各方普遍认为，缺乏资金成为农民协会可持续性面临的第一位阻碍因素。

表4—1　农民专业协会的可持续性面临的主要内部阻碍

阻碍 （内部因素）	协会领导		协会社员		非社员		政府官员	
	号	排名	号	排名	号	排名	号	排名
缺少资金	39	1	95	1	14	1	17	1
经营规模太小	21	2	48	2	7	4	10	6
协会管理水平低	20	3	43	3	6	5	15	2
错误的市场信息	19	4	33	6	6	5	8	7
协会提供的服务少	15	5	38	4	8	3	11	4
缺乏技术和服务	15	5	35	5	6	5	11	4
协会领导水平低	9	7	12	10	5	9	12	3
培训少	9	7	17	8	4	10	7	8
协会成员之间的分歧	9	7	11	11	6	5	4	9
质量低	7	10	8	12	2	11	4	9
土地少	7	10	16	9	2	11	3	11
没想过	—	—	19	7	9	2	—	—

资料来源：世界银行：《中国农民专业协会回顾与政策建议》，中国农业出版社2006年版，第44页。

　　各类农村市场中介组织的启动资金的一个来源是社（会）员缴纳的会费，但是会费通常较低，因为会费过高就会导致参加人数的减少。而且会费通常是一种入社（会）费，而不是年费。除此之外，资金的来源还可能有银行贷款和政府的支持。银行贷款通常因为许多组织没有合适的法人地位而难以获得，政府的支持又使组织失去了应有的独立性。在这样的前提下，农村市场中介组织的开办者就具有了一定的倾向，比如那些专业大户、加工企业的代表等（如表4—2所示），他们往往是将中介组织依附于自己的企业，有的就直接是一套人马、两块牌子。这样中介组织的运作与企业的运作很难绝对分开，企业的赢利成为支持中介组织运作的重要资金来源，这时市场中介组织的非营利性就变得模糊了。

表4—2　农民专业协会领导类型

农民专业协会领导的类型	领导属于该类的协会数量（个）	比例（%）
专业大户	17	35
当地技术员或有技术的农民	13	27
商业或加工企业的代表	12	24
地方政府官员	3	6
科协或其他社会组织的代表	1	2
普通小农户	0	0
其他	3	6

　　资料来源：世界银行：《中国农民专业协会回顾与政策建议》，中国农业出版社2006年版，第43页。

　　河北省宁晋县的河北国宾食品有限公司，成立于1983年，是以加工出口食用菌及果蔬为主的科技型实业企业。公司年加工生产能力20000余吨，在业内，加工规模和产品质量居华北首位，是省级农业产业化重点龙头企业，省百强民营企业，产品销往20多个国家和地区以及国内主要城市。公司法定代表人楚国宾为了能够保证货源的数量和质量，发起成立了河北国宾食用菌蔬菜合作社，采用总社—分社管理体制。总社就设在公司，楚国宾任社长。合作社与农民之间的联系表现为供应菌种、提供技术指导、提供信息、回收产品等方面的服务。这是一个典型的企业办协会的案例。该合作社共有 14 个分社，其中在县以外地区的有 4 个，每个分社覆盖 1~3 个村，每个分社的社长由总社任命，由公司发给工资。每年 7~8 月份，总社召集分社社长开会，制定各种蔬菜的种植计划，总社与分社签订合同，保证计划的实施。总社免费提供资料，发放信息，提供菌种，农民社员可以享受由公司垫付一般菌种钱的好处。到了收获季节，公司按计划全部收购社员的成果，对社员的收购价比市场价要高出 0.2~0.3 元。

从各地的实践经验看，类似的案例很普遍，企业办合作社或者办协会的主观目的是非常鲜明的，那就是保证企业的原料供应在数量和质量上的稳定，支持企业的发展。当然，客观上起到了将企业和农户联结起来，维护农产品生产稳定、提高农民收益的效果，是一种有效率的市场中介组织。但是，正像国宾食品公司这样，合作社的事务和公司的事务往往不是能够严格分开的，尽管由于公司的资金支持可以使社员享受到免交会费的好处，但是作为中介组织的合作社究竟能否在任何时候都能代表农户的利益就很难说了。因而，在这类依附于企业的中介组织中，农民偏向性往往是表面上的，是脆弱的，一旦企业与农民之间发生了根本的利益冲突，指望中介组织维护农民利益几乎是不可能的。

（三）追求合作性，但更重视投资者的剩余索取权

国际合作社运动的特点是坚持平等、社员民主管理的原则。在我国，作为市场中介组织的农民合作组织，其运行目标就是帮助农民应对不对称的市场力量，应对农产品流通和加工市场竞争不充分问题。合作性可以保证农民从参与到退出的自由，保证管理的民主性，并通过按惠顾额进行盈余返还使小农摆脱小规模的劣势。因而合作性对农民是有吸引力的，也成为农民合作组织建立和发展的基础。但是在实践中，由于开办市场中介组织的启动资金缺乏，我国的专业合作社类的市场中介组织通常采取持有合作社股份的形式来筹集启动资金。虽然西方国家的合作社特别是新一代的合作社，也利用股份认购的机制来筹集资金，但是股份认购是与销售产品的权利紧密联系的。而且持股者只能是合作社社员，并且通常对一个社员的最高持股数量有限制，一个社员所持有的股份数的多少和投票权之间没有联系，盈余的分配也

是以交易量为基础的，而不是持有的股份数。我国的做法则比较灵活，实践中的中介组织通常更注重通过对资本赋予剩余索取权的方法吸引投资者。也就是说，持有的股份数在投票权和盈余分配上都能体现出来。通常规定一个社员的持股比例不能超过 20%，以一人一票的原则为基础并允许一个人最多有 20% 的投票权，有的还会采用结合交易额和股金额的办法分配盈余。

根据马彦丽（2007）对浙江省农民专业合作社的实证研究，浙江省的农民专业合作社存在依托（比如依托龙头企业、供销社、政府农技部门等）的占到 60% 以上，这类合作社中的各参与方之间存在很大的异质性，在合作社内的地位差别也很大。合作社的投资者和惠顾者的身份通常并不统一。合作社的主要投资者可能并不是合作社的主要惠顾者，中小农户是合作社的主要惠顾者，但通常只进行少量投资。合作社的经营者由被依托单位的代表或者种植大户、养殖大户、贩销大户等乡村精英组成。在被调查的浙江省 36 家合作社中，完全实施按照惠顾者的交易额返利的合作社只有一家，而且实际上还没有进行过盈余分配；30.5% 的合作社实行"按股分红"的分配方式；其余的合作社实行二者相结合的分配方式。合作社的盈余一部分用于分配，一部分用于积累，在实际的分配中，更多的合作社更加强调"按股分红"，而在"按股分红"比例较小的合作社通常有较大比例的公共积累。考虑到大股东通常是合作社的主要经营者，是合作社资产的实际控制者，所以更高的公共积累实际上体现了盈余分配向大投资者的倾斜。[1]

合作性是还利于民的保证，我国目前的农民合作组织虽然在一定程度上遵循了合作的规则，但是在实践中，纯粹的合作性更多存在于组织的章程中，而实际操作更具有股份合作制的特点，这种特点的存在，肯定了出资优于惠顾，在一定程度上刺激了能人和企业组建合作社的积极性，这对人力资源缺乏的我国农村市场是有积极意义的。也许现有的合作组织与经典合作社是有差别的，但是它毕竟给农民个人提供了一个通过联合或参与合作社的经济活动，而不是通过资本获得赢利的机会和权利。

---

① 马彦丽：《我国农民专业合作社的制度解析》，中国社会科学出版社 2007 年版。

（四）缺乏独立性，对政府依赖明显

因为在资金筹集方面的困难以及组织管理方面的人才欠缺，我国的农村市场中介组织在运行过程中缺乏独立性。前面提到中介组织对实体企业或能人大户的依赖，本小节重点介绍中介组织对政府的依赖情况。

市场中介组织对政府的依赖首先表现为政府采用行政手段直接成立市场中介组织。市场中介组织成为分流行政人员，部分地行使行政职能的半官方机构。也就是说，"政府从体制内生成了大量的市场中介组织"[①]。以商会、协会类市场中介组织为例，自 1978 年以来，我国组建的全国性行业协会大部分是政府采用行政手段成立的。1998 年的政府机构改革中，国务院各部门将 200 多项职能交给企业、中介组织或地方承担。2001 年 2 月，国家经贸委所属国家内贸局、冶金局、建材局、纺织局、轻工局、机械局、石化局、有色局、煤炭局等 9 个国家局停止行政行为，相应成立了机械工业协会、钢铁工业协会等 10 个大行业协会，并将部分原政府职能赋予这些协会。这是一个形势，虽然农业领域并没有全国性的行业协会，但是各地方在行政改革过程中，机构的调整、人员的分流同样导致了许多半政府机构性质的农业协会的产生。

政府对市场中介组织的直接管理也体现了市场中介组织对政府的依赖。那些由政府牵头组建的市场中介组织，一般都会由政府机构的有关人员亲自担任组织的领导人，形成政府机构对中介组织的直接管理。即使并非由政府机构直接建立，而是由农民自发组织的，农民们有时也愿意请政府有关的领导人来领导和管理组织。这种倾向反映了农户对自身管理水平的不信任和对政府的依赖。而我们也确实能够在实践中看到政府支持的有效性。例如，杜某是猕猴桃生产专家，他想在四川的都江堰地区采用"龙头企业 + 协会"的模式推广猕猴桃的生产。他试图推广"装袋"技术，提高猕猴桃的质量，但是由于当地不同质量的猕猴桃之间的差价一直不明显，所以这种技术没有被广泛采用。杜某在农村地区工作多年，知道镇里的支持对"装袋"技术

---

① 张展：《中国市场中介组织的发展研究》，中国经济出版社 2006 年版，第 61 页。

的成功与否非常重要。他选择虹口镇为试点，同意向种植者们免费提供 40 万个纸袋，并对达到要求的产品以高出市场价 30% 的价格收购。镇农业推广办公室同意为装袋技术提供技术和组织支持，镇里还同意在由于市场原因而不能以超出 30% 价格收购时，对农民进行补偿，这在很大程度上降低了农民的风险。另外，镇政府开展的组织工作大大降低了杜某的费用。镇政府在虹口村选择了 19 个农户作为试点，并建议由虹口村村长领导试点工作。镇里的农业技术服务中心提供了大量的帮助和技术指导工作，试点取得了成功。①

当然，政府的过度热情也有失败的例子，如果政府行为仅从施政的角度出发，忽视农民的需求，或者制定了不切实际的目标，那么政府的介入往往成为农民逆反中介组织的原因。

总的来说，我国目前的农村市场中介组织还离不开政府的支持，无论是政策制度环境的改善，还是具体的资金、人力资源的支持，都是尚处于发育阶段的市场中介组织所必需的。

三、中国农村市场中介组织性质上的变化趋势

中国的农村市场中介组织在一定程度上可以说是市场经济体制改革的产物，中介性是其本质属性，无论什么时候，这一属性不会发生改变。但同时，中国的改革是一个渐进的过程，整个制度结构是在缓慢变化当中的，任何领域的变革都不能离开这个不断演化的制度环境而独立存在。因此，市场中介组织的一些属性也会跟随制度环境的变化而发生改变。

（一）完善中介性，保持一定程度的农民偏向性

中介性在中介组织的发展中得到进一步完善将主要体现在两个方面：第

---

① 引自世界银行：《中国农民专业协会回顾与政策建议》，中国农业出版社 2006 年版，第 53 页。

一，中介服务内容的丰富。整个农村的经济结构调整正在不断的深化当中，大量的农村剩余劳动力流出，或是分散到各个城市中参与城市建设，或是集中到农村第二产业当中从事工业生产，被分散到一家一户的土地正在原有的土地制度不做本质调整的情况下，以各种可行方式进行流转、集中，新的农业生产经营态势对农村市场中介组织产生了更加丰富的需求，农村市场中介组织要适应这种需求的变化，积极拓展中介业务，真正成为农民进入市场的桥梁。比如，长三角地区近年来成为中国的制造业中心，许多农民转而进入制造业，成为民营企业的主力军，同时这里的土地闲置，无人耕种的情况有所增加。中央电视台新闻联播节目介绍了当地的新型农业合作社，入社的社员可以将土地交由合作社统一管理，合作社负责集中或雇佣人手集体耕种、管理和销售，社员到秋收时节领取粮食和分红。这样的合作社将本地闲置的土地和其他地方过剩的耕作能力联结起来，将农民劳动力在第一、第二产业的分工在更广的范围内有效衔接起来，既保证了农业的发展，又支持了有条件的农民向第二产业的转移。总之，只要是农民需要的，中介组织就要积极利用自己的组织资源，为之提供有效的中介服务。第二，中介能力的提高。未来的发展趋势表明中介组织的联合、兼并等规模化发展将成为下一阶段农村市场中介组织发展的一个重要特点，随着规模的扩大，中介组织网络的形成，中介服务的范围将越来越大，服务内容逐渐丰富，中介能力得到明显的提升。

农村市场中介组织是为农服务过程中的组织创新，它的生命力就在于为农民的服务，是用来弥补农户作为独立的市场交易主体所具有的不足的，来自农民、服务农民的特点决定了中介组织所具有的农民偏向性。这种偏向性并非指代表农民对其他市场主体的歧视，而是指改变农民弱势市场地位的一种努力。因此，无论是从发展农村经济的角度着眼，还是从维护正常的农村市场秩序考虑，保持一定程度的农民偏向性都是农村市场中介组织在发展过程中必须把握和遵守的。

（二）突出合作性，提供有效的中介服务

虽然，从实践中看，目前我国的农村市场中介组织形式多样，但可以肯

定的是，随着农民生产专业化水平逐步提高，产业结构的调整持续深入，专业协会、专业合作社类的市场中介组织将得到长足的发展。合作性是这类组织的根本属性，其目标就是保证用户收益，而经典的合作原则即自愿和开放、民主管理、按惠顾额分配盈余和资本报酬有限则是实现这一目标的制度保障。尽管现实中的农民合作组织很少能全部遵守这些经典原则，甚至很难找出两个完全遵循相同原则的合作组织，但是，合作性所包含的利益保证始终是吸引农民加入的主要原因。在对如何保持合作组织的合作性上，学者们也有不同意见，有人认为从合作社的制度特征出发，它是有自己特定的适用范围的，廖运凤（2004）指出，合作制的本质就是要限制外部资金进入企业并分割企业利润，如果允许大量的外部资金进入企业并分享其收益，它就不是合作制而是股份制企业了。① 但也有相当多的学者主张对合作原则应当灵活掌握。认为社员民主管理原则、社员经济参与原则两项是根本性的，但是也不必拘泥于一人一票制，在允许一人多票的情况下，为防止大股东控制合作社，要规定社员持股额度和股金投票权的比例，合作社可以吸纳社会资金参股，投资持股者可以参与按股分红，但不干预合作社的经营业务。美国和加拿大的经验是合作社可以在"一人一票"和"资本报酬有限"之间二者选一。如果采用"一人一票"制度，社员可以利用自己手中的投票权限制资本的权力；如果不是这样，那么资本的回报有一个最高限度，例如8%。事实上，采用什么样的制度合作是普通社员和资本所有者之间的协议。我们认为，以合作性为主要特征，保证农民的利益得到提升和保护，是合作组织得以持续发展的基础，但制度的设计是可以十分丰富的，无论是合作社的国际发展经验还是我国农民的实践都证实了这一点，其中最主要的是保证社员与合作组织之间的密切关系，为此，正确处理好具有社员和会员的一致身份者和不一致身份者的权利义务关系至关重要。

（三）坚持非营利性，保证中介行为的公正

在农村市场中介组织是否可以具有营利性的问题上，学者们的意见并不

---

① 廖运凤：《对合作制若干理论问题的思考》，载《中国农村经济》2005 年第 5 期。

统一，实践也没有给出一个明确的答案。事实上，非营利性是中介组织区别于其他组织的基本特性，失去了这一特性，就不再是一个纯粹的中介组织。但是，在农村市场上，似乎这一点并非是最重要的，因为阻碍农民在生产经营中获得应有收益的主要问题是如何与市场有效联结的问题。只要是能够在农民与市场间架起桥梁，帮助农民改变市场地位的弱势，为农民谋得更多的收益，都可以被称为农村市场中介组织，不管它内部的治理结构如何，也不管它盈余分配方式怎样。就像我们在改革实践探索中经常说的一句话："不管黑猫白猫，能逮住老鼠就是好猫。"因此，实践中的农村市场中介组织五花八门。这样的一种认识是与人们在过去的这些阶段中对农村市场主要矛盾的理解分不开的。

随着农村经济的持续发展，农民对市场经济体制的适应性在加强，认识程度也在加深。农民对自己在市场中的劣势了解得越清楚，对农村市场中介组织的期望越明确，对中介行为的要求也就越高，而且农村市场中介组织本身也在不断发展，它们与其他营利性的企业或组织的分工界限将越来越清晰，它们真正的生存空间不是对营利性项目的经营，而是在农民和其他市场主体之间的中介服务。这是与市场体制的深入发展以及各市场主体的日益成熟联系在一起的。

因此，农村市场中介组织在非营利性上面的模糊表现是暂时的，突出非营利性，保证中介服务的专业性和公正性才是其性质的变化趋势。

（四）强化非政府性，保证中介组织的独立

虽然从目前看来，农村市场中介组织对政府的依赖很深，甚至有许多的中介组织是由政府领办甚至是直接管理的，但这并不意味着中介组织必须将自己的发展置于政府的直接干预之下。随着中介组织不断自我发展，其非政府性将越来越突出。

非政府性是中介组织成为市场体系的合格要素并能够依照市场规律进行独立决策的基础，是所有市场中介组织的内在追求。所以，只要具备相应的发展条件，市场中介组织必然寻求脱离政府的直接控制。从发展趋势上看，农村市场中介组织减少对政府的依赖，保持独立性是完全可能的。首先，政

府的施政方式正在进行着不断的改革，从管理控制到监督服务，政府机构越来越成为市场经济的服务者而非干预者。今后，政府机构对农村市场中介组织的支持将更多地表现在法律法规的完善、对口管理的优惠方面，而目前的直接领办和管理将逐渐淡出。其次，从市场中介组织自身的发展看，20多年来的具体实践使中介组织累积了大量的经验，与开始时的一点点摸索有了很大的不同，具有组织能力和合作精神的企业家逐渐增多，农民对市场中介组织的认识水平也已经今非昔比，在这样的情况下，依靠农民自发组建具有合作性质的中介组织完全有实现的可能。由农民自发组建的中介组织最具合作性，也最具有独立性，这是将来农村市场中介组织性质变化的方向。

第五章　农村市场中介组织运行模式分析

农村市场中介组织的运行模式是指农村市场中介组织从建立到开展服务，各项活动的运作原则、运作方式与运行机制。

一、农村市场中介组织的一般运行模式

（一）农村市场中介组织成立[①]

第一是确定发起人。发起人就是发起并创办农村市场中介组织的创始人。在组建农村市场中介组织的筹备阶段，主要工作是由发起人完成的。农村市场中介组织的发起人可以是自然人，也可以是"民间组织"。一般发起人最低限额不少于五人，并组成筹备小组。当自然人作为发起人时，应具备的条件包括坚持党的路线、方针、政策，政治素质好，组织能力强，在本地区、本行业内有较大的影响力，具有完全的民事行为能力。

第二是进行可行性分析，选择服务范围。可行性分析论证是组建农村市场中介组织的基础工作。发起人要对本地区、本行业农民的专业合作需求情况、专业化生产的现状、农产品市场前景、竞争对手等进行摸底调查，确定所要组建的中介组织的服务范围。在此基础上，根据有关政策、法律、法规和当地农村经济、社会资源状况，选择其中一项或几项作为拟成立的农村市

---

① 参见张要杰编著：《农业中介组织》，中国社会出版社 2006 年版，第 36 页。

场中介组织的经营范围：①对组织成员进行技术指导和服务，引进新技术、新品种，举办技术培训、示范，开展技术交流，组织内外经济技术合作；②对外签订合同（在现行法律法规许可内），开展与经济部门、科研单位及其他经济组织的合作；③向组织成员提供有关经济、技术信息；④收购和推销组织成员生产或加工的产品；⑤从事农产品的运输、加工、贮藏和销售等业务；⑥采购和供应组织成员所需的生产资料和生活资料；⑦提供组织成员在生产、加工、销售等方面所需的资金。

第三是起草农村市场中介组织章程。农村市场中介组织章程是规范农村市场中介组织内部关系，统一生产经营活动原则和办事程序的一套行为指南，是所有会员都必须遵守的基本制度要领。在农村市场中介组织设立初期，制定一个所有会员都认可的"章程"是一项非常重要而具有挑战性的工作。一般来说，由发起人负责章程的起草、讨论、修订，并最终经过会员大会同意。章程的起草可参照各类示范章程，并根据自己的实际情况，充分体现合作、共赢、互助的基本原则。章程内容通常包括：①农村市场中介组织的名称、活动内容、合作活动的地域范围；②成为中介组织会员的条件及加入、退出的手续；③会员的权利和义务；④加入中介组织的资金规定，各种活动费用的负担办法；⑤经营利润的分配方法和亏损的处理方法；⑥会员大会的权限和活动，理事会和监事会的人数、产生办法、职务设定，领导层的任免方法及职责权限规定；⑦会员、资产与财务等内部管理制度；⑧经营成果的公告；⑨章程的修改程序；⑩终止与清算处理等。

第四是吸收会员。农村市场中介组织是一个群众性的组织，因此，在其设立的筹备阶段，一个重要的任务就是吸收会员，达到政策法规所要求的最低会员数目。在吸收会员加入拟成立的中介组织的过程中，一般是本着自觉、自愿的原则，而不能采取逼迫方式强制农民加入，更不能在吸收会员的过程中采取任何违法甚至犯罪的手段。一般而言，凡是承认拟设立中介组织的章程、个人提出申请并按时缴纳会费、股金的农户都可以成为中介组织的正式会员。

第五是注册登记，取得法人资格。

第六是召开成立大会。会员人数和入会股金达到章程规定的数额，农村市场中介组织组建工作的各项条件完备后，由发起人筹备小组主持召开农业中介组织成立大会。成立大会同时也是第一次会员大会。成立大会一般有五项主要议程：①听取筹备小组报告中介组织的筹备工作情况；②选举理事会和监事会成员，并选举产生理事长、副理事长、秘书长及监事会主席等组织的领导层；③讨论和通过组织的章程；④讨论和通过组织内部各项管理制度和运行机制；⑤讨论和通过组织年度工作计划和其他有关事项等。

（二）农村市场中介组织的运行机制

农村市场中介组织运行机制是其从事各项经济活动的基本框架和行为规范。具体包括服务驱动机制、自律与协商机制和制度保障机制。

1. 服务驱动机制

服务是农村市场中介组织活动的核心，各项决策都必须以服务为最终目的，农村市场中介组织的服务对象是以农民为主的各类市场主体。能提供什么方式的服务，决定中介组织的形式；能提供什么程度的服务，决定中介组织的存在空间。不管是营利性的还是非营利性的农村市场中介组织，如果其活动不是以"服务"为驱动的，都将失去需求从而被市场抛弃。

以日本农协为例，作为日本农村商品流通、资金及社会保障占压倒优势而又颇具垄断性的"综合商社"、"银行"及"保险公司"，日本农协开展包括从生产到流通、从生老病死到婚丧嫁娶的凡是与农民的生产经营及生活福利有关的各项服务。日本农协正是在不断扩展其服务内容、提高其服务水平的过程中确立了其在农村市场上的重要地位并得以发展壮大的。

农村市场中介组织提供服务的方式一般包括以下几种方式：

（1）中介组织与服务对象之间无固定联系，无合同约束，双方只围绕市场活动，中介组织主要提供市场信息服务、撮合成交服务，一般不提供扶持服务。对所提供的服务收取佣金。

（2）中介组织与服务对象之间的关系是组织与会（社）员的关系，双方的权利和义务受到组织章程的约束。中介组织对其会（社）员提供的服务也在章程中约定，一般包括农资采购、生产过程监控、技术引进及指导、产品售卖等服务内容。中介组织与其服务对象之间结成风险共担、利益均沾的关系，农产品售卖所得利润要按照一定的比例返还给会（社）员。

（3）中介组织与服务对象之间有契约关系，服务的内容和程度在契约中得到体现，契约受到法律约束。以契约为约束的服务也可以包括生产资料供应、技术指导、产品包销等服务。这种形式的服务对农民利益保障的有效性主要体现在产品包销和价格保护方面。

2. 自律与协商机制

不论是从其产生的基础看，还是从其服务偏向性的特点看，农村市场中介组织都是农民自己的组织，它的最终目标是为了农民能够得到合理的利益。与一般性的组织主体相比，即使是从事一些营利性活动的中介组织，也并不以追求组织的利益最大化作为终极目标，而是以服务对象的利益最大化作为努力方向。为此，一般农村市场中介组织都会建立自律机制，在组织建立之初就建章立制，详细规定组织及其成员或服务对象之间的权利义务，避免在最终的利益分配问题上发生纠纷。考虑到农村市场特别是农产品市场的波动性大、风险高的情况，中介组织还会在自律机制的基础上建立协商机制，根据市场变化的情况，组织与会员或服务对象就有关问题进行及时沟通、协商，尽量在兼顾各方利益、达成一致意见的前提下，能够对市场形势做出快速反应。

以法国的农产品销售组合为例，法国的农产品销售组合有两种形式：一种为生产者组合，另一种为农业经济委员会。前者是各行业的农业生产者的资源组合，其主要任务是制定行业规章以适应市场的需要，如规定生产产品和销售产品的技术条件，交售产品的数量、质量、品种、规格、价格、产品的上市时间等，凡是参加组合的农民必须服从组合的这些规定。后者由生产者组合和同行联合会联合组成，其主要任务是协调参加委员会的各个生产者组合所制定的生产、销售和价格的规章，并实施上市的共同规则。因此，销售组合既有助于保证市场的供求平衡，又能促进农场主提高农业生产技术水平，有利于农场的现代化。

3. 制度保障机制

农村市场中介组织运行中的制度保障机制体现在两个方面，一是微观管理制度的完备、有效，二是宏观制度环境的约束、保障。

（1）微观管理制度的完备、有效。农村市场中介组织通常是按照一定法律程序建立，注册为具有法人性质的经济组织，其完备的微观管理制度包括完备的组织机构和明确的组织章程。完备的组织机构是中介组织运行的基本保障，而明确的组织章程则是将组织的具体行为制度化，避免组织行为的随意性。一般农村市场中介组织的组织机构实行会员（代表）大会、理事会和秘书长三级体制，会员（代表）大会是最高权力机构。理事会由会员（代表）大会民主选举产生，是会员（代表）大会的执行机构，开展日常工作，对会员（代表）大会负责。秘书长在理事会的领导下主持工作。农村市场中介组织微观治理结构的一个核心点是决策层必须经会员民主选举并由会员担任。组织章程一般都要明确农村市场中介组织的名称、性质、宗旨、隶属单位以及详细地址；对该组织可承接的业务范围做出明文规定；列举成为该组织会员必须具备的条件、入会的程序、享受的权利以及必须履行的义务；对组织机构和负责人的产生、罢免制定相关规则，并对会长、副会长和秘书长的职权做出具体规范；对资产的管理和使用原则做出明确规定。此外，章程还要就其修改程序、终止程序及终止后的财产处理做出规定。详细的组织章程实际上已经为中介组织的建立和运行确定了框架。

（2）宏观制度环境的约束、保障。农村市场中介组织除了依照自身的管理制度开展活动外，其运行还必然受到宏观制度环境的约束与保障，包括与农村市场中介组织直接相关的法律、法规和具体的政策措施，也包括与之间接相关的财税、金融等领域的相关政策。

以日本农协为例，它之所以能够成为日本农业和农村发展的重要组织团体，是因为一方面它自身组织体系严密、管理完善、服务周到、民主性强，另一方面它得到了日本政府在立法保证、政策偏向、资金扶持等多方面的大力支持，具有良好的外部制度环境。

（三）农村市场中介组织的活动内容

1. 参与购销活动

参与农副产品的购销是农村市场中介组织的一项主要活动，也是最能满足农民迫切需求的一项服务内容。在市场经济条件下，农民增收对市场的依赖性明显增强，同时，农业增产和农民增收的矛盾也凸显出来。农村市场中介组织可以利用自己的信息搜寻利用方面的优势，迅速衔接供求；可以利用自己的存储、运输能力，把农产品贮存起来，选择有利的时机出售；还可以通过协议、合同等方式，对市场进行一定程度的掌控，减缓由于农产品过剩或短缺引起市场价格的大幅度波动带给农民的不利影响。通过参与购销活动，农村市场中介组织可以协调生产、加工和流通领域各方面的利益，成为联结生产者和市场的纽带，它有效地把千家万户小生产与千变万化大市场结合起来，极大地提高了农产品的市场竞争力，保护了农民的利益。

2. 转化科技成果

农业科技成果转化率的高低，是农村经济增长方式是否能从粗放型向效益型转变的关键，也就是农业是否能跳出"高投入、低效益、高消耗"桎梏的关键。农业的这一跃迁，必须依靠科技进步。农村市场中介组织可以作为推广部门成为农业科技转化链条上的重要一环。其具体活动包括组建"产学研"一体的综合性、服务性农村市场中介组织，集科研、教学、实践于一体，及时把科研新成果运用到农业生产中去，把科技信息和市场需求信息联合起来，反馈给农民，把新品种、新技术、新肥料、新农药等新的农业科技知识，通过培训示范等手段介绍推荐给农民，提高农民的科学种田水平，提高农业科技水平。例如，在加拿大，合作社通过现场展示会形式使农民之间相互学习，谁引入了新作物、新技术或新的田间管理措施等，合作社就会将周边的农民都请来，让这户农民介绍新农业实践的成效和问题，大家相互讨论学习，从而达到推广的目的。在澳大利亚，农民联合协会向其成员提供技术、市场和政策信息，对成员进行生产、销售和管理技术培训及开展研究和推广工作。在丹麦，"农场主联合会"和"家庭农场主协会"两个农民组织建立丹麦农业咨询中心，雇佣农业顾问为会员提供技术和经营的咨询服务。

3. 融通资金

只凭借传统自身缓慢积累的方式获取资金，农业将无法获得快速发展的动力。在建设现代农业的过程中，农民为实现专业化、规模化生产往往需要大量的资金投入，因此，帮助农民进行资金融通成为农村市场中介组织的一项主要活动内容。农村市场中介组织可以用组织的名义为其会员提供贷款担保，打通针对金融机构的融资渠道；还可以利用中介组织自身的管理制度做保障，在组织内进行资金融通，在一定程度上实现组织内部成员之间的信用合作。国际上比较典型的做法是建立合作金融组织。比如，日本有依附于农业协同组合的合作金融组织，它是农协的一个子系统，同时又具有独立的融资功能，为农民会员提供完善的资金融通服务。德国早在19世纪中期，就在合作社事业发展中倡导并推行信用合作，方便资金融通。

4. 传递市场信息

农村市场中介组织以多种形式开展信息搜寻、传递工作。因为农村市场中介组织具有管理、人才等方面的软件优势以及渠道、设备等硬件优势，所以比单个农户具有更强的信息识别能力，信息的准确率和可信度更高。搜寻和传递信息是农村市场中介组织最基本的服务内容，各类组织对这项活动都十分重视。它们通常会在信息技术设备上增加投入，同时建立广泛的稳定的信息来源渠道，并培养专业人才负责保证信息传递的准确、及时、有效。法国的农业商会在法国农业信息服务方面具有很重要的地位，主要传播高新技术信息，举办各类培训班，组织专家、学者讲课和发表文章，协助农场主做好经营管理。各种专业技术协会也都尽量收集对本组织有用的技术、市场、法规和政策信息，为组织本身及其社员使用。

二、中国农村市场中介组织的运行现状

（一）大多能依法注册设立，但归口管理无章可循

目前，我国具有中介服务功能的农民组织有很多种名称，包括农民协会、农民专业协会、农民专业合作社、农民专业合作组织、以农民为基础的一体化企业或公司等。由于长期以来农村市场中介组织的内涵和外延没有得到明确的界定，所以如果我们从其成立开始去观察我国农村市场中介组织的运行状况时，就会发现一个最大的特点就是农村市场中介组织虽然被要求依法设立，但是却缺乏一个可以明确依从的法律。在实际操作的过程中，农村市场中介组织的申请、设立，有的是比照社团法人或民办非企业单位的管理规定，在民政部门登记注册；有的带有营利性的农村市场中介组织，如一部

分专业合作社等则是在工商行政管理部门登记注册；另有相当一部分农村市场中介组织在农业部门或科协等单位注册登记、接受管理；还有一部分农村市场中介组织根本就没有在任何部门登记注册。以河北省涿州市农村市场中介组织的设立为例，根据我们的实地调查，发现涿州市的农村市场中介组织发展势头很好，而且其中介作用的发挥已经得到展现，受到了广大农民的欢迎。但是从其注册登记来看，截至 2007 年 7 月，在涿州市民政局登记注册的协会类农村市场中介组织有 17 家，其中，养殖 7 家，种植 8 家，涉农 5 家；有 200 多名个体经纪人和 20 多个有 5 名经纪人以上的经纪组织在工商局注册登记；由农工委帮建和管理的合作组织类农村市场中介组织有 32 家；由涿州市供销合作社领办的各类农村市场中介组织 21 个。我们发现在以上所统计的数字中，有很多是被重复统计的，也就是一些中介组织是在一个以上的部门登记注册的。这说明，农村市场中介组织在涿州市繁荣发展的同时，存在着归口不定、多头管理的状况。根据我们对文献的整理和各地、各类信息的汇总，像涿州市这样的情况在全国是普遍存在的（见表5—1）。

表5—1　农民专业协会登记注册的部门

单位：个

农民专业协会登记注册的部门	总数	四川	浙江	安徽
工商部门	10	3	6	1
民政部门	11	4	4	3
农村或农业办公室	23	7	2	14
科协	9	6	3	0
供销社	1	1	0	0

注：在数据中，有 10 个农村专业协会是在两个机构注册的，两个农村专业协会是在 3 个机构注册的。

资料来源：转引自世界银行：《中国农民专业协会回顾与政策建议》，中国农业出版社 2006 年版，第 34 页。

分析这种现象存在的原因，主要是因为：

（1）登记注册程序和要求不明确。在《中华人民共和国农民专业合作社法》出台之前，各地对各种类型的农村市场中介组织的管理一般都是制定一些本地适用的规章制度，有的是尽量参照现有的法律，有的则根据实际情况的发展出台一些新的政策，可持续性不强。由于农村市场中介组织的类型多样，发挥服务作用的角度不同，没有统一的名称，在农村专业合作社法出台之后，虽明确规定农民专业合作社经工商行政管理部门依法登记，领取农民专业合作社法人营业执照，取得法人资格，但是仍然有很多其他类型的农村市场中介组织在归口管理方面无法可依。为了有资格得到不同来源的支持，农村市场中介组织经常会在一个以上的部门登记注册。在民政办公室注册的组织享有法律地位，但无权代表成员进行交易或签订商业合同；在工商局注册的组织可以从事商业活动，但要遵守公司法和税法的规定；在一些县，责任划分是民政局负责登记注册，农业局负责提供技术服务和咨询，科技局负责提供有关机构和治理等方面的咨询服务。在批准一项登记注册申请时，不仅要核实它是否符合全部规定，如有协会章程、必要的资金和成员名单等，还要批准协会的领导人名单。

（2）政府部门参与程度比较深。"三农"问题是我国目前经济建设与发展过程中最引人注目的问题之一，国家和政府探索各种途径力图解决"三农"问题，各级行政主管部门的工作重点自然也放在这个方面，很多地方政府的涉农部门都积极扶持地方农村市场中介组织的发展，有的是直接领办，一些行政官员就是组织中的领导者。地方政府官员实现政策目标的传统做法是制定数量目标，发布命令，向相关政府部门布置任务。许多人认为，由于农民组织是一种比较新的创新形式，因此需要对农民给予鼓励和指导，帮助他们组织起来。然而，为实现数量目标而"过度热情地"帮助农民，在一定程度上导致成立的组织失去了应有的目标，或者成为政府机构的附属机构。

（二）运行机制发挥作用，但运行实践存在痼疾

从目前我国农村市场中介组织的发展实践来看，服务驱动机制、自律与协商机制和制度保障机制明显在发挥作用，正因如此，各种类型的农村市场中介组织受到了农民的欢迎，发展势头良好。

案例1：河北省宽城县峪耳崖供销社与当地104户栗农联合组建板栗专

业合作社，形成了以板栗生产为主体，集农民生产、生活服务于一身的配套服务体系。专业合作社定期听取社农意见，做到技术帮到户、物资送到户、产品收到户、账务公开，8 年来向社农让利 15 万元，为农民增收 150 万元。

案例 2：天津市宁河县农一夫生猪养殖专业合作社是在原有的宁河县农夫生猪养殖协会基础之上按照合作社法要求转型组建的。合作社由 5 人组成了理事会，制定了社员代表大会、民主管理、财务管理等制度，设立技术部、购售部、财务部。合作社以股份为利益联结纽带，采取自愿加入的方式吸收社员。合作社主要采取"五统一"模式服务社员：一是统一提供产前咨询；二是统一向社员提供优质种猪；三是统一向社员提供投入品；四是统一向社员提供技术服务；五是统一向社员提供销售服务和产品回收。在运行过程中，合作社积极完善各项制度，加强组织管理，制定了严密的组织机构、民主管理、财务管理、社员代表大会等相关制度，并严格执行。合作社规定每半年召开一次全体理事会议，每年定期召开合作社社员代表大会，就如何完善服务功能、推动快速发展的重大措施进行民主讨论和研究；同时还向其他先进专业合作组织学习、借鉴，不断加强专业合作社的组织建设，实现管理科学、有序运作。

从以上案例可以看出，这两个以专业合作社为表现形式的农村市场中介组织都特别注重为农民的服务，重点解决农民在技术、产销方面与市场衔接不畅的问题，而且对服务的范围、服务的标准都有明确的规定，就服务中遇到的问题，采取积极的态度与社员协商解决。

但是，根据我们的调研，农村市场中介组织在实际运行中，往往存在着这样或那样的问题，给其发展蒙上阴影。从选举产生中介组织的领导，到服务和保护农民利益的制度设计及执行，在很多方面存在痼疾，难以改变。

（1）由于缺乏有效的领导层，引发农村市场中介组织可持续发展问题。国际经验强调好的领导对合作组织成功运营的重要性。成功领导的特点是有创业精神和生产技术、有奉献精神、有活力、愿意为社区服务、有动员能力而不仅仅是"告诉成员做什么"①。目前农村市场中介组织在选举领导方面

---

① 转引自世界银行：《中国农民专业协会回顾与政策建议》，中国农业出版社 2006 年版，第 44 页。

受制于两个方面的因素，一是在农村地区，农民的整体知识水平较低，即使是在某一方面有特长的"能人"，也难具备全面的综合的领导素质；二是农民受到传统体制和功利主义的影响，对政府官员情有独钟，而政府官员尽管有较强的资源调动能力，但却会因为对具体事务的外行领导给组织运行带来阻碍。例如，2002年安徽霍山县的霍民村成立了一个竹制手工艺品协会。当时，作为地方扶贫战略的一项内容，在浏安市电视台工作的一个党干部被派到霍民村担任党支书，为期两年。选协会领导时采取了海选的方法，唱票时，发现从市里来的党干部高票当选，在被问到为什么会选一个在村里临时工作的外来者做协会领导时，社员们回答，他们认为党干部的受教育水平比村里所有人都高，和市政府关系好，而且他搞的扶贫项目有资金来源，村民希望他将资金用到协会。从这个例子可以看出，规范农民的选举行为，确保中介组织产生有效的领导并不那么简单。农村市场中介组织缺乏有效的领导是其运行所面临的一个严峻挑战。

（2）治理结构的复杂性，引发为农民服务的有效性问题。国际合作社运动的特点是坚持平等、社员民主管理的原则，而中国农村市场中介组织的治理结构非常复杂。在各种协会、合作社或一体化组织中，政府官员和企业代表参加组织的管理，管理人员比一般会员出资多，以显示他们的决心。盈余返还还以持股比例和交易量为基础；在合作组织中存在"核心成员"、"准成员"和"预备成员"。当组织成员的异质性较强时，就产生了少数人控制的可能。中国的很多农民合作组织具有"中心—外围"结构特征，"核心成员"控制着合作社的经营和各种决策，外围则是众多的中小农户，处于依附和被控制的地位。马彦丽（2007）分析了当合作社演变为少数人控制的合作社时，合作社内产生双重委托—代理关系：全体社员与经营者之间的委托—代理关系；中小社员与骨干社员之间的委托—代理关系。由于骨干社员掌握着合作社的实际控制权，他们的自利天性与机会主义行为倾向可能会导致他们利用自己手中的实际控制权损害中小社员的利益，于是就产生了骨干社员与中小社员之间的利益冲突。根据马彦丽对浙江省36家合作社的调查显示，完全实施按照惠顾者的交易额返利的合作社只有一家，30.5%的合作社实行"按股分红"，其余是以两者相结合的方式分配剩余索取权。而这些合作社一个明显的特点是盈余留做公共积累的比例较高，而更高的公共积累实际上体现了盈余分配向大投资者倾斜。由此，农村市场中介组织尽管在为农民服务、保护农民利益上发挥了作用，但是对中小农户而言，这种作用还很有限。

（三）制度保障成为共识，但功能发挥存在偏差

目前，我国的农村市场中介组织依靠制度来保障运行的观念已经形成，在微观范畴，大部分中介组织在成立之初就会讨论通过组织章程，制定管理制度，努力通过建章立制实现规范化管理。在宏观层面，也形成了良好的制度环境。在整个 20 世纪 90 年代，我国政府鼓励支持各类农村服务组织形式。1991 年国务院《关于农业和农村工作的通知》指出，农业技术专业协会和专业合作社是农业社会化服务的一种形式，要求各级政府支持农民成立个人或联合服务机构。这一点在 1993 年 11 月中央发布的一份文件中被进一步强调。该文件指出要在农村地区建立一个包括集体经济组织、政府技术部门和各类非政府专业技术协会在内的服务网络。中央在《关于 1994 年农业和农村工作的意见》的文件中承认了农村合股合作组织的存在。1998 年1 月中央号召鼓励、支持并加强多种形式的合作经济活动，包括专业合作社、专业协会和其他形式的合作协会。政府还出台各种财政、金融政策支持各类农村服务组织的发展，在此基础上，许多省份也效仿中央政府，纷纷出台了许多政策。2006 年年初，27 个省印发通知，要求通过降低或取消税费、免除高速过路费、农村投资、提供土地和公用事业、简化注册登记手续等方式支持农民专业合作组织。这些政策的出台为农村市场中介组织的发展提供了保障。

但是，我们也必须看到，无论是微观层面还是宏观层面，保障农村市场中介组织运行的制度框架在其功能发挥方面并不尽如人意。

在微观层面，很多组织的实践活动、章程和制度并不相符，换句话说就是这些章程、制度在很大程度上形同虚设。根据李慧（2004）的调研，温州市的农民专业合作社绝大多数内部财务制度都不健全，有的干脆没有建

账，管理者隐匿合作社的盈余是非常方便的。① 很多合作组织在分给社员部分盈余，按规定提取公积金、公益金外，还留有很大一部分利润，但对这部分利润的去向无法做出说明。特别是我国的农民专业合作社普遍接受了政府的扶持政策和扶持资金，合作社作为扶持资金的接受方，其章程通常规定，合作社接受外部无偿资助，按接受时的现值入账，作为合作社的共有资产等条款。但是，作为这笔资金的实际控制者，既有动机隐匿这笔资产，也有动机将资金投向仅对自己有好处的项目，这就造成了对合作社中小社员利益实质性的侵害。这样的侵害发生后，导致社员对组织的认同感降低，在与合作社的交易中采取机会主义行为来追求自身利益，也可能把自己与合作社的交易视做普通的市场交换，只要其他企业提供更好的交易条件，社员会毫不犹豫地转向市场交易。

在宏观层面，虽然鼓励农村市场中介组织发展的政策文件越来越多，而且《中华人民共和国农民专业合作社法》已经出台，但迄今为止还没有一个明确的、关于农村市场中介组织运行的制度框架。框架的缺乏导致政府机构始终在开展设计农民组织的工作。目前，不同部门如农业部、民政部、国家工商总局、科协和供销总社都加入了农民组织的管理和支持工作。由于提供支持的地方政府和机构有着不同的工作重点、项目、技术和资源，所提供的支持存在很大差异，各部门之间又缺乏交流和协调，造成了宏观管理方面的混乱。在全面的法律框架缺乏和政府的作用在不断变化而且还不确定的环境下，各级政府和机构的责任不明晰。政府的监管通常与其他工作，如提供技术或财务支持等合并起来一起执行。特别是当其和号召增加组织所联系的社员数量的政策指令结合在一起的时候，这些制度上的安排反映出任务和目标之间固有的冲突。还有一些时候会出现政府的过度支持，政府包办组织的成立，缺乏可持续发展的基础，使其中介服务功能基本得不到发挥。

案例3：杨某是县科协的领导，他逐村走访向村民们解释持股机制、专业技术协会的意义，问农民是否愿意参加协会并认购股份。村民虽然希望协会帮助他们销售栗子，但并不愿意认购股份。杨某和县镇领导对这个问题没

---

① 李慧：《温州农村专业合作经济组织发展研究》，温州市科技局软科学研究项目课题报告，2004年。

有重视，反而认为不能完全靠农民自愿参加，应该加强政府的组织工作和支持。随后县里督办，成立了一个由镇政府和相关部门领导组成的筹备领导小组，小组领导并协助制定协会章程，组织和召开会议以及正式选举协会领导等。随后县政府也成立了一个领导小组。两个小组在随后组织农民合作方面的工作中，表现得很没有耐心，有的时候"非常过分"，甚至在有些时候他们变成了农民的代理人或者直接代表农民做决定。杨某是县领导小组的副组长和办公室主任，其他人员包括来自县政府办公室、机构改革小组、财政局、林业局、农业局、工商局、民政局、中国农业银行和供销社等部门。全部筹备工作，除了咨询过两个村民的意见以外，几乎全部都是由政府相关部门一手包办的。协会成立以后，除了一些采购和培训活动，以及为栗子注册了一个商标外，协会设计者们所计划的其他工作都没有开展，成立协会的目的以及协会的任务都没有完成。在协会成立后的六年内，协会只吸收了两个新社员。而且成立第一年做了一些工作后，基本没有再做什么工作，已经是有名无实。①

三、中国农村市场中介组织运行模式的改进方向

根据本书第三章对农村市场中介组织内涵与外延的界定，很明确的一点就是农村市场中介组织包含了以为农民服务、为农民带来更多的经济利益为主要宗旨的各种类型的农民组织。不同类型的农民对中介组织有不同的需要。在采取自给自足生产模式的地区，最大的需要是技术信息和服务；随着商业化程度的提高，对市场信息、共同销售、农产品基本加工的要求会越来越多；商业化程度最高的地区需要先进的支持服务，包括及时提供市场价格建议和最新的技术信息。与这种不同层次需求相对应的必定是服务内容和深度不同的市场中介组织。

2006 年 10 月 31 日，《中华人民共和国农民专业合作社法》在十届全国

---

① 转引自封小霖：《中国农村的专业合作组织：案例研究报告》，RAF 为世界银行所做报告，2004 年 9 月。

人民代表大会常务委员会第二十四次会议上通过，并于 2007 年 7 月 1 日起施行。我们注意到，该法对农民专业合作社的定义是在农村家庭承包经营基础上，同类农产品的生产经营者或者同类农业生产经营服务的提供者、利用者，自愿联合、民主管理的互助性经济组织。农民专业合作社以其成员为主要服务对象，提供农业生产资料的购买，农产品的销售、加工、运输、贮藏以及与农业生产经营有关的技术、信息等服务。根据这样的界定，目前有很多以合作为特征从事为农民服务项目的组织可以归入农民专业合作社类型，在各地也确实有很多农民组织在专业合作社法出台以后，转型为专业合作社重新注册登记，希望在法律的框架下开展活动。尽管如此，还是有大量的组织在组织机构、财务管理等方面与专业合作社的要求不同，而它们又确确实实存在并发挥着中介服务作用，显然这些组织也需要有明确的依据来找到自己的法律地位和生存空间。

（一）对注册设立统一要求，明确中介组织的权利义务

（1）必须将具有中介服务功能的农民组织统一在农村市场中介组织的概念之下。在关注农民利益和农民组织的过程中，确定并利用农村市场中介组织这个概念，对多角度、多层次、不同程度地发挥各种类型市场中介组织的作用是有利的。这是因为，从我国农村市场发展的趋势看，尽管农民生产的专业化、商品化水平在不断提高，但是地域辽阔的农村，生产经营上的不平衡也将是常态，适应本地需求、提供适当服务才是农村市场中介组织的存在意义。这就决定了农村市场中介组织的长期多样性。在其他市场领域，市场中介组织也是一个包含了多种具体形式的综合概念。对其管理则是通过各种针对性和综合性的立法，比如英国规范市场中介组织的法律有《公司法》、《金融服务法》、《破产法》等，我国有《证券法》、《注册会计师法》等。显然，对市场中介组织的监管都是通过对各种类型的中介组织监管实现的。对农村市场中介组织来说，强调这个概念，不是说必须进行一个综合的立法以对其进行监管，而是为了强调中介服务这个功能，因为这正是农村市场发展的关键。

（2）严格按照计划服务内容和活动方式进行分类注册登记。涉及帮助

农民进行农资采购，农产品售卖、运输、贮存、加工以及其他经营性活动的组织到工商管理部门注册，取得法人资格，并接受其管理。不从事经营性活动，主要以实现行业自律为目标的组织根据《社团登记管理条例》到民政部门登记，取得法人资格。任何形式的农村市场中介组织不到政府行政机构登记，也不能在工商部门和民政部门同时登记。根据目前我国农村市场中介组织的运行状况，多数组织都应该在工商部门登记。

（3）明确农村市场中介组织的权利和义务十分关键。不管在哪个部门进行登记，负责登记的部门都要求农村市场中介组织必须在其注册的活动范围内从事活动，明确其在具体活动中享有的权利和必须履行的服务义务，并依此对其运行进行监管。

（二）完善治理结构，保证中介组织维护农民利益

（1）改变在小中心—大外围型的农村市场中介组织中出现的核心成员侵占中小农户利益的情况。这种类型的中介组织的中心是少数出资较多的骨干成员，他们掌握着组织的控制权，外围的许多中小农户出资较少，在组织的实际运营当中，这些人基本没有决策权。这样的一种产权结构也不足以激励中小农户采取行动监督组织决策者的经营行为，从而无法保证自己的利益。为了能充分发挥中介组织服务农民的作用，应该致力于提高中小农户的地位，亦即培育有效的委托人主体。同时，应该加强对中介组织核心层的监管，培育他们的服务理念，避免他们打着服务的旗号，仅谋取自己的福利。

（2）完善会（社）员代表大会制度，保证服务意识强的人进入理事会和监事会。在具有合作特征的中介组织中，社员代表大会制度可以降低每一个层次需要协调行动者的人数，有利于打破集体行动的囚徒困境。如果要保证中介组织能够真正为农民服务，目前这种只有乡村经营和机构代表才能进入理事会和监事会的行为显然是不合适的，这样的机构堵塞了需要服务的农民维护自己利益的渠道。所以一个可行的途径是让那些服务意识较强又能充分代表农民利益的人进入理事会和监事会，一方面可以影响组织的经营决策和分配决策，另一方面有利于农民得到更多的组织信息，增加透明度，避免农民的利益糊里糊涂地受到侵害。

（3）完善中介组织的财务制度和会计核算制度，明确重大决策的决策程序。要用明确的管理制度对中介组织的财务和会计行为给予规制，改变目前一些中介组织不建账或者管理混乱的情况，杜绝组织管理者隐匿财产或任意支配财产的行为。另外一条就是要明确中介组织的重大决策程序。所谓重大决策包括：①筹资决策，主要包括组织初建时股本金如何筹集，组织扩大时新成员的股本金如何确定，运营过程中融资方式和数额的确定，是否允许技术和土地入股，成员退出时股金的处理方法等问题。②投资决策，主要包括中介组织投资项目和投资水平的选择问题。③收益分配决策，主要是指中介组织如何向成员返利，以及确定两个重要的比例：一是组织留利和盈余返还的比例，二是按股分红和按惠顾额返还的比例。④其他重大事务决策，主要包括成员资格制度是封闭的还是开放的，什么时间、以什么方式吸纳新成员，管理人员薪酬的决定问题等。

通过规范决策程序，可以有效地缓解中介组织采取机会主义行为的可能性。这一问题与我国上市公司控股股东或大股东利益问题非常相似。为了防止上市公司大股东日益侵占小股东利益的情况，证监会要求上市公司的实际控制者不得违规占用上市公司的资金，不得违规为关联方提供担保，不得利用关联交易、利润分配、资产重组、对外投资等方式损害中小股东的利益。另外，我国还仿照英美等国建立了独立董事制度。这些都是一些行之有效的方法，但是其前提必须是能清晰界定控股股东或大股东对中小股东利益侵害的根本界限和范围。目前，这是一个难题，对农村市场中介组织来说也是一样。不管怎样，严格的财务制度、规范的决策程序有利于约束农村市场中介组织切实保证对农民的服务和维护农民利益。

（三）杜绝多头管理，保证中介组织获得对口支持

（1）相关职能部门要从对中介组织的管理中退出，保证中介组织的独立性。从我们的实地调研中发现，由于各级政府对"三农"问题的关注和重视，各相关职能部门纷纷领办农村市场中介组织，也只是对自己领办并直接管理的中介组织给予实质性的支持。而中介组织为了获得更多的支持就在多个部门进行注册登记，形成了多头管理的局面。一旦形成多头管理，市场

中介组织的日常运行就会遭遇很多不必要的内耗，决策的时间效率也无法得到保证。管理和支持是具有不同内涵的两个概念，由于在长期计划经济体制下形成的施政传统，我国各级政府职能部门难以摆脱对企业、对组织直接管理控制的情结。由政府机构对农村市场中介组织进行管理，会造成"政企不分"的情况，而且政府机构落实某项政策的目标和农民所追求的目标之间并不一定完全一致。在矛盾存在的情况下，政府的直接管理往往会忽视农民的要求，比较生硬地推行和落实政策目标。一旦出现这样的情况，农村市场中介组织的本质作用就难以发挥，也将失去对农民的吸引力。让政府机构退出对农村市场中介组织的管理，并不是不允许政府机构领办情况的发生，在农民的综合素质有待进一步提高，富有合作精神的农民企业家有待培养的情况下，政府出面领办可以弥补市场供给不足的缺陷，是与实际情况相符合的。但是，领办起来之后，农村市场中介组织从事活动将更多地依赖其章程、制度，并跟随市场的引导进行独立决策，此时，具有某种特定职能的政府机构必须退出管理，事实上，它也不具有全面管理的资源和能力，多个不同职能部门的管理更可能造成管理的无效甚至混乱。

（2）各职能部门要提供对口支持，保证农村市场中介组织获得有利的发展环境。退出管理，但不能撒手不管。从目前我国农村市场中介组织的运行实践看，离开政府的支持是不可能的。政府部门要把发展农村经济和推动农村市场中介组织发展统一到一个整体的农村发展战略中来，按照战略目标的指引，各职能部门找到自己在支持农村市场中介组织发展中的位置，积极主动地对各类农村市场中介组织给予有效支持。这些支持包括总体的农村基础设施建设投资项目交由农村中介组织运作和管理，有实践证明，农民协会在管理和维护农村基础设施特别是灌溉系统方面非常成功；确保市场运行的公平和透明，制定和实施标准，确保各方信息的平等获得，监督产业链上的企业行为，平衡左右市场价格的力量，保证农村市场中介组织的有效运作；提供必要资金帮助发展学校、科研机构和农村市场中介组织的合作伙伴关系，促成以市场中介组织为平台的技术转化和对农民的教育培训；为农村市场中介组织提供税收优惠，比如对会员与协会之间的交易不视为商业交易，从而免征增值税和其他税等；帮助农民获得必要的贷款，提供风险担保等。

第六章 政府与农村市场中介组织

　　农村市场中介组织是农村组织制度的一种创新，而任何制度创新都是在既定的制度环境下实现的。外部制度环境以及由外部因素导致的政府行为的干预，是影响农村市场中介组织发展的重要因素。我国农村市场中介组织的兴起和发展，就总体而言，既非政府推行的强制性制度创新，也不是农民在逐利动机驱动下自发行动的结果，而是介于两者之间的在政府主导的条件下发展起来的。从某种意义上说，我国农村市场中介组织是农村经济发展的内生需求与政府这一外生制度因素共同作用的结果。

　　鉴于我国政府在农村市场中介组织产生与发展中的重要作用，本章将着重探讨政府与农村市场中介组织之间的关系以及政府支持农村市场中介组织发展的政策措施。本章的主要内容是分析政府与农村市场中介组织之间规范的关系模式，以及这一关系模式在农村市场中介组织不同发展阶段、不同国家和地区、不同农产品种类之间的差异，并分别探讨政府对农村市场中介组织的扶持、引导和规制措施。

一、政府与农村市场中介组织的关系

（一）政府与农村市场中介组织之间规范的关系模式

　　政府在一个国家中是处于国家权力位置的组织，同时政府在深层次含义上也包含其在社会中的管理方式和制度，在农村社会环境中也不例外。一般情况下政府在社会中应承担指导、管理、服务、协调、监督和保卫六种职能，这些职能的行使把政府与社会联结为一个综合运行的系统。笔者认为政府与农村市场中介组织之间是一种协同发展的关系。农村市场中介组织是政府的伙伴和助手，农村市场中介组织能起到政府难以发挥的作用，政府的管理力量与农村市场中介组织对农村社会的影响力量是互补的，政府与农村市场中介组织之间完全可以形成农村社会管理和服务的合力。

1. 主体之间彼此独立

就目前状况来看，我国的农村市场中介组织绝大部分处于起步和发展阶段，许多地方政府直接委派官员，直接对农村市场中介组织进行管理。但是，就规范的二者关系模式而言，政府与农村市场中介组织作为两个独立的主体是独立存在的，突出表现为农村市场中介组织与政府之间组织机构的独立性以及主体活动的互不干涉性。农村市场中介组织理论上是独立的经济主体，脱离于政府而独立存在，在组织机构上不依附于政府，其人员任用、资金筹集、内部管理和组织活动的开展都不受制于政府部门。政府可以在以上方面予以支持，但支持的力度不会对农村市场中介组织的独立发展产生重大影响，农村市场中介组织更不会对政府产生依赖性。农村市场中介组织能控制自己的活动，能够进行自我管理，拥有独立的决策和执行能力，具有不受外部控制的内部管理程序，具有较强的自主性。

2. 价值理念的共同追求

政府的出现是公民权利让渡的结果，政府合法的行政权是公民通过选举赋予的，理应对公民负责，为其服务。① 因此，政府的权力只能服务于公民，政府自身的价值只能在政府与公民的关系中得到体现，政府权力的行使是为维护整个社会秩序，"政府必须超脱各种具体的利益，进一步彰显公共权力的公共性，为不同利益主体之间通过市场交换满足各自要求提供一个制度环境，从而更好地协调社会多元利益"②，政府一切活动的最终价值取向应该是最大限度地促进公共利益。

农村市场中介组织是市场经济和社会分工的产物，它是沟通市场与广大

---

① ［美］盖伊·彼得斯：《政府未来的治理模式》，中国人民大学出版社 2001 年版，第 125 页。
② 张勤：《行政体制改革的价值理念：公共性和服务性》，载《广东行政学院学报》2004 年第 2 期。

农民的桥梁，是广大农民进入市场的纽带，为农村市场经济的发展提供各种服务，并具有法人地位的经济实体，具有一定自治性、志愿性、公益性或互益性。农村市场中介组织的产生与农村市场交易效率密切相关，农村市场中介组织是农村社会重要的组织实体，承担着提高农民参与市场的组织化程度的重任。其宗旨不是追求利润的最大化，而是更好地维护与实现农民利益，防止、削弱或补救政府与市场对农民利益的侵犯是农村市场中介组织的重要使命。

因此，农民是政府与农村市场中介组织共同的服务对象，促进农民利益的最大化是两者的共同追求和重要任务，在价值理念上，政府与农村市场中介组织是统一的。

3. 利益关系的分立统一

政府的利益是政府所代表的整个国家的利益或全社会的公共利益，农村市场中介组织的利益是其作为农村特有的经济实体所代表的农民的利益或农村社会公共利益。政府与农村市场中介组织在体现公共利益方面有一定的重合性，两者之间存在着共同利益，可以在公共事务管理方面实现利益共享。但农村市场中介组织不是作为为政府自身"增值"的社会组织而存在，它拥有其独特的社会价值和社会资本，并追求其自身的特有利益——农民利益或农村社会公共利益。于是农村市场中介组织在追求农民利益或农村社会公共利益的同时，也在一定程度上具有"经济人"的特征。因此，政府与农村市场中介组织之间又存在着潜在的利益冲突。当农村市场中介组织违背社会公共利益或其他社会群体的利益时，政府作为公共利益的代言人，能够对农村市场中介组织起到监督作用；而当双方利益关系和谐时，又能增进政府与农村社会之间的和谐程度。

4. 职能作用的合作互补

农民自愿建立的农村市场中介组织，在经济上与农民结成利益共同体，在配合执行党的农村政策方面与农民利益紧紧相连。它通过参与政府制定有关政策法规，成为农民的代表人，保护了农民的利益。同时，它推动了农业产业化，增加了农民收入。农村市场中介组织多数是由懂得经营管理的技术人员或专业大户牵头，联合形成了规模经营，瞄准市场实现产业化经营，提高了经济效益。农村市场中介组织通过技术指导、保护价收购、代理推销、利润返还等方式，增加了农户的收入，缩小了贫富差距，壮大了集体经济。在对社会服务和公共产品的提供上，农村市场中介组织不是作为政府的附属物而存在，它们之间是一种彼此互补的合作关系。政府将大部分精力放在宏观经济管理和社会发展的总体协调这些宏观公共事务上，行使宏观的社会管理与服务职能，制定法律法规和产业政策，规范市场，进行基础设施建设，提供国防、外交等公共服务。而农村市场中介组织将农民组织起来，发挥自身灵活、专业、与农村基层联系紧密的特点，行使微观的社会管理与服务职能，提供专业技术及市场服务，致力于农民的自我管理，促进政府与农村社会之间的沟通和协调。政府不再是公共服务的垄断者，政府与农村市场中介组织共同分担农村社会公共事务，各行其职，满足农村社会的多元化需求。

（二） 政府与农村市场中介组织关系模式的阶段性特征

改革开放后，我国进入了具有历史意义的社会转型期，农村社会也发生了翻天覆地的变化，家庭联产承包责任制的施行就是其中的重要表现，农村市场中介组织也是在这一时期发展起来的。在农村市场中介组织的发展过程中，随着市场经济体制的不断完善以及政府职能的转变，政府在农村市场中介组织的发展过程中的作用也在不断的探索之中。与我国农村市场中介组织的发展轨迹相对应，在改革开放之后，伴随着农村市场中介组织发展的四个阶段，政府与农村市场中介组织之间的关系模式大体也经历了四个发展阶段。

1. 农村市场中介组织萌芽，尚未引起各级政府足够重视（1978～1984年）

在改革开放初期，农村一些地区开始推行家庭联产承包责任制，农户家庭获得了经营自主权，在家庭分散经营过程中农民迫切要求学习和掌握现代农业科学技术。在这种需求诱导下，农村市场中介组织开始在一些地方出现。这一阶段是农村市场中介组织的萌发阶段，该阶段的农村市场中介组织存在着涉及领域狭窄、层次低，以及成员与中介组织之间的"松散型"关系等问题。在20世纪80年代初期，国务院、工商行政管理局、供销合作总社等出台了一些文件和措施，有效地促进了农产品流通领域的改革进度，从而为农村市场中介组织的成长提供了制度保证。由于这一时期我国的农村市场中介组织的发展尚处于摸索阶段，所以政府指导农村市场中介组织发展的许多政策紧紧停留在宏观层面，各级地方政府尚未发挥促进农村市场中介组织发展的作用。

总的来说，从改革开放之后至 1984 年，在全国范围内农村市场中介组织发展滞缓、规模狭小，农村市场中介组织基本上处于自生自灭状态，没有引起各级政府的重视和支持，政府对于农村市场中介组织的发展壮大作用甚微。这一时期的农村市场中介组织数量少、规模小，且多数没有章程，稳定性差，规范化程度低，各级政府重视程度比较低是造成这一状况的重要原因。

2. 政府开始重视，农村市场中介组织快速发展（1985～1990 年）

随着经济体制改革的不断深入，农产品商品率不断提高，农民对于技术、信息的需求更加强烈，农村市场中介组织开始快速发展。这一时期政府已认识到农村市场中介组织的巨大作用，各级政府开始重视农村市场中介组织的发展，并出台了一系列政策文件，有效地促进了农村市场中介组织的快速发展。例如，政府出台的一些鼓励发展农村专业市场、期货市场、农民专业合作社、一体化组织的文件，对当时农村市场中介组织的快速发展起到了促进作用。

1985 年以后，党中央、国务院逐步改革农村统购统销制度，形成了以市场调节为主的农产品流通体制，农村经济逐步面向市场。在这种背景下，我国的农村市场中介组织进入了新的发展时期，其制度安排开始逐步完善。1986 年，中共中央 1 号文件明确指出："近几年出现了一批按产品或行业建立的服务组织，应当认真总结经验，逐步完善。各地可选择若干商品集中产区……按照农民的要求，提供良种、技术、加工、贮运、销售等系列化服务。通过服务逐步发展专业性的合作组织。"根据中央的指示精神，1986 年 1 月，国家科委、中国科协联合提出把支持、推动农村市场中介组织的发展和提高作为农村科普工作的重要内容。1987 年下半年，由国务院农村发展研究中心、农牧渔业部、商业部和中国科协组成的农村专业技术研究会联合调查组赴四川、山东、广东进行调研，并于 1987 年年底召开全国农村专业技术协会理论研讨会。此后，农村市场中介组织逐步引起政府的重视和支持。1989 年，国务院 78 号文件对发展农村市场中介组织给予了充分肯定。1990 年，国家科委出台《农业技术经济服务合作协会示范章程》，并在青海等省进行试点和推广。据农业部统计，到 1990 年全国农村各类市场中介组织达 123.1 万个。其中，生产经营型 74 万个，占总数的 60%；服务型 41.4 万个，占 33.6%；专业技术协会 7.7 万个，占 6.3%。[1]

3. 政府高度重视，农村市场中介组织走向规范（1991~1998 年）

本阶段政府开始高度重视农业在国民经济的基础作用，并加大了对于农业发展有重要作用的农村市场中介组织的扶持力度。在这一时期，政府在促进农村市场中介组织的规范发展方面起了重要作用，主要通过加强政策支持、发挥部门作用、组织试点和制定示范章程来推进农村市场中介组织的发展。

1991 年，国务院发布《关于加强农业社会化服务体系建设的通知》，将农村专业技术协会、专业合作社作为农业社会化服务的形式之一，并要求各级政府对其给予支持，保护它们的合法权益。1993 年，国务院明确农业部作为指导和扶持农村市场中介组织的行政主管部门。1994 年 1 月，农业部和国家科委联合下发了《关于加强对农民专业协会指导和扶持工作的通知》，要求各地为农村市场中介组织的发展创造一个良好的外部环境。1994 年，中央 4 号文件强调指出，要"抓紧制定《农民专业协会示范章程》，引导农民专业协会真正办成'民办、民管、民受益'的新型经济组织"。不久，农业部与有关部门协作起草了《农民专业协会示范章程》。此后，根据国务院指示，农业部会同有关部门开始进行农村市场中介组织的立法和管理试点，确定陕西、山西为借鉴日本农协经验的试点省，安徽为农村市场中介组织示范章程的试点省。黑龙江、四川等省还结合农业支持项目，开展了农村市场中介组织的试点工作。试点工作推动了农村市场中介组织的发展，据农业部经营管理司统计，截至 1998 年年底，农村有各类农村市场中介组织148 万多个。其中，种植业占 63.1%，养殖业占 14.4%，加工运输业占 6.1%，其他行业占 16.4%。全国有跨县的农村市场中介组织 5240 个，跨乡的农村市场中介组织 8140 个。[2]

---

① 魏道南、张晓山主编：《中国农村新型合作组织探析》，经济管理出版社 1998 年版，第 106~107 页。
② 《中国农村市场体系建设报告》，2003 年。

　　4. 政府政策体系逐步完善，农村市场中介组织进一步规范（1999 年至今）

　　在这一时期，各级政府大多采取鼓励政策，有效促进农村市场中介组织的发展，政府与农村市场中介组织的关系更加紧密，政府扶持农村市场中介组织发展的政策体系逐步完善，并得到了进一步的规范。2001 年 11 月，我国正式加入 WTO，为解决"三农"问题、实现全面小康、帮助农民应对加入 WTO 带来的挑战等，政府在这一时期进一步明确了发展农村市场中介组织的思路和措施，即立法规范、政策支持、示范引导、财政扶持。2002 年 12 月 28 日，九届全国人大三十一次会议修订通过《农业法》，在"农业生产经营体制"第十一条中，明确指出国家鼓励农民在家庭承包经营的基础上自愿成立各种类型的农村市场中介组织，并明确了国家鼓励和支持农村市场中介组织参与农业产业化经营、农产品流通和加工以及农业技术推广等。党的十六届三中全会《决定》明确指出，"支持农民按照自愿、民主的原则，发展多种形式的农村专业合作组织"。中央政府一直高度重视农村市场中介组织的建设与发展，尤其是进入 21 世纪以来，面对"三农"工作的新形势、新任务和新要求，中央对发展农村市场中介组织作出了一系列的部署。特别是 2004 年以来的 5 个中央 1 号文件，都对促进农村市场中介组织发展提出了明确要求，制定了具体的政策措施。2008 年的中央 1 号文件要求，再次明确要"积极发展农民专业合作社和农村服务组织"。2002 年 11 月，农业部在全国确立了 100 个农村市场中介组织试点单位和 6 个地市级农村市场中介组织综合试点单位。2003 年又将浙江省作为农村市场中介组织建设试点省。2004 年，农业部确立了 111 个示范点。2005 年，农业部围绕 11 个优势农产品区域、35 种主导产品，在北京、吉林、浙江、安徽、湖北、湖南、山东、河南、陕西、宁夏、四川和青岛等 12 个省（自治区、直辖市）开展农村市场中介组织的示范建设，确立示范项目 143 个。与此同时，地方各级政府高度重视和支持农村市场中介组织的发展，出台了相应的制度、措施。目前全国已有 25 个省（自治区、直辖市）制定、出台了加快农村市场中介组织发展的政策意见。2007 年 7 月 1 日实施的《农民专业合作社法》，把党的政策上升为法律，为农村市场中介组织的发展进一步创造了良好的制度环境，标志着农村市场中介组织进入了依法发展的新阶段。这部法律明确了农村市场中介组织的法律地位，为建设和发展农村市场中介组织提供了法律保障。这部法律规定了农村市场中介组织的创办原则和要求，明确了成员的权利和义务，为规范和促进农村市场中介组织发展提供了法律依据。

截至 2007 年 9 月，加入农村市场中介组织的成员总数已达 3870 多万，其中农民（户）成员 3480 多万，约占全国农户总数的 13.8%。目前，全国已有 29 个省（自治区、直辖市）制定了专门文件，明确了财政、税收、信贷、用地、用电、人才等方面的支持政策。2003 年至 2007 年，中央财政累计安排专项资金 5.15 亿元，对 2700 多个农村市场中介组织给予了扶持补助，其中，2007 年中央财政对农村市场中介组织的扶持资金规模已达到 2.25 亿元。据不完全统计，2004 年以来，各省级财政安排专项扶持资金已超过 4.6 亿元，其他相关部委也在制度、资金、技术等方面对农村市场中介组织的发展给予指导和支持。[1] 同时，政府不断引导农村市场中介组织逐步健全内部管理制度，章程内容不断丰富，成员代表大会、理事会、监事会等"三会"功能进一步完善，政府不断完善的政策支持体系有力地促进了农村市场中介组织快速发展。

（三）政府与农村市场中介组织关系模式的区域性差异

由于各国的国情和农业发展道路不同，各国农村市场中介组织的发展模式也有很大区别，总结起来主要有欧洲模式、日韩模式、美加模式，三者分别以法国、日本、美国为主要代表。纵观世界上这些农村市场中介组织发展比较典型的发达国家，政府无疑都起到了不可替代的作用。这些国家的政府一般都通过立法的形式为农村市场中介组织的发展创造了良好的外部环境，各国都在法制及扶持、配套建设方面做了巨大努力。早在 1889 年，德国就颁布了第一部关于农村市场中介组织的法律，瑞典于 1895 年颁布《合作社协会法》；美国在 1865～1870 年间约 6 个州分别通过了有关农业合作社的早期立法，1922 年联邦议会通过了《卡珀—沃尔斯台德法案》，明确了合作社的法律地位；日本于 1947 年制定了农业协同组织法，明确了日本农协的法

---

① 袁惠民：《依法指导和促进农民专业合作社发展》，农业部经管司专业合作处，2007 年 12 月。

律地位。美、日、欧这些国家的政府虽然在发展农村市场中介组织方面存在这些共同特征，但在有些方面却是各具特色，政府与农村市场中介组织之间关系模式在这些国家之间也存在着差异，下面就三种模式的主要代表国家的政府与农村市场中介组织的关系模式作简要阐述。

美国政府着力为农村市场中介组织培育良好的外部环境。美国的农村市场中介组织主要有两类，一类是接近于传统合作社经济的农业合作社，另一类是各种专业协会，它们在美国的农业社会化服务体系中扮演不同的角色，是美国农业社会化服务体系的重要组成部分。美国的农村市场中介组织作为一种竞争力量，抗衡了美国其他产业对农业利益的侵害，加强了美国农业的计划性，缓和了供求矛盾，推动了生产发展，改变了农村面貌。美国的农村市场中介组织设董事会，日常经营由聘请来的经理全面负责。中介组织的管理层由中介组织成员、监事会、经理、雇佣人员组成，他们各自有明确的责任和义务。美国的农村市场中介组织有着良好的发展环境，美国州政府和联邦政府在农村市场中介组织的发展上一直扮演着非常重要的角色，例如，确立农村市场中介组织的合法地位、政府增加中介组织的教育力度等。在美国，农村市场中介组织不同于其他私营公司的地位，美国政府对本国农村市场中介组织的规模没有设置限制，在很大程度上把中介组织从反托拉斯法中解脱出来。美国政府鼓励农村市场中介组织以联合的力量保护自己的合法权益，这种联合不受反托拉斯法的约束。在农村市场中介组织经营发生困难时，政府给予直接的保护，给予农村市场中介组织各种形式的直接或间接援助。它协助农民和其他乡镇居民发展中介组织，网罗价廉物美的生产生活性服务，然后得到理想的农产品出售价格。美国政府努力通过出售开发乡村现有资源，同时帮助中介组织有效提高服务和经营水平。美国政府也在使公众更深入地理解中介组织的运作方式与运作规律，以及如何使公众和社会各界团体更加注重农村发展、关心农民利益等方面发挥了重要作用。虽然美国政府与本国农村市场中介组织关系密切，但美国的农村市场中介组织基本上是独立自主的组织，虽然政府也对其进行扶持，但中介组织对政府不存在依赖关系，美国的农业合作社管理局是一个研究中介组织和为中介组织服务的机构，而不是一个管理机构。

日本政府对农村市场中介组织给予了大量财政支持并进行了直接干预，

这种状况一直延续至今。日本的农村市场中介组织主要是农协，日本农协是根据 1947 年颁布施行的《农业协同组合法》建立起来的农民互助合作组织。经过第二次世界大战后几十年的发展，日本农协已经形成从基层农协到都、道、府、县农协，以至全国农协的三级组织系统。日本农协是半官半民的组织，而不是完全的集体或民办组织，具体说，它具有二重性：既是农民为保护自身利益而自发建立的群众机构，又是日本政府借以推行农业政策的中介机构。日本农协与美国的农村市场中介组织相比，对政府存在很大的依赖性，有着较强的官办色彩。农协从成立时就对政府的依赖性较大，具有浓厚的作为国家实施农业政策的一个辅助机构的性质，这一点表现在多个方面：从政府与农协的地位上来说，1947 年的《农业协同组合法》规定政府机构凌驾于农协之上，并对农协有监督和检查的权力；从农协的业务范围上来说，农协的很多业务是执行政府的任务，例如政府的支农贷款的发放、自主米的流通和自主米收购资金的管理；从农协的资金来源上来说，政府的资金支持是一个很重要的部分，《农业协同组合法》明确规定，政府在每年的年度预算中，应当给予农协以中央事业经费补助。日本农协与政府关系如此紧密有两方面的原因：一方面，日本农户家庭经营规模较小，在生产中为了对抗风险需要组织起来；另一方面，第二次世界大战刚刚结束时，日本农业的形势比较严峻，要让农村市场中介组织自然发展壮大将是一个极其漫长的过程。

欧洲是农村市场中介组织的发源地，有着悠久的历史。早在 1844 年，在英国北部的小镇罗虚代尔成立的罗虚代尔公平先锋社，成为农村市场中介组织的雏形，此后农村市场中介组织在欧洲普遍兴起。法国的农村市场中介组织产生于 19 世纪末期，20 世纪 80 年代以后，中介组织规模逐步扩大，经营内容从共同购买生产资料、销售农产品，获得技术和信息等方面的服务扩展到加工、贮藏和销售领域。2004 年，法国有 3500 个各类农村市场中介组织，全国 40.6 万个农户中 90% 为中介组织成员，目前在法国 73 万个农场中，绝大多数农场主参加了产前、产后流通领域的中介组织，农村市场中介组织在法国农业和食品业领域占据举足轻重的地位。[①] 法国政府对农村市场中介组织在

---

① 全国人大农业与农村委员会代表团：《法国农业合作社及对我国的启示》，载《农村经营管理》2005 年第 4 期。

税收、财政等方面都提供了有力的支持。在20世纪60年代，法国政府通过了《农业指导法》，将国家对农业的扶持资金大部分用于扶持农村市场中介组织，以鼓励农民通过中介组织联合起来。目前，为了扶持农村市场中介组织的发展，法国政府对于中介组织购买农产品加工和农业机械设备，给予一定比例的资金扶持。法国为农村市场中介组织制定了两项税收优惠政策，保证了农村市场中介组织获得的盈余都通过利润返还给了组织成员。

由上面的分析可以看出，日、法、美三个国家的农村市场中介组织的群众组织色彩顺次加强，而政府的作用则依次减弱。日本的农协是半官方组织；法国对农村市场中介组织给予了税收、财政方面的有力支持；而对于美国的农村市场中介组织，政府只在法律上保障和经济上给予一定的优惠，其他干预则较少。与美欧国家农村市场中介组织相比，日本农协不管在组织还是在事业上，最大的特点是具有半官半民的性质，农协组织几乎把每个村庄的农户都组织起来。日本农协在农业中居于举足轻重的地位，其政治影响力巨大，经济辐射力遍及农村各个角落。

不仅发达国家的政府建立了较为完善的农村市场中介组织支持系统，在许多发展中国家，政府也加大了对农村市场中介组织的支持力度。许多发展中国家通过中介组织立法明确规定农村市场中介组织可以减免税收，可以从国家获得低息贷款。如泰国就曾规定，非农村市场中介组织成员银行贷款年息15%~16%，而农村市场中介组织从国家合作社发展局、农业合作银行贷款年息分别为6%和9%，转贷给组织成员年息为12.5%。[1] 正是农村市场中介组织合法地位的确立和各项优惠政策的实施，促进了国外农村合作社的稳固和发展。

（四）不同种类农产品、不同行业政府对农村市场中介组织作用的差别

我国多数农村市场中介组织是以一种农产品为纽带为农民提供服务，经营服务内容有很强的专业性。从产业分布看，涉及经济作物的种植业和养

---

① 潘劲：《国外农村合作社的发展》，载《中国供销合作经济》2000年第4期。

殖业的农村市场中介组织居多，其中多以市场化、专业化程度较高的蔬菜、水果、花卉等经济作物及家禽和水产品等养殖业为主要服务对象，围绕这些产品或产业开展技术、信息服务和农资供应、产品销售等经营服务活动。但是，与以粮食为代表的许多基础性、战略性农产品相关的农村市场中介组织却发展缓慢，虽然进入 2007 年后，市场上玉米、稻谷、小麦的收购价格有了大幅度的上涨，政府也提高了粮食补贴的数额，但这些都不足以推动这一类价格弹性比较小、市场相对稳定的农产品较好地发展与自身相关的中介组织，享受农村市场中介组织提供的服务。通过以上这些种类的农产品我们可以看出，当前政府主要鼓励发展与一些价格弹性比较高、利润获取空间比较大的农产品相关的农村市场中介组织，使之成为农业产业化发展的有效组织载体。笔者认为政府的这一做法主要出于两方面的考虑：

一方面，发展此类农村市场中介组织与经济作物、养殖业自身专业化程度比较高的特性密切相关。经济作物和养殖业在经济效益上比粮食生产要大得多，两者是农业生产采取多种经营战略的重要手段，在农业经济中既处于举足轻重的地位，其经营效果也是影响农业生产经济效果的重要因素。在我国当前人多地少的国情下，发展利润率较高的经济作物和养殖业是提高农民收入与农业经济效益的重要途径。此外，经济作物与养殖业本身的专业化较粮食作物要高，其发展迫切需要具备专业性水平的农村市场中介组织的指导。我国农业发展虽然有很长的历史，但随着现代农业技术的进步，我国农业技术水平已经与高度组织化、规范化的现代农业有了很大差距，尤其体现在经济作物及养殖业这些本身专业性比较强的产业上。如何尽快缩小与国外先进农业水平之间的差距，提高我国农业的现代化水平，就成为摆在政府面前的重要课题，率先发展经济作物及养殖业的农村市场中介组织就成为解决这一课题的重要途径之一。

另一方面，发展与此类农产品相关的农村市场中介组织有利于调节市场的不平衡，有效增加农民的收入。农民增收问题是近几年来我国政府工作的重点，在市场经济条件下，农民在市场上处于弱势地位，经济作物及养殖业农户的市场利益经常受到损害，经济作物及养殖业市场价格弹性比较大，有较大利润空间，提高两者的收益有利于较快解决农民的增收问题。反观粮食等基础性农产品，由于自身市场价格弹性小，政府鉴于粮食战略性农产品的地位，也不可能完全放弃粮食管制，所以粮食市场运行比较平稳，粮农利润上升空间比较小。同时，随着我国市场经济体制的不断完善，政府不可能对市场进行过多干预，必须主要依靠市场自行调节。但是，农村市场中介组织作为沟通农户与市场之间的桥梁，可以依据国家有关产业政策，按照市场信息引导经济作物与养殖业农户有组织地进入市场，使一家一户小生产与千变万化的大市场进行有效对接，在一定程度上和一定范围内解决了这些农户进入市场时的"买难"、"卖难"问题，减少了中间环节，节约了交易成本，也避免了市场波动造成的经济损失。同时，农村市场中介组织通过创办实体和为农户提供技术、购销、资金以及信息服务等途径，提高了农业集约化程度，也减少了农户在种植经济作物与发展养殖业时的盲目性，引导农民走上致富的道路。由于农村市场中介组织本身对外追求经济效益，而对内则是以服务为宗旨，根据交易量返还的原则，将加工或销售增值部分的大部分利益返还给成员，增加了成员收入。农村市场中介组织带动成员增收幅度比一般农户普遍高出 20%~50%。因此，与经济作物及养殖业相关的农村市场中介组织能够较快促进农民收入的增加，这与政府增加农民收入的工作目标有很强的一致性。

虽然与粮食作物等基础性农产品相关的农村市场中介组织在中介组织总量中份额并不大，但是我们应该看到它的重要作用，尤其是服务于粮食购销的农村市场中介组织具备较大的发展潜力。2000 年，国务院办公厅发布完善粮食流通体制改革政策措施的通知，规定部分省区的春小麦、南方早籼稻和江南小麦从 2000 年新粮上市起退出保护价收购范围。随着这一通知的出台，粮食购销市场开始全面放开，市场粮价随之跌入谷底。同时，国有粮食企业正处于重大的历史转折期，大批的职工分流下岗、被解除劳动关系，从而导致了这一时期某些国有粮食购销企业粮食收购量急剧下滑，并在一定程度上造成粮食流通渠道的堵塞，影响了农民的增收甚至出现减收现象。此时，一些地方开始出现专门服务于粮食购销的农村市场中介组织，并开始在粮食收购市场的舞台上公开亮相。这一类农村市场中介组织在粮食收购中发挥了巨大作用，能够为一些粮食加工企业提供源源不断的粮源，在企业和农户之间搭起了一座桥梁，从而在一定程度上有效缓解了粮食商品流通渠道不畅和农民增产难增收的问题。

2007 年我国粮食连续第四年增产，比上年增产 70 亿斤，但值得重视的是，我国粮食供求关系出现转折性变化，正由过去的供求总量基本平衡向供求总量偏紧、品种结构矛盾日益突出转变。同时，当前存在的一些不确定因素，也不利于国内粮食市场的稳定，例如，国际高粮价的继续推动、玉米等粮食加工需求的强劲以及近期频发的自然灾害等，都有可能对我国的粮食市场产生巨大影响。在这样的背景下，政府应该认识到，服务于粮食购销的农村市场中介组织是粮食购销市场化改革的必然产物，可以对农村粮食购销市场产生重大的影响。政府发展服务于粮食购销的农村市场中介组织，符合粮食购销市场化改革的大方向，不仅有利于方便农民售粮、增加农民收入，而且有利于民营粮食加工企业的产业化经营，同时也有利于国有粮食购销企业掌握粮源，增强政府宏观调控粮食市场的能力，确保社会粮食供求总量的基本平衡和粮食安全。政府应积极对其加以引导，不断加强培育和规范，并通过有效发挥其在搞活粮食流通中的积极作用，使粮食市场规范有序。

二、政府对农村市场中介组织发展的扶持

（一）培育良好环境

政府要充分认识到扶持农村市场中介组织就是扶持农民和农业，有利于农民增收和"三农"问题的尽快解决，政府应该为农村市场中介组织的发展创造良好的政策环境。在建立农村市场中介组织之初要尊重农民的愿望，农村市场中介组织建立的基础是农民有加入并享受服务的愿望，政府的推动作用和市场的拉动作用必须建立在农民这一基础之上。农民参与农村市场中介组织的愿望主要来自于农户家庭商品经济的发展，来自于产品生产的创新，来自于农业生产规模的扩大。政府切不可把农村市场中介组织的建立和发展作为政府部门的政绩，那样便会不顾农村市场中介组织的发展基础，而催生一批没有生命力的中介组织。

政府宜在农村市场中介组织立项、注册登记、用地、税收等环节给予优

惠，营造宽松的发展环境。在农村市场中介组织筹建时，政府应指导农民准备材料、填写表格，帮助其拟定农村市场中介组织章程，使农民顺利领到农村市场中介组织营业执照。同时，认真贯彻落实对农村市场中介组织免收登记费、行政管理费等优惠政策，大力扶持、培育各类农村市场中介组织。对于各地发展农村市场中介组织的成功经验，应打破地区之间的行政限制，通过电子政务等形式实现政府之间广泛的信息交流，切实做到经验共享。

在区域产业政策制定上，政府要适当向农村市场中介组织倾斜。同时鼓励和支持农村市场中介组织参与农业和农村建设项目，农村市场中介组织为项目实施主体，可以承担农业产业化、扶贫开发、农业科技入户工程等项目。农村市场中介组织承担这些项目，既可以加快农村市场中介组织自身的发展壮大，同时也可以利用农村市场中介组织自身的优势推动农村经济的发展。

（二）财政支持

美国约翰—霍普金斯大学的萨拉蒙教授主持的全球非营利组织比较研究项目通过对全球四十多个国家进行的比较研究发现，绝大多数国家的非营利部门都得到政府的资金支持。政府提供资金占非营利组织运作经费的比重，全世界平均30%左右，而欧洲许多国家高达50%～60%，有些国家甚至高达80%。[①] 如美国，政府拨款和政府合同是服务性非营利组织收入的一个重要来源。1980年，美国联邦政府对非营利组织的直接资助高达410亿美元，相当于非营利组织总收入的35%。此外，州及州以下政府还资助非营利组织80亿至100亿美元，而同年非营利组织从私人、公司、基金会募集到的捐款一共只有268亿美元。[②] 这就说明，作为非营利组织中一员的农村市场中介组织的发展必须要有政府的支持，要有相当一部分资金来自国家财政，政府也可以设立农村市场中介组织发展基金，每年从财政支农资金中列出专项资金集中为农村市场中介组织服务。这是发展农村市场中介组织非常重要

[①] ［美］莱斯特·M. 萨拉蒙等：《全球公民社会——非营利部门视界》，社会科学文献出版社2002年版，第122、205、284页。

[②] 吴锦良：《政府改革与第三部门的发展》，中国社会科学出版社2001年版，第371页。

的条件之一。

政府在对农村市场中介组织进行财政支持时，应着力做好三个方面的工作：提高支持资金的投入量，确保支持资金的合理分配，加强资金监管。第一，提高对支持资金的投入总量，在坚持集中财力、保证重点原则基础上，扩大财政支持范围、支持对象，提高支持力度。第二，改革资金分配方法，采取资金分配与项目效益及资金管理情况挂钩的办法，使财政支持的项目切实在农村市场中介组织的基础性、关键性环节上落实并取得效益。第三，加强对支持资金的监管。为避免地方和基层财政部门挤占、截留、挪用项目资金，政府要增强财政支农资金安排、使用过程的透明度，农村市场中介组织应自觉接受专业审计和群众监督，杜绝违法乱纪现象。

（三）税收、信贷支持

政府要通过减税、低税、免税、税收回扣等税收优惠支持农村市场中介组织的发展。发达国家在这方面的做法值得我们借鉴，美国在19世纪末就已经免除了农业合作社的全部税赋。根据我国当前的实际情况，对农村市场中介组织经营原始农产品或初级加工品，政府应该视同农民经营征税，对分配给农户的股息、红利及其他收入应该免征所得税。当前，在我国现行税收制度中对农村市场中介组织在营业税、增值税、耕地占用税等方面的优惠有很大空间，我国可以参照国际经验依据本国国情考虑税收优惠的具体标准。

信贷支持对于农村市场中介组织的成长也至关重要，发展对农民的生产性资金服务，除了要关注产业和项目的选择外，还要探索新的金融服务途径。其中发展新的金融组织、建立信贷金融机构是一个重要的方向。可以由政府发起建立农村市场中介组织信用担保公司，同时在农村市场中介组织内部建立信用联保机制，进而依托农村市场中介组织的发展建立农村金融机构，全面开展信贷和资金服务业务。政府除了可以通过提供无息贷款、低息贷款、减息贷款、长期贷款等优惠贷款为农村市场中介组织提供金融服务之外，农村信贷支持的形式创新同样重要。在开展信贷支持的形式创新方面，山东省滕州市的经验值得借鉴。由滕州市农村合作经济组织联合会牵头，依据《公司法》及其他有关法律、行政法规的规定，合资组建滕州市农合信用担保有限责任公司，注册资金 500 万元，该担保公司于 2005 年 10 月 12 日正式成立。担保公司的主要业务是为滕州市农村市场中介组织及其成员在项目引进、农副产品购销、加工及生产经营等方面所需的流动资金小额贷款提供担保服务。根据农村市场中介组织所从事的行业性质、生产经营规模和个人资信情况等，分别确定相应档次的担保额度。目前其担保业务形式主要有两种，一种是单笔担保贷款，即一个客户向银行提出申请；另一种是授信担保贷款，即对合作经济组织成员集中授信，每年办理一次授信担保手续，发放担保授信证，成员之间相互担保。单笔担保贷款额度一般不超过 30 万元，授信担保贷款额度一般不超过 3 万元。为了降低风险，担保公司制定了反担保措施，即担保贷款对象应向市农合担保公司提供第三方信用保证，需要 3 户以上，保证人应该具备规定的资格和条件，同时还要进行资产抵押。滕州市信用担保公司成立后，信贷担保业务进展顺利。截至 2006 年 6 月底，滕州市农合信用担保有限责任公司共受理担保贷款申请客户 55 家，涉及金额 306 万元。[①]

（四）立法支持

在当前我国的法律体系下，政府颁布了很多农业方面的法规，尤其是 2007 年 7 月 1 日起施行的《农民专业合作社法》，为农村市场中介组织的发展提供了坚实的制度保障，对农村市场中介组织的经营行为给予了规范和引导。但直到目前为止，与《农民专业合作社法》相配套的法律体系还不是很完善，《农民专业合作社法》某些条文还未做到具体化，相关的配套法律体系并未起到进一步补充、明确《农民专业合作社法》和规范、指导农村市场中介组织运行的现实作用。以上问题在很大程度上制约了农村市场中介组织公平参与市场活动的积极性和竞争力，也导致其发展面临以下问题：①农村市场中介组织获得资金支持仍有难度。大多数农村市场中介组织只能从事信息和技术服务等简单业务，由于缺乏资金使得自身业务拓展能力受到

---

① 韩俊、秦中春、王西玉：《发展农村合作金融是供销社改革的重要探索》，载《调查研究报告》2006 年第 2 期。

很大制约，存在严重的"规模不经济"，从而抑制了农村市场中介组织自身的发展和壮大。②我国农民在国际交往中处于不利地位。尤其在国际农产品贸易摩擦中，没有取得独立法律行为能力的农村市场中介组织无权起诉国外的不正当竞争行为，也无权应诉国外反倾销调查。而单个农户普遍存在的"搭便车"动机和机会主义倾向，使他们在国际交往中很难保护自己。③农村市场中介组织由于缺乏系统的法律保障，往往寻求政府或其他社会力量的保护，而政府职能部门的体制往往不够健全，其他社会力量也比较分散，农村市场中介组织很难得到强有力的保护。

为此，政府应加快与农村市场中介组织相关的法律体系的建立，把农村市场中介组织的建设纳入法制化轨道，建立健全有关中介组织组建、营运的法规。例如，《农民专业合作社法》没有给予金融合作社以法律地位，虽然这是因为全国的金融体制改革尚未完成，无法过早地涉及农村合作金融问题，但是农民的资金互助是农村市场中介组织服务的重要内容，将来在《农民专业合作社法》中应适时增加这方面的内容。同时，要健全监督、引导、管理机制的法规，使中介组织业务的开展和有关部门对中介组织的监管做到有法可依。农村市场中介组织的财务问题比较突出，各地农村市场中介组织尚没有统一的会计核算办法，应尽快增加对农村市场中介组织的审计内容，保证农村市场中介组织及早纳入规范。农村市场中介组织既不同于一般企业，也不同于一般社会团体，是一种比较特殊的法人主体，是一种"民办、民管、民受益"的组织。在此基础上，政府应尽快明确农村市场中介组织的主管部门、登记机关及其应采取的优惠扶持政策，各级政府及主管部门对农村市场中介组织的指导监督办法等。把农村市场中介组织的公益性和自我服务，与企业法人的营利性和社团法人的学术性、服务性区别开来，理顺管理体制，充分发挥其在整个农业和农村经济发展中的积极作用。

（五）培训与教育服务

当前我国农村市场中介组织还普遍存在着相关教育与培训不足的问题。农村市场中介组织作为经济组织，它要求农村经济主体摒弃原有的"单干"和分散的文化传统，具有良好的契约精神和高度的合作意识。然而中国农民受封建传统文化的影响，具有浓厚的"小农"意识和自给自足情结。所以，政府应当通过深入细致的合作教育工作，唤起农民的合作意识。通过相关的宣传，让农民认识到农村市场中介组织既不是原有集体经济的恢复，也不是对家庭承包责任制的否定，而是要真正提高农民在市场中的谈判地位，从而激发农民加入中介组织的积极性，培养中介组织的群众基础。然而，有些政府部门对农村市场中介组织认识不到位，没有把发展农村市场中介组织当做农村改革的一个主要环节来抓。因此，在关于农村市场中介组织的宣传与教育工作上存在不足，从而使中介组织缺乏相应的群众基础。

为此，政府应加强对农村市场中介组织的教育与培训。首先，通过深入细致的教育工作，唤起农民对农村市场中介组织的支持意识，培养农村市场中介组织的群众基础。通过政府的宣传和教育，让农民充分认识到农村市场中介组织是以农民为主体，充分尊重农民意愿，让农民加入自愿、退出自由的组织，并引导农村市场中介组织实行民主决策、民主管理和民主监督。其次，加强业务培训，引导农村市场中介组织与高等院校、职能部门开展业务培训。对各市、县、乡的农业部门主管领导、中介组织的负责人，以及从每个农村市场中介组织选取一定比例的农户成员，进行分期分批的培训。通过深入细致的教育工作，培养一批有先进管理思想、懂得如何指导农村市场中介组织发展的领导人和一批能够参与农村市场中介组织运作的农户，通过他们的切身体验和传播，使更多的基层干部和农民了解农村市场中介组织的性质、规则和功能。再次，通过典型示范的方式让农民自觉地去接受这个新事物，自愿地选择各种发展类型。农村市场中介组织通过统一对成员进行培训，统一组织标准化生产，可以极大地提高加入组织的农民的素质。同时，通过农村市场中介组织把农民组织起来，大力发展产业化经营，坚持利益共享，风险共担，既分工又合作，由于团结互助精神提高，可以有效地推进社会主义新农村建设。

（六）培养、引进人才

当前在我国农村市场中介组织的发展问题上，尊重知识、尊重人才已经形成共识，中介组织人才总量逐年增加，人才结构有所改善，人才开发也趋向多元化。但是农村经济的发展对人才工作提出了更高要求，从当前和长远看，农村市场中介组织现有人才种类、结构还不能适应农村经济发展的需要：一是人才总量不足，高层次人才匮乏。新形势下农村经济的发展要求经济增长方式由人力投入型向智能开发型、由物力消耗型向科技创新型、由资源依托型向市场导向型转变，这种增长方式不仅需要大量的普通管理人才、专业人才，更需要一批项目运营、资本运作、企业管理等方面的经营管理复合型人才，需要科技创新、技术转化、产品研发等方面的高层次专业技术人才，需要技术应用娴熟、技能工艺精湛、实践经验丰富的实用人才。从目前情况看，农村市场中介组织中拥有高级专业的技术人员、高层次人才很少，尤其是复合型人才、拔尖人才、领军人才紧缺，这已成为农村市场中介组织难以推动农村经济发展的瓶颈。二是农村市场中介组织人才流失较多，结构不尽合理。由于农村经济发展水平的制约，多年来农村市场中介组织人才流失比较突出，特别是中青年骨干人才流失较多，对农村经济发展形成一定冲击。从结构上看，懂经营、会管理、有技术、能创业的实用型人才严重不足，高级专业技术人员更少。三是农村市场中介组织人才的隐性闲置与显性短缺并存，使用效率不高。由于经费、激励机制和人文环境的制约，农村市场中介组织人才闲置和浪费现象依然不同程度地存在，导致专业技术人员缺乏强烈的创新意识和竞争进取精神。四是农村市场中介组织人才机制不活，创新力不强。人才使用不当、人才激励不力等问题仍然存在，人才作用未能得到有效发挥；人才成长与创新、创业环境还不够宽松，人才的产出效益未能达到应有水平。

针对以上问题，政府应拓展思路，创新机制，以全新的理念为经济转型提供强有力的人才服务，以下几个方面的举措值得实施：首先，以能力建设为重点，创新人才培养机制，着力实施农村市场中介组织骨干人才梯次培养措施。骨干人才具有重要的带动和影响作用，是发展的中坚力量，必须着眼长远，有计划、分层次培养一批骨干和后备人才队伍。在此基础上，要着眼于发展，加快选拔培养一定数量的、覆盖各学科或各工种的学术技术带头人、专业技术与技工骨干人才队伍，重点选拔一批拔尖人才和骨干人才充实到农村市场中介组织中，逐步培养造就一批具有创新精神和竞争能力的经营管理人才和专业技术人才。通过建立骨干人才梯次培养体系，逐步在农村市场中介组织中形成具有一定规模和较强竞争力的优秀人才群体。其次，内外联动，创新引智工作机制。引进和利用国内外智力，弥补农村市场中介组织急需的各类专业人才不足，是促进农村市场中介组织推进农村经济和社会发展的重要原动力。为适应农村经济发展的需要，要切实加大引智力度，突出重点产业、重点学科、重大项目的急需人才的引进，以优惠的措施吸引更多高层次人才到农村市场中介组织中创业。最后，以激发活力、稳定人才为目标，创新人才激励机制。人才的活力和动力来源于自身价值的体现，因此要以展示个人价值为着眼点，以稳定人才和调动人才积极性为目标，进一步强化激励机制。对专业技术人才，把按岗定酬与按绩效定酬结合起来，积极推进智力、技术等知识产权参与分配的实施进程，量化知识产权收益，按贡献取报酬，充分调动人才积极性。建立包括技能人才和乡土人才在内的优秀人才选拔表奖制度，政治上给地位，精神上给荣誉，生活上给待遇，经济上给实惠，调动人才建功立业、贡献社会的积极性，引导人才最大限度地发挥聪明才智。

三、政府对农村市场中介组织发展的引导

（一）政府在制定农村市场中介组织发展规划方面的引导作用

农村市场中介组织的发展规划，包括法律、规章、方针、政策、管理办法、管理措施等内容，政府在制定这种规划中的权力，是任何组织和企业所不具有的。

一个组织的运行和发展，不论采用何种模式和体制，都必须遵循符合经济发展规律、符合国际惯例、符合国内政治经济制度的原则，农村市场中介组织也不例外。市场经济强调政府在制定市场规划方面的主导地位和作用，否认这种主导作用则会引发经济混乱。要使所制定的发展规划能够引导农村市场中介组织顺利发展，前提条件是政府制定的规划必须符合农村经济发展的客观规律、农村社会政治经济体制和农村经济发展要求；否则，政府制定

的规划不仅不会促使农村市场中介组织的发展，反而会成为其发展的桎梏。但是在现实农村社会中，农村市场中介组织发展的不确定因素较多，加之制定规划的主体受思维、能力和方法的局限，对农村市场中介组织发展的认识、对未来农村经济发展的趋势及相关经济影响的认识都可能有一定的局限性，因而增加了制定农村市场中介组织发展规划的难度。在这些因素的影响下，必然会出现政府制定的规划在时间和地区适应性上不能完全符合中介组织发展的要求，因此政府制定的农村市场中介组织发展规划也处于一个不断修改与完善的过程之中。

强调政府在制定农村市场中介组织发展规划方面的作用，并不否定农村市场中介组织作为农村经济发展运行的重要力量，在制定具体实施细则和管理方法方面的自主权，那种把政府制定农村市场中介组织发展规划与中介组织制定具体规划相对立的观念是不正确的。作为农村市场中介组织制定的各种规划，应以政府制定的规划为准绳，在不违反原则的前提下充分发挥自身的灵活性。政府制定的农村市场中介组织发展规划，应以农村市场中介组织普遍通行的经营管理规则为基础，并留有一定余地供中介组织发挥自身灵活性。具体来说，政府制定主要和普遍适用的规划，农村市场中介组织自身制定辅助和特定条件适用的规划，两者相互配合，以促进农村市场中介组织的健康持续发展。

（二）政府在经济发展计划和预测方面对农村市场中介组织的引导作用

我们知道，计划与市场不是对立的，二者在不同的社会政治经济制度下是你中有我、我中有你的关系，即市场中有计划，计划中有市场。市场经济的最大弊端在于它的盲目性，而避免这种盲目性发生在农村市场中介组织身上，就必须通过计划与预测来校正，这正是政府引导农村市场中介组织发展的一种方式。

我们强调政府在经济发展计划和预测方面的主导作用，是因为农村市场中介组织不可能掌握整个农村市场的各种运行情况，必须依靠政府提供经济计划和经济预测，以指导农村市场中介组织制定发展战略和计划，这也是政府义不容辞的责任。政府制定的科学规划，是农村市场中介组织经营和发展的依据；政府对未来农村经济发展进行的预测，是农村市场中介组织经营和发展的一种信息和指示。政府的预测应有一定的灵活性、伸缩性和时效性，同时把指令性计划与指导性计划相结合，提高计划的可执行性。

政府做计划和预测，关键是要提高统计数据的准确性、时效性和可靠性。当前统计工作中出现的统计数据虚报等现象，严重损害了政府制定计划的可靠性。在统计数据不准确的基础上制定的计划和预测，则会导致农村市场中介组织发展的扭曲，会给农村经济发展带来危害。政府的行为具有全局性的影响，政府在对经济发展的计划和预测方面，对农村市场中介组织的发展起着至关重要的作用，是任何企业、部门、地区所不能替代的。

（三）政府在促进农村市场中介组织与农村经济协调发展中的引导作用

政府作为一种特殊的组织形式，在政治地位上与农村市场中介组织有着本质区别。农村市场中介组织是经济实体，政府除具有政治实体的根本属性外，也具有经济实体的某些特征。政府作为一个有经济利益的政治实体，每年集中 20% 的国民收入，可以对整个农村经济的发展产生重大影响，不仅影响农村经济结构、规模和发展速度，而且还影响农村经济与各经济实体间的协调与平衡，农村市场中介组织是其中之一。

政府集中的收入除部分用于国家物资储备外，其余大部分都用于当年的消费和投资，其中用于消费部分占绝大多数。政府在农村的消费倾向、投资方向，直接引导着农村经济的发展方向、规模、结构和速度，直接引导农村市场中介组织的经营发展战略和行为。政府在农村的消费和投资，已成为整个农村社会扩大再生产的重要条件，是农村社会产品价值实现、价值分配、价值运动链条中最重要的环节。如果这一环节发生问题，将会对整个国民经济的运动和发展造成不可想象的混乱。可见政府作为特殊的经济主体，在促进农村市场中介组织与农村经济健康协调发展中起主导作用。

综上所述，农村市场中介组织在农村经济发展过程中作用的发挥，需要政府积极发挥自身的引导作用。健全的农村市场中介组织需要政府正确引导，才能充分发挥自身服务于农村经济的作用，从根本上避免中介组织自身发展的盲目性。但是，政府的引导需要建立在政府对农村市场中介组织发展规律的准确把握和驾驭之上，把政府的引导与中介组织的发展规律结合起来。政府对农村市场中介组织引导的范围，应有进有退，有所为，有所不为，才能保证农村市场中介组织与农村经济的健康协调发展。

四、政府对农村市场中介组织发展的规制

对农村市场中介组织进行政府规制的基本理由有二：其一，是为了促使农村市场中介组织健康、有序地发展，更好地发挥其自身作用；其二，农村市场中介组织自身存在的某些缺陷，如治理结构不健全、违背准则等，需要借助政府的力量加以引导和规范。政府对农村市场中介组织发展的规制内容可主要采取以下两种形式：

（一）进入规制

政府对农村市场中介组织的进入规制，是指农村市场中介组织必须具备一定的条件或资格，履行了规定的注册登记手续，才能从事中介组织的各项活动。从世界范围来看，政府对农村市场中介组织的进入规制有松有紧。美国农村市场中介组织的登记程序最为简单：提交一份组织章程，说明机构名称、目标，说明不为任何私人谋利益的宗旨，向州政府登记即可，无财产额度的限制。农村市场中介组织也可自由选择是否注册，不注册的不具有法人资格，不能享受免税待遇。但在日本则不同，政府对农村市场中介组织的管制特别严格：申请设立者必须事先征得农业主管业务领域的政府机构的同意，然后接受主管省厅的严格审查方可成立。这一过程包括面谈、初审、复审等若干个繁复的程序，同时申请设立者还必须具有一定数量的资产。如果没有足够的资产，将会被拒绝。

为了引导农村产业结构的合理布局，促使农村市场中介组织成立之后规范运作，政府对欲进入农村市场中介组织体系的各类中介组织进行规范和限

制十分必要，对农村市场中介组织的进入规制还包括对其从业人员的资格认定应当严格要求等。政府对农村市场中介组织进入规制的松紧程度及其政策导向，在某种意义上可以说决定了农村市场中介组织日后的发展状况。

我国政府对于农村市场中介组织的进入规制是较为严格的。从我国的情况看，出于各种各样的考虑，我国政府迟迟没有放松对农村市场中介组织的管制，反而在许多方面实际上是人为地限制了其竞争。譬如，现行的《社会团体登记管理条例》和《民办非企业单位登记管理暂行条例》都规定，在同一行政区域内已有业务范围相同或者相似的社会团体，没有必要成立的，均不予批准，同时还规定社会团体不得设立地域性的分支机构。这些规定客观上导致了农村市场中介组织在某些区域内处于垄断地位，限制了农村市场中介组织的竞争，其结果是一些中介组织效率低下。显然此类规定应该予以打破，以促进农村市场中介组织的健康良性发展。

目前，我国农村市场中介组织还存在一个结构方面的问题，官方性质的中介组织多，通过自身努力成长起来的行业自律性、服务中介类等的组织少，许多农村市场中介组织往往成为准行政组织，与政府是一种依附关系，自身的独立性差。这种状况与政府行政管理体制具有较大相似性和关联性，因此还没有出现很严重的问题。但随着我国社会的进一步发展以及农村市场中介组织自身的成长，这种体制特征必然会引起诸多问题，在农村市场中介组织无法在正式的政府组织之外独立起作用的前提下，它们的服务、沟通、监督等作用显然会大打折扣。因此在今后一段时期，应当明确政府登记管理机关的职责，从农村市场中介组织成立之初严格把关，使得农民自发组织起来的、民办性质比较浓的农村市场中介组织顺利建立起来，从而真正服务于农民的切实需求。在制定农村市场中介组织进入政策时，在总体把关的前提下应该在社会自身成长的农村市场中介组织的发展政策上有所倾斜，最终构建一个相对成熟的农村市场中介组织系统。

（二）行为规制

如果说进入规制是对农村市场中介组织进行的资格审批，那么行为规制就意味着政府对现有的农村市场中介组织是否符合组织特性，以及能否规范开展活动进行的依法监督和检查，这是政府依法对农村市场中介组织的日常行为进行有效规范和监督的一个重要实现途径。

行为规制的具体途径包括年度检查、重大活动报告制度的建立等。①重大活动、特殊活动的报告制度。一般来说，政府部门对农村市场中介组织自主开展的活动应当给予允许和鼓励，特别是农村市场中介组织的一些跨地区、跨领域的重大活动或者特殊活动，对法律法规允许的、有利于推动农村经济发展、产生良好社会效益的活动，各业务主管部门要加以鼓励和支持。在这期间，政府部门始终处于引导者和监督者的地位。对于农村市场中介组织本身来说，要增加自身活动的透明度，增强自身的社会公信力。在建立报告制度的过程中，政府应该发挥自身法律制定者的专业优势对其进行规范。例如，应该建立向登记机关、监督机关以及社会公众等的报告制度等，使农村市场中介组织的行为始终处于政府与公众的监督之下。②年度检查和评估。农村市场中介组织的年度检查是指登记管理机关对农村市场中介组织执行法律法规情况、组织机构设置、财务收支以及资产等方面的状况进行年度审核，以确认其是否具有继续开展活动资格的行政执法行为。从世界各国的经验来看，有关法律都会规定登记管理机关对中介组织实行年度检查的制度。登记管理机关通过年检活动，监督农村市场中介组织积极履行章程所规定的宗旨、任务，同时及时制止和纠正少数农村市场中介组织与法律相背离的行为。

此外，政府是农村市场中介组织行为的监督者和引导者，从世界各国的经验来看，当农村市场中介组织的目的或行为违反法律、公共秩序或善良风俗时，可依据法律法规将其撤销或者命令其解散等。其中包括农村市场中介组织在日常活动中，超出业务范围进行活动，滥用特许权牟取私利，从事有悖于社会公共利益或社会公德的活动，危害国家利益和国家安全，或者违反登记管理条例的规定的。我国《农民专业合作社法》规定，农村市场中介组织可在以下四种情况下解散：章程规定的解散事由出现；成员大会决议解散；因合并或者分立需要解散；依法被吊销营业执照或者被撤销。政府依法对农村市场中介组织进行规制不仅仅是指依法对农村市场中介组织的存在和发展进行限制和约束，还包括对农村市场中介组织行为的鼓励和促进。由于农村市场中介组织具有非营利性和公益性，所以可以主要通过税收上的优惠政策对农村市场中介组织的积极方面进行鼓励和促进，以更好地发挥其提供公共物品、保障农村社会公益的"替代效应"，这也是一种国际惯例。我国《农民专业合作社法》规定，农村市场中介组织享受国家规定的对农业生产、加工、流通、服务和其他涉农经济活动相应的税收优惠，支持农村市场中介组织发展的其他税收优惠政策，由国务院规定。政府可通过税收政策及税收手段的法律化，对农村市场中介组织进行审时度势的调节，根据其活动是否符合法律和政策的要求，进行积极的鼓励、促进或消极的限制、禁止，从而规范农村市场中介组织的活动。

目前，我国对农村市场中介组织加以行为规制的法律体系尚不健全，《农民专业合作社法》对农村市场中介组织的规定也有许多空白之处，与农村市场中介组织相关的法律体系还没得到完善。因此，这对许多中介组织而言，在许多方面还难以正确把握自己的地位和发挥应有的作用。同时，这也给农村市场中介组织的发展带来一些随意性、盲目性，一些农村市场中介组织凭借权力实行事务垄断，导致缺乏规范现象的发生。因此，要抓紧制定有关农村市场中介组织的各种法规和制度，构建农村市场中介组织的法律体系，从法律上和制度上规范农村市场中介组织的职能及行为，以便使其运作尽快走上规范化道路，使之在发展农村经济中发挥更大的作用。

第七章　中国农村市场中介组织发展实践

　　让农民富裕起来，提高农民生活水平，缩小城乡差别，这是中国农村改革的根本目标。很显然，无论是政府层面制定的农村改革战略，还是农民在改革中摸索的实践经验都明确了一点，即必须发展能够代表农民利益、带领农民进入市场的中介组织，才能使中国农民组织起来，并利用组织的资源、活力和创造力，在现代化开放市场条件下成功地参与竞争，从经济增长中获益。中国的农村市场中介组织发展就是在改革的大背景下农民和各方力量集体智慧的结晶。

一、农村市场中介组织的发展轨迹

（一）我国农村市场中介组织产生的历史背景

　　1. 农村联产承包责任制改革极大释放了农村生产力。农产品生产快速发展，农产品流通体制随之出现了较大的变化，然而农产品流通渠道并不畅通，导致"卖难"、"买难"现象交替出现，农民开始认识到市场的巨大风险。改革开放以前，我国农业经济基本上是自给自足的小农生产，少量农产品剩余进入市场流通，流通的主要渠道有两个：一个是国营商业渠道，又分为两块，一块是国营粮食系统，主要从事粮油食品收购、储运、加工、销售；另一块是国营副食系统，主要从事蔬菜、水产肉禽等鲜活产品的购销。供销合作社是另一个农产品流通主渠道，其下设若干专业公司，主要从事农用生产资料的供应，以及棉麻、羊毛、茶叶等农副、畜牧、土特产的收购、储运、初加工和销售。从 20 世纪 80 年代开始，我国经济体制逐步由计划经济转向社会主义市场经济，在此期间，农业商品生产规模迅速扩大，计划流通的比重日益缩小。从 1983 年至 1993 年的 10 年间，我国发生了三次大的农产品流通"卖难""买难"现象，严重打击了农民的生产积极性。

（1）1982～1984 年的农产品"卖难"。当时的农村经济体制改革刚刚起步，家庭联产承包责任制的实施使农业生产由集体统一经营转向家庭自主经营。部分农产品流通逐步退出统、派购序列，流通渠道也从国合企业单一渠道转向多渠道自由流通。但是随着农民家庭自主经营范围的扩大，部分退出统、派购序列的农产品总量迅速上升，而销售渠道不够畅通，导致了第一次农产品"卖难"现象的发生。这次卖难从种类看，既有粮、棉、油等统购产品，又有麻、茶、药材等派购物品，还有更多的三类农副土特产品；从地区看，从西北到东南，从内地到沿海，几乎到处都有，许多地方出现了农民砍茶树的现象。

（2）1985～1988 年的农产品"买难"。1985 年，全国取消了实施 30 年之久的农产品统购统销制度，代之以对少数农产品（粮食、棉花等）实行国家定购制度，定购任务以外的农产品基本上都放开经营。在这期间，一些后放开市场的农产品，特别是与乡镇企业发展有着密切联系的纺织原料类农产品，出现了大范围的供不应求和抢购现象。这次"买难"，就品种而言，有资料可查的有 15 种，既有粮、禽、油料、生猪、鸡蛋、板栗等农副产品，又有棉花、蚕茧、羊毛、兔毛、苎麻等纺织工业原料，也有甘蔗、烟叶等轻工原料，还有苹果、茶叶、辣椒干、蒜片等果菜类土特产品。就其范围来说，有涉及一两个省、一两个地区局部性的买难，也有不少是全国性的，涉及主要产区和大半个中国。

（3）1989～1992 年的农产品"卖难"。1985～1988 年间的农产品"买难"使许多农民看到了生产的重要性，在没有市场预测及组织协调的情况下，开始盲目扩大生产，1990 年粮食增产，农业增收，这些产品市场出现饱和现象，加工、流通、库存积压现象严重，于是新一轮的农产品卖难现象发生。

农产品"卖难"、"买难"现象交替出现严重挫伤了农民生产的积极性，对农业生产的危害也很大。首先，"卖难"、"买难"现象交替出现，农产品价格暴涨暴跌，生产陡升陡降，使农民从事农业生产缺乏安全感，甚至出现恐慌，感到无所适从，不知道生产什么好。其次，农产品"卖难"时，商品供给极大丰富，容易出现"谷贱伤农"；农产品"买难"时，农产品涨价带来的好处基本被流通环节所占据，农民的有限获利，也被农业生产资料涨价所抵消。再次，农产品价格大起大落或此起彼落严重破坏了农业中各项产品和农村各业间合理协调发展，甚至顾此失彼，互相排挤。最后，农产品"卖难"、"买难"现象交替出现，对生产和资源造成破坏，使农业的可持续发展受到很大影响。[①]

独立经营的农民在生产上得心应手之后，面对瞬息变化的大市场却显得无能为力，与市场对接的困难让农民认识到小规模分散经营的弱势，必须组织起来，依靠有利的经营规模获取有利的市场地位。农村市场中介组织在这样的背景下开始萌芽并生长。

2. 新旧体制交替，呼唤新的组织制度与之相匹配。1984年党的十二届三中全会《关于经济体制改革的决定》中，第一次明确提出：社会主义经济是在公有制基础上的有计划的商品经济，这就摒弃了长期视商品经济为社会主义异己力量的传统观念，这一论断也规定了我国商品流通体制改革在这一阶段的根本方向，是把过去那种与有计划产品经济相适应的旧的商品流通体制改革成与有计划商品经济相适应的新的商品流通体制。在新旧体制交替的过程中，许多旧的意识、制度依然阻碍着农产品的正常流通，农民和市场都需要通过组织创新来改善这种不正常的状况，主要表现为以下几个方面：

第一，旧有的统购派购、统销包销的购销关系被打破，而新型稳定的购销关系尚未形成。农商之间、农工之间、产销之间原有的购销关系，因改革统购包销制度而被打破，但新型、稳定的购销关系尚未建立起来，从而造成新的产销脱节。而且这些年供销社的改革没有取得突破性进展，仍以"准官办"形式运营，农民直接进入流通领域障碍重重。供求不均衡导致一些非正常化购销活动存在于流通领域，造成农产品流通状况混乱的局面，流通环节人为增多，使农业生产者与消费者的利益严重受损。

---

① 纪良纲等著：《农产品流通中介组织研究》，中国商业出版社1998年版，第25~43页。

第二，农村市场软、硬件建设滞后，农民与市场对接困难重重。基础设施建设滞后，交通不便，运输工具落后，使农民进入市场面临很多困难，农产品商品化程度不高。另外，期货市场、拍卖市场尚未发育完全，农民进入市场的途径少，大量农产品积压，导致农民经济利益受损。市场的制度化、法制化、规范化建设相对滞后，也使得许多地方的农村市场发展呈无序状态，农民与市场对接困难重重。

第三，计划经济体制造成的影响未从根本上消除，商品流通领域政出多门，不按照经济规律办事，过于注重地方利益和部门利益，甚至以权代法，对农产品的正常流通通过行政手段横加干涉，严重影响市场功能的发挥。总之，在新旧体制交替过程中，只有通过组织制度的创新，为新体制注入新的活力，才能实现农村经济的快速增长和农民利益不受损失。

（二）我国农村市场中介组织的发展轨迹

我国的农村市场中介组织经历了二十多年的风风雨雨，由最初的萌芽阶段，逐步向种类多样化、组织规模化、服务全面化方向发展，努力成为联结市场与农户的有效组织。不论从发展规模、服务方式看，还是从为农民带来的好处看，农村市场中介组织始终是成长、壮大的，中介作用也日益增强，农村市场中介组织的发展轨迹从萌芽到现在可以归纳为四个阶段。

1. 萌芽阶段（1978～1984 年）

党的十一届三中全会之后，农民生产积极性空前高涨。随着农业生产的发展，生产力水平急剧提高，农民在解决了温饱问题之后，迫切的希望通过农产品商业化走向致富道路，但由于国内流通大环境的限制和农民自身能力有限，他们只能寻求一种中介服务，带领自己进入市场，农村市场中介组织就是在这样的情况下萌芽的。1978 年至 1984 年，我国政府对于农村商品流通方面的一些政策，也为农村市场中介组织的萌芽提供了制度保证。当时农村集贸市场、贸易货栈都充当联结将农产品由生产领域转移到消费领域的重要角色，我们说它们是农村市场中介组织的雏形。

1979 年 2 月 4 日至 3 月 12 日在北京召开的工商行政管理局长会议提出，要改善对农村集市贸易和城市农副产品市场的管理，有领导地开放这类市场，纠正管理过死的倾向，贯彻"管而不死、活而不乱"的原则。1980年3月1日报道，我国农村集市已有36000多个。1980年4月1日，工商行政管理总局发出《进一步发展集市贸易和城乡农副产品市场，加强统一管理，搞好市场建设的通知》，以约束农村集市的经营。1983年2月5日国务院发布关于《城乡集市贸易管理办法》的通知，指出城乡集市贸易是我国社会主义统一市场的组成部分，它有促进农副业生产发展，活跃城乡经济，便利群众生活，补充国营商业不足的积极作用。城乡集市贸易的管理，应当在国家计划指导下，充分发挥市场调节的辅助作用，坚持"活而不乱、管而不死"的原则。国家通过这一系列文件对农村集贸市场的发展进行了规范，这也是我国农村专业市场发展的萌芽。

国家对于贸易货栈的关注始于1980年2月，供销合作总社发出《关于加强贸易货栈工作的通知》，明确供销社贸易货栈是社会主义全民所有制的商业企业。1981年6月20日，供销合作总社印发《供销社贸易货栈管理试行办法》，指出贸易货栈是居间性，服务性的全民所有制社会主义商业，主要从事商业劳务活动，并明确了贸易货栈的主要职能。

除此之外，1982年中央1号文件《纪要》中"关于改善农村商品流通"部分提出的积极开展农副产品的就地加工、产品精选和综合利用也可称之为一体化组织的萌芽。1983年中央1号文件《当前农村经济政策的若干问题》中提到，"对关系国计民生的少数重要农产品，继续实行统购派购，对农民完成统派购任务后产品和非统派购产品，应当允许多渠道经营。国营商业要积极开展议购议销业务，参与市场调节。供销社和农村其他合作商业组织，可以灵活购销"。

2. 快速发展阶段（1985～1990年）

进入20世纪80年代中期，农业生产取得了可喜的成就，商品经济日益深入人心，农产品的商品率大大提高，农民与市场联结的要求也越来越迫切。1985年1月1日，中央1号文件《关于进一步活跃农村经济的十项政策》决定改革农产品统派购制度。取消统购派购以后，农产品不再受原来经营分工的限制，实行多渠道直线流通。1985年中央5号文件指出"农民组织起来进入流通，完善自我服务，开展各方面的对话，反映了农村商品经济发展的客观要求和必然趋势"。在这样的政策引导下，把农民组织起来闯市场，农村市场中介组织快速发展起来，这一阶段更能代表农民利益的农民协会、专业合作社相继出现，但组织的规模化还未形成，中介作用的发挥还有待进一步开发。这一阶段，政府出台了一些鼓励发展农村专业市场、期货市场、农民专业合作社、一体化组织的文件，对当时农村市场中介组织的快速发展起到了促进作用。

1985 年 12 月 5 日至 21 日，党中央、国务院召开的全国农村工作会议上指出，在流通领域要解放思想，勇于探索，增加一些新的渠道、新的商业形式、新的商社，从各方面解决流通不畅问题。要尝试办一些跨地区和部门的农商结合和农工商结合的新型商业企业。1986 年 11 月 8 日至 12 日党中央召开的农村工作会议，田纪云副总理在其《坚持改革、促进农村经济持续稳步发展》的讲话中指出：供销合作社要实行综合经营，在生产、生活资料供应、技术指导、信息、收购、加工等环节与农民发展多种形式的联合，结成经济利益共同体，还可与农民合股办各种事业。1987 年 6 月 10 日，国务院批转国家体改委、商业部、财政部《关于深化供销合作社体制改革的意见》指出，要把供销合作社真正办成农民的合作商业组织；继续完善为农村商品生产服务的合作商业组织；继续完善为农村商品生产服务体系；发展横向经济联合，改革经营体制；积极推进经营责任制，改革管理制度；健全社章社法，坚持民主管理制度等内容。这一时期的供销合作社在某种程度上也发挥着联结农户与市场的中介作用。1988 年 2 月 27 日，国务院批转国家体改委《关于 1988 年深化经济体制改革总体方案》中的《关于商业体制改革》指出，进一步深化商业体制改革，发展和完善消费品市场，主要是进一步发展各种形式的联合，逐步建立一批跨行业、跨部门、跨地区和跨所有制的大型企业集团和综合商社；要逐步建立和发展期货市场，完善市场行政法规，加强对市场和社会商业的管理。

3. 深入发展阶段（1991~1998 年）

进入 20 世纪 90 年代以后，国家将农业这个关系国计民生的基础产业在国民经济发展中的作用提到前所未有的高度。这个阶段农村专业市场已发展的较为成熟。1991 年 2 月 15 日全国性的玉米批发交易市场在长春市建成。1991 年 10 月 25 日第一个国家级、面向全国开放的肉类产品专业批发市场——成都肉类产品中央批发市场在四川省成都市开办，市场实行开放性的会员制，交易方式以现货为主，允许开办远期合同和会员代购代销业务，待条件成熟后还将开办期货交易，之后又相继出台了一些加强农村专业市场管理的政策、意见，加强了对农村专业市场的法规建设和监督管理，完善交易规则，反对不正当竞争，促进各类市场规范化，保持良好的流通秩序。

为了保障农业的快速、稳步发展，国家通过各种政策努力培育新型的生产经营组织，如一体化经营组织，同时也对农民专业合作社和农民专业协会的规范发展提出指导性意见。1991 年 9 月 2 日，商业部发出关于印发《专业合作社示范章程（试行）》、《专业协会示范章程（试行）》的通知，开始对农村市场中介组织实施制度化管理。1991 年 11 月 15 日，国务院发出通知要求各地采取有力措施，进一步搞活农产品流通，要求积极发展产销一体化经营组织，逐步建立和完善以批发市场为中心的农产品市场体系。1992 年 8 月 1 日，商业部副部长白美清在全国粮贸工作会议上指出，粮贸公司要向经济实体转变，要向经纪行、经纪公司发展。有条件的地方应建立经济联合体，进而发展成集团公司。以市场为导向，组织发展以流通为重点的工、贸、农一体化服务体系。1993 年 9 月 18 日，中央农村工作会议指出，要通过服务体系联结千家万户，使农户分散的小规模经营与日益发育的市场紧密联系起来，促进农业向商品化、专业化、现代化发展；要围绕农村专业性的商品生产，继续推行和完善贸工农一体化、产供销一条龙的经营形式；要建立公平竞争、开放有序和城乡统一的市场体系，形成大流通的新体制。总体来看，这一时期国家对于农村市场中介组织的发展主要是采取扶植、培育态度，同时也对其发展的规范性提出指导意见。

4. 逐步规范阶段（1999 年至今）

到 20 世纪末，我国的农村市场中介组织无论在数量上还是分布地域上都已经形成星星之火之势，但从其组建程序、组织形式、利益联结方式以及中介能力来看，还没有实现规范化发展。因此，这一阶段国家对于农村市场的开拓非常重视，对于农村市场中介组织的政策倾向于规范其发展，提高其中介能力方面。

1999 年 1 月，国家经贸委要求严格控制各地新建商品批发市场，今后未经国务院批准，新建市场名称不得冠以"中国"、"中华"、"全国"、"国家"等字样，这说明，国家对于市场的发展已走上制度化轨道，约束其规范发展。2001 年 4 月 11 日，中国商业联合会会长何济海宣布，经过重新组建的中国商业联合会成为国家经贸委直接管理的具有社团法人资格的全国综合性行业组织，并接受委托代管 40 家行业协会，由国家设置专门的行政机构管理行业协会的发展，可以看出国家对于行业协会规范发展的重视程度。2001 年 12 月 11 日，中国正式加入世界贸易组织，外贸经营权逐步放开，享有自营进出口权，国内农产品能够便利地直接参与国际市场竞争。农村市场中介组织在组织农民开拓国外市场方面又发挥着巨大的中介作用，政府引导其朝着国际化方向发展。2004 年中央 1 号文件明确指出，要"鼓励发展各类农产品专业合作组织、购销大户和农民经纪人。积极推进有关农民专业合作组织的立法工作。从 2004 年起，中央和地方要安排专门资金，支持农民专业合作组织开展信息、技术、培训、质量标准与认证、市场营销等服务"。为了减轻农民合作社的负担，《中共中央、国务院关于进一步加强农村工作　提高农业综合生产能力若干政策的意见》，（中发［2005］1 号）提出，支持农民专业合作组织发展，对专业合作组织及其所办加工、流通实体适当减免有关税费。为了给农民合作社营造更好的发展氛围，《中共中央、国务院关于积极发展现代农业，扎实推进社会主义新农村建设的若干意见》（中发［2007］1 号）要求："大力发展农民专业合作组织。认真贯彻《农民专业合作社法》，支持农民专业合作组织加快发展。各地要加快制定推动农民专业合作社发展的实施细则，有关部门要抓紧出台具体登记办法、财务会计制度和配套支持措施。要采取有利于农民专业合作组织发展的税收和金融政策，增加农民专业合作社建设示范项目资金规模，着力支持农民专业合作组织开展市场营销、信息服务、技术培训、农产品加工储藏和农资采购经营。"

总之，现阶段我国的农村市场中介组织发展已经成为一种联结农户与市场的有效组织方式，各级政府对其发展均采取鼓励、扶植、培育的态度。

二、农村市场中介组织发展的基本特点

从我国农村市场中介组织产生的背景来看，这一组织创新过程是农民对

土地承包制度改革所带来的潜在利润的追求过程，因为阻止农民获益的最主要障碍就是与市场衔接不畅，所以，所有能克服这一障碍的创新行为都必然受到农民的欢迎。总的来看，我国农村市场中介组织创新行为表现出以下一些特点：

（一）组织形式多样化

改革开放初期的农村市场中介组织仅有农民经纪人、贸易货栈两种形式，这些组织都是自发形成的，在旧有的组织基础上从事些中介服务活动，活动范围十分有限，活动能力也不强，只能单纯地为农民手中剩余的农产品寻找出路，还不能通过市场信息指导农民生产。我国地域辽阔，农村人口占绝大多数，农业生产地域性差异大，各地特色农产品不同的现状，导致农村市场中介组织的组织形式必然多种多样。目前，在我国农村，农村经纪人、农产品拍卖商、农民专业协会、农民合作社、一体化组织和农村专业市场等都充当着农村市场中介组织这一重要角色。

农村经纪人是农村市场中介组织最早的存在形式，是在农村经济活动中，为促成农村生产的商品交易，而从事咨询、中介（居间）、代理、行纪以及产品运销等经营服务，并获取不同形式收益的自然人、法人和其他经济组织。它以对农户与其他交易主体提供代理、中介、行纪等居间服务为主要活动内容并可能附带有直接商品交易。农村经纪人的经纪活动基本覆盖了包括粮食、棉花、油料、蔬菜、水果、苗木、牲畜、水产、家禽以及药材、茶叶、香菇、木耳等所有的农产品。

农产品拍卖商将农产品集中在一起，竞价销售，按照"公开、公平、公正、价高者得"的原则，依赖一套严密的组织和管理制度，降低了市场主体搜寻、谈判、监督等交易成本，提高了交易效率。通过农产品拍卖商的中介作用，可以实现农产品供给者和需求者的双赢。1997年6月28日开业的深圳市福田农产品批发市场有限公司投入资金3.5亿元，开创我国农产品拍卖先河。

农民专业协会成立的目的是为农民提供各种生产经营服务，一般是由从事某一专业生产的农户组成，围绕本专业开展产前、产中、产后的服务活动。农民专业协会从类型上看，有生产经营类的，有从事产前、产中、产后服务类的，还有专业技术协会或研究会等。它的出现在提高农民组织化程度，保护农民利益，联系科研院所，引进转化科研成果，联合购销，取得规模优势等方面发挥了重要作用。我国出现最早的农民专业技术协会是1980年前后安徽天长县的"农民科学种田技术协会"和四川郫县的"养蜂协会"。

农民合作社是从事同类产品生产经营的农户自愿组织起来，在技术、资金、信息、购销、加工、储运等环节实行自我管理、自我服务、自我发展，以提高竞争能力、增加成员收入为目的的农村市场中介组织。农民合作社在提供生产资料，保障农户生产，推广科学技术，降低生产成本，统一销售产品，规避市场风险方面的作用不可忽视。我国最早的农民专业合作社是1994年山西以日本农协为榜样，在定襄、临汾等县市开展的专业合作社试点。

一体化组织在高度发达的基础设施建设基础上，将农用物资的生产和供应，农业生产，农产品收购、储运、加工、包装、销售等各个环节通过某种契约方式联结成一个统一的农工商综合体，主要包含"公司＋农户"、"公司＋生产基地＋农户"两种形式，主要通过纵向延伸产业链和横向联合，全面发挥中介服务作用。1993年前后，山东潍坊提出了"农业产业化发展"的思路，河南信阳提出一体化经营的思想，"公司＋农户"的一体化组织开始出现。

农村专业市场是指在农村地域范围内形成的有固定交易场所，以一种（类）或几种（类）具有连带性的商品为主要交易内容，以批发为主要交易方式的专业性产品市场。它主要通过商品集散，充当生产者和消费者的桥梁；通过价格形成，引导生产和消费；通过信息集散，保障交易双方利益，以达到农产品由生产领域向消费领域的顺利转移。

农村市场中介组织形式的多元化充分体现了农民在不断探索中谋求发展的特征。我国在农村经济市场化发展方面是后来者，有很多发达国家的经验可以借鉴，但究竟什么样的形式最适合我们还需要实践来检验；同时，不同的生产传统和经验、不同的原有组织资源，以及不同的农产品种类等因素都会使农民在选择最便利、成本最低的创新途径上呈现出多元化倾向。

（二）农村能人、大户发挥重要作用

一般认为，农村能人或大户是指那些在农村组织并开展生产和交易等各种经营活动、以劳动或投资致富的群体。他们大多勤俭持家，吃苦耐劳，头脑灵活，精打细算，敢冒风险，自强自立；他们不满足于单纯从事粮食作物种植，开展多种经营，获取多种收入来源；他们不满足于按人额定的土地包干份额，通过与村委会及其他农户签约，租地开荒，扩大土地经营的范围，实现多元化、规模化、专业化生产，从传统农业向现代农业和非农产业转移；他们以家庭为单位或合作合伙，开展农产品加工、运输、营销服务等延伸业务，开展多种形式的非农产业的经营活动；他们以本地资源与外来资本合作；他们走进外部世界承接订单，组织资源为市场生产商品而不是自给自足；他们或雇用自己，或雇用家庭成员，或雇用乡里村邻的劳动力，支付小时或日工资；他们生产使用的部分土地具有租金，隐含在他们产品的成本中。总之，农村能人是中国农村村域经济发展的带头人。[①]

中国大部分普通农民承担风险的心理和经济能力较弱，在没有眼见为实的成功经验和收获把握前，一般不轻易投入资源（资金和土地等）。向他们眼中的能人讨教或者直接效仿，是中国农民简单实用和有效的学习机制。因此农村能人和大户常常是广大普通农民学习并实践新知识的示范者。在谋求小生产与大市场对接的组织创新过程中，农村的能人和大户在担当经纪人、领办协会或合作社，组建一体化组织等方面表现突出，他们本身的成功最具说服力，农民愿意跟随他们，也相信他们。

根据洪明祥的调查，湖南常德市一批以流通、农机服务为主的服务大户产前抓信息、跑订单，产中抓技术服务、抓耕整收割，产后抓营销，成为农村社会化服务体系中的骨干力量。全市仅从事农产品流通服务的专业人员就多达 2 万余名，其中年经营额在 100 万元以上的 1370 名。这些大户很好地将农户与市场衔接起来。可以说，在一些地方，是一些大户构成了市场的框

---

① 符钢战、韦振煜、黄荣贵：《农村能人与农村发展》，载《中国农村经济》2007 年第 3 期。

架，在某些时候，大户的作用超过了传统集市的作用。①

从山东、河北两省的农村市场中介组织看，能人、大户领办型的中介组织形式所占比重较大，即农业大户参加，农民中的能人牵头创建。它的特点是一般由政府牵线搭桥，依托能人大户的技术和管理经验及资金、销售网点优势，组织挂靠某一能人大户。除这种形式之外，还有农业大户或农村能人围绕某一产业或产品，自发组建"合作社（协会）＋农户＋基地"形式的中介组织。其特点是：利用各自的土地种植或养殖同一品种，采取以土地、劳力、资金入股，按股分红，实现决策民主化、风险共担的紧密合作组织。

能人大户领办或加盟农村市场中介组织，聚集了能人效应，也促使其资金、技术、信息合理流转发挥更大作用，带动了农民致富，实现了小生产与大市场的对接。

（三）从宏观到微观政府都有较高程度介入

在我国农村市场中介组织发展过程中，一个最突出的特点就是政府的全面介入。由于农业本身的弱质性及其在国计民生上的重大地位，几乎所有政府都会对农业和农民问题给予高度的重视，比如日本农协的发展就离不开政府的高度支持。与之相同的是，我国政府在改革过程中不断出台各种政策，鼓励和引导农村市场中介组织的发展。比如，早在 1983 年 1 月，中共中央就发出题为"当前农村经济政策的若干问题"的文件，指出为了适应农业生产的需要，要发展各类合作经济组织；1987 年 1 月发出的《把农村改革引向深入》规定供销社应该将生产者组织起来，按照自愿参加的原则，成立专业生产协会，按照合作经营的原则成立专业合作社；1991 年《关于农业和农村工作的通知》要求各级政府支持农民成立个人或联合服务机构；在《关于 1994 年农业和农村工作的意见》中承认了农村合股合作组织的存在；1998 年 1 月中央号召鼓励、支持并加强多种形式的合作经济活动，包括专业合作社、专业协会和其他形式的合作协会。这些具有连续性的政策给

---

① 洪明祥：《农村先进生产力的代表——湖南省常德市农村大户经济的调查与思考》，载《农业经济问题》2001 年第 3 期。

农村市场中介组织的发展提供了良好的制度环境。

所不同的是，在我国的农村市场中介组织发展过程中，政府的参与没有停留在宏观政策引导和扶持以及立法保障层面，在组织建立甚至领导人委任等微观方面也有较深程度的介入。根据 2004 年北京大学经济研究中心和中国农业政策中心为世界银行所写报告提供的数据，在 84% 的合作社所在的村中，地方官员通过发布指令、召开会议或者两种方法兼用来鼓励成立农民组织。

事实上，现阶段我国大多数农村市场中介组织中的合作社和协会等都是由基层政府或相关部门"领办"的，依托于这些部门，因此，这些部门往往不仅在名义上，而且在事实上充当了农民专业合作组织的领导人，或者指派领导人，导致不少农民专业合作组织具有浓厚的官办色彩。应该说，农民在摸索中前进的过程里，政府的积极参与加快了农民组织起来进入市场的脚步，具有一定的积极意义。但是也有一些中介组织严重政社不分，政府或者职能部门成为中介组织的"上级"，农民主体虚置，农民社员参与管理和监督写在章程中，但形同虚设。一些市场中介组织已经偏离了为农民服务的方向，成为基层政府或部门甚至某些个人的致富工具。由于农民群众没有参与决策和监督的权力，一些中介组织很快就垮掉了。根据傅晨等人对一个畜禽专业技术协会的调查显示，该协会成立于 1987 年，挂靠在镇兽医防疫检疫站，协会的会长由镇党委书记担任，常务副会长是镇兽医站站长。曾因为积极举办经济实体，开展"五包一帮"（包供应良种、包提供饲养技术、包禽畜防疫治病、包供应饲料，包解决生产资金，帮助会员推销出栏禽畜）活动卓有成效，于 1992 年被评为广东省十佳农村专业技术研究会之一，并出席全国专业技术协会经验交流会，受到表彰。但是，随着协会的壮大，基层政府和部门把协会看成是自己的实体，政社不分，产权不清，机制退化，行为目标偏离为农民服务的本来方向。由于组织制度不健全，管理人员素质不高，缺乏决策的民主程序和监督机制，致使贷款使用失误，使协会处于瘫痪状态。①

---

① 傅晨等：《农民专业合作经济组织发展实证研究》，农民专业合作社网。

（四）在发展中规范的发展路径具有中国特色

中国的改革及其所采取的方式在世界历史上都可说是独具特色，发轫于安徽小岗村的农村改革从一开始就显现了尝试与摸索的特征。改革中的新生事物不断涌现，但是伴随着新生事物带来的活力和收益，也会出现各种各样的问题，针对这些问题找到解决的方案，发扬新生事物的积极一面，抑制其消极一面，这是我们改革的整体特色，正如邓小平同志所说"发展才是硬道理"。农村市场中介组织的发展也不例外，多种类型的中介组织正是应了广大农民的迫切需求建立并发展起来的，很多的组织类型、很多的名称、很多的存在方式都是尝试和探索的结果。在农民首创之后，其助农作用的显现教育引导了更多的农民，也引起了政府的重视，从而针对其存在的问题政府开始给予了专门的帮助和引导，各种支持政策和法令的出台不断将农村市场中介组织引向规范。所以说，农村市场中介组织所走的正是一条在发展中规范的道路。

三、农村市场中介组织发展困境

（一）强政府的扶植，导致农村市场中介组织对其过分依赖

在世界各国农村市场中介组织的发展过程中，政府扶植都起到了积极的作用，有的国家直接出面组建农村市场中介组织，有的则采用间接的手段扶持农村市场中介组织的发展。我国农村市场中介组织的发展同样获得各级政府的大力支持，自党的十六届三中全会提出"支持农民按照自愿、平等的原则，发展各种形式的农村专业合作组织"后，中央和地方政府多次专门安排资金，支持农村市场中介组织开展信息、技术、培训、质量标准与认证、市场营销等服务，2004 年财政部将 5000 万元用于扶持农民专业合作社，农业部 2004 年本级预算 2000 万元专项资金用于农村专业合作社的补

贴。尽管政府对于农村市场中介组织的扶植在一定时期为其发展蹚平了道路，对其迅速发展壮大起到了一定的积极作用，但农村市场中介组织对于强政府的过分依赖也产生了一些新问题：

一方面，过分依赖强政府，导致一些农村市场中介组织竞争力丧失。有学者曾经做过调查，结果显示，绝大多数的合作社认为政府扶持对农村市场中介组织的发展非常重要，有48.6%的合作社认为，如果没有政府的扶持，合作社将难以组建和维持。① 政府不仅对合作社的发展给予优惠政策，一些相关部门还直接参与到合作社的建设中来，政府对合作社的扶持已经造成合作社对政府的过分依赖，一些合作社在这种过于亲密的关系中，也很难保持经济主体的地位。竞争是事物发展的动力源泉，没有竞争就会僵化，就会停滞乃至衰退。很多农村市场中介组织对于政府扶植的期望值过高，依赖程度过高，对自身谋求发展的愿望不强烈，长此以往，势必导致农村市场中介组织的衰败。

另一方面，过分注重"短、平、快"的扶持手段，农村市场中介组织的生命力减弱。资金扶持、税收优惠、技术援助是各国政府扶持农村市场中介组织发展的主要手段，因其扶持力度大，短期内见效快，成绩更容易凸显，被称为"短、平、快"的扶持手段。而宣传合作价值和精神、在农村市场中介组织内部培养有奉献精神的领导人、支持农村市场中介组织的教育与培训这几种政府扶持农村市场中介组织的手段与"短、平、快"的扶持手段相比，具有长期效应。我国较多采用前一类手段扶持农村市场中介组织的发展，尽管这种扶持手段显效快、力度大，但后几种扶持手段则更利于组织的健康发展和可持续发展。我国人多地少，以农户为生产单位规模小，农户数量大，农民合作意识差，文化素质不高，迫切需要从头脑上武装农民，培养具有合作精神和较高管理水平的领导者，虽然宣传、教育不能产生立竿见影的效果，但决不能忽视这项工作的重要性。纵观国际上农村市场中介组织发展比较成熟的先例，不难预见当具有合作意识和奉献精神的农民数量越来越多的时候，农村市场中介组织的发展才会有稳固的发展基础。

---

① 马彦丽：《我国农民专业合作社的制度解析》，中国社会科学出版社2007年版，第212～233页。

（二）农村市场环境改善缓慢，制约了农村市场中介组织的发展

尽管农村市场改革已经进行了很多年，农村市场环境也得到了很大改善，但由于我国地域辽阔，地区差异性大，再加上农民的组织化程度相对较低，农村市场环境还是出现了许多不尽如人意的地方，如地区间发展不平衡、竞争无序，基础设施现代化程度低，这些因素都制约了农村市场中介组织功能的全面发挥。

第一，地区间市场环境差异，导致农村市场中介组织的地区发展不平衡。我国目前的农业生产力水平很不均衡，地区间市场差异较大，在东部、东北部、东南部地区经济和科技都比较发达的地区，特别是平原地区，有形成大型专业化、机械化生产基地的基础，而西部、西北部地区和山区农业生产力则较为落后，经营方式自闭，缺乏竞争力。这种地区发展间的不均衡，导致了农村市场中介组织的地区发展不均衡。从世界范围来看，各国的农村市场中介组织中介作用的发挥都有赖于形成一个网络化的组织，上下贯通，左右连接，而生产力水平低，信息闭塞的农业落后地区难以形成这个网络。

第二，市场竞争秩序混乱，导致农村市场中介组织的整体水平难以提高。农村小规模传统的经营方式难以受到现代化流通形态的冲击，突破现有低水平经营状态的可能性也不大。农村市场竞争激烈，布局散乱，为假冒伪劣寻找流通渠道创造了条件，进一步将农村商品流通主体推入了无序流通、恶性竞争的环境之中，加上"劣币驱逐良币"效应的影响，农村市场中介组织的整体水平难以得到有效提高。

第三，农村市场基础设施现代化程度低，导致农村市场中介组织功能不能全面发挥。农村市场基础设施建设滞后是长期以来"重生产、轻流通"引发的后果，具体表现为对农村市场商流、物流、信息流三方面的支持偏弱，进而影响农村市场中介组织发挥中介作用的功能。尽管农村电网改造、村村通道路建设和现代化的通讯设施正在建设中，但其发展速度与农村市场中介组织功能得以实现的要求还有一定差距，支撑农业发展现代化运转的基础设施建设落后，使农村市场中介组织的技术创新、深加工、储运功能难以

顺利进行；农村信息化体系建设滞后，使农村市场中介组织收集到的信息不能及时与农户做到交流与回馈，制约了其信息传递功能的实现。

（三）企业化倾向成为农村市场中介组织保持其根本性质的极大挑战

在对农村市场中介组织的内涵进行界定的时候，我们强调了它的非营利性，因为，只有坚持非营利的特性，才能切实保障农户的效益不被削弱，真正实现中介组织帮助农民入市、为农民增收服务的宗旨。但是目前，不论是从组织发展的实践来看，还是从一些学者的认识来看，农村市场中介组织特别是其中的合作社发展出现的企业化倾向值得重视，因为如果合作社发展成为以营利为目的、具有现代企业制度的企业，那么它带动农户进入市场、为农服务的作用很可能受到削弱。

从国际国内的实践看，合作社类的农村市场中介组织的在经营上呈现出来的企业化倾向主要表现为以下几个方面：

（1）由非营利性转向营利性。

（2）社员资格转向不开放。传统合作社社员资格开放，进出自由。这样就带来一些弊端，使合作社的规模很不稳定，固定资产难以合理使用，降低合作社的信用程度，影响到合作社的优惠贷款。因此有些合作社对社员资格不开放。

（3）民主管理的改进。合作社规模扩大了，人数很多，社员大会很难召开，一般改成社员代表大会。随着合作社规模的扩大，业务增多了，内容复杂了，社员很难直接参与管理，一般由理事会聘请专家来进行经营管理。

（4）资本报酬的严格限制有些放松。传统合作社规定，社员投入的股金股息不高于银行存款利息，有些甚至不付利息。这样做是为了防止有些社员凭借雄厚的资本，从合作社分得很多利息，剥削他人。但是，这样就限制了合作社筹集资金。因此，有些合作社就采取股份制办法，公开发行股票。但为了保持合作社的本质，有的规定股息不得超过8%；有的规定一人拥有股金的数额不能超过股金总额的20%；有的分成 AB 股，A 股为社员股，利息有限，B 股为准社员股，利息可较高，但没有表决权，类似股份制的优先股。

（5）利润返还办法多样化。一种是按交易量多少返还利润；另一种是社员向合作社购买生产资料时可略低于市场价格，社员向合作社销售农产品时可略高于市场价格。

（6）对公共积累的处理有了改进。传统合作社规定，必须提取一定比例的公共积累，以壮大合作社经济实力。但这部分公共积累，由于产权不清，数额越多越影响社员对合作社的关心程度，甚至会脱离社员而由经营人员任意支配。因此，有些合作社把公共积累分配到社员个人账户，以明确产权关系。目前我国也有些合作社实行"分光而不吃净"，即把公共积累也分到个人名下，但个人不能取走，主要是为了解决公共积累产权不清的问题，也有合作社主张公共积累尽量少提或不提。

市场竞争的复杂和激烈程度、组织成员成分的多元化，使得农村市场中介组织在参与市场竞争过程中对其创办之初所遵循的原则和经营目标进行调整，采取一些类似公司制的做法，出现了企业化的倾向。事实上，在许多国家的合作社法律文件中，已经将合作社视为一种特殊的公司制度来对待，新一代合作社的治理结构已与公司治理结构接轨。其理由是采用通行的公司治理结构，有利于提高合作社的运营效率，同时也可以使合作社由松散型向紧密型转变。国内也有一些学者认为，在合作组织中引入现代企业制度并建立起公司（企业）法人治理结构是农民合作经济组织发展的关键。

笔者认为，农民与市场之间的樊篱是农民增收的主要障碍，在扫平这一障碍的过程中，各种有益的探索都是值得鼓励的；而且由于市场本身的复杂性以及竞争的深度和广度不断增加，各类农民组织的演化在所难免，只要是能有效实现助农增收的目标，一切创新都应尝试。不过作为农村市场中介组织而言，保持非营利性、做好中介服务是其与其他组织区别开来的根本特征，换句话说，一旦某些组织演化为以赢利为目的的企业、投资者所有的企业，那么，它也就不再属于我们所研究的农村市场中介组织的范畴。

第八章　中国农村市场中介组织的实践效果

　　农村生产经营制度的变迁与农村市场中介组织的出现展现了制度与组织在互动中共同创新的过程。制度创新的全过程通常是渐进的，包括潜在利润的识别过程，创新成本与收益的比较过程，等待潜在利润转化成现实利润的各种外生限制条件的变化过程（比如市场规模的扩大、技术环境的改变等）和新制度安排的最终形成过程。当制度安排最终以一种新的形式被创新出来以后，它仍然仅是彻底地打开了获得潜在利润的大门，而潜在利润究竟会在多大程度上得以实现，则取决于以组织为载体的一系列创新活动。如果组织创新没有能充分适应制度的改变，那么制度创新的预期收益就会大打折扣。农村市场中介组织作为一种组织创新行为，其目的就是要使农村联产承包责任制改革尽可能多地将潜在利润转化为现实利益，因而对其实践效果的分析将集中于其在多大程度上将制度变革释放的巨大生产力转化为农民的实际收益。综观二十多年来我国农村市场中介组织的实践，应该说取得了可喜的成就，本章从宏观和微观两个方面对其所取得的实践效果进行分析与评价。

一、中国农村市场中介组织的宏观实践效果分析

　　宏观实践效果分析是要考察在中国农村市场上，中介组织具有多大的规模和影响力，其作用发挥到什么程度。通过对宏观实践效果的考察可以说明农村市场中介组织发展的重要性。

（一）农村市场中介组织宏观实践效果评价依据

1. 总体数量

在农村市场发育过程中所呈现出来的问题面前，一方面农民的弱势特征比较明显，另一方面农民的创造性也得到了前所未有的激发。在制度转型的大背景下，农民为了摆脱市场中的不利地位，持续不断地进行着组织创新活动。在我国，首先是在东部沿海经济较发达地区，逐步细化的农村专业化分工，带来了较强的专业化收益预期，于是以农副产品销售加工为龙头联结千家万户的农业生产流通联合体和分工分业的各种经济组织，在一些地区开始发展，并取得了良好的效果。这种示范效应使得越来越多地区的农民认识到各种类型中介组织的能力和作用，纷纷仿效。可以说，农村市场中介组织的发展虽然有政府推动的强制性创新的特点，但更是以农民为主体的诱致性创新过程，诱致性创新因为是出自利益主体的切身需求，所以具有明显的自觉性和连续性。所以说，农村市场中介组织的数量代表了它的生命力，也在一定程度上代表了它给农村市场带来的积极变化。

2. 联合购销能力

联合购销是农村市场中介组织发挥作用的重要方式。市场中介组织的壮大，将一家一户为单位的孤立的小规模生产联合成为有组织的大规模的产品供应者，通过大量集中货源，有计划地、均衡地上市，增强了中介组织在农产品市场上的发言权、主动权，改变了生产者在市场中的不利地位。比如印度在合作社成立前，农民深受高利贷、中间商的剥削，农产品经常被压级压价，农民利益受到严重侵害。合作社成立后，合作社与农民结成利益共同体，联合销售，使农民摆脱了种种盘剥，维护了农民的切身利益。从世界各国的成功经验看，任何一个发育比较完善的农村市场中介组织体系，都有极强的销售和消化农产品的能力。日本农协为农户代办了从产品的组织、分选、加工、包装、仓储，到产品的运输、上市，以及货款回笼等全部业务，农户根本不用为产品的销路操心。农产品的销售采用委托代理制，农协只按规定收取少量的手续费。委托形式分为有条件委托、特约委托、无条件委托和委托代购四种，农户可根据自己的喜好选择合适的委托方式，但不管哪种方式，都非常方便，农协能够提供周到、完善的服务。因为不用为销路操心，农户能够安心生产。销售农产品、加工转化农产品也是美国农工商一体化组织的主要环节。从 20 世纪 20 年代开始，农场主合作社就把它的工作重点放在了农产品销售方面，为了促进农产品的销售，合作社采用了委托销售、拍卖销售、买卖基础上的销售、合伙销售以及按合同生产和合同销售双重合同制进行的销售等，并且越来越重视经营中商标、名牌战略的应用，强化消费者对农产品价值的概念，增进他们对商品质量和可信程度的信心，从而使产品在价格上得到额外的好处。在法国，流通领域的合作社办得最为成功，这些合作社涉及农产品收购、加工、销售和生产资料供应等方面，是法国农业合作社的主体。无论是农产品的出口还是国内的流通，合作社所占的比例都很高，是法国农产品流通领域的重要力量。

总之，农村市场中介组织存在的最一般意义就是解决小生产与大市场的矛盾，所以农村市场中介组织在多大的规模上组织并完成农产品的销售是对其实践效果的一个基本描述。

3. 咨询、教育与培训、转化科技成果能力

咨询、教育与培训、转化科技成果是不同类型的农村市场中介组织又一个共同的作用目标。教育培训是各国农业行业协会的一个重要服务内容。发达国家的农业行业协会都设立自己的专门培训机构，有的还创办职业学校，开办各种协会所需的课程，提高协会人员的素质。协会一般设有咨询服务机构，随时为会员服务，对于一些共性的问题，协会通过报告会的形式，进行大面积咨询，对专业性较强的问题，则采取专题的形式进行。比如，欧洲农民协会向会员提供有关政策、法律咨询及经济和技术帮助，他们邀请政府有关人员参与农民协会的活动，解释和回答农民关心的政策问题；与银行和保险公司合作，为协会会员及家庭成员提供较优惠的人身、财产和汽车保险、低息贷款等；介绍和引进国际上先进的技术；帮助农民开拓国外市场；进行技术推广等。比利时"农民联合会"的基层组织一年要组织 5 至 10 次培训，全国一年要组织 12.5 万次培训。再如在过去 20 多年中，美国大豆协会驻中国办事处举办了数以百计的技术、市场研讨会和饲养试验，出版数百种技术资料，并为中国数万农民提供直接帮助。美国大豆协会举办的专题研讨会包括饲养生猪、家禽、鱼以及饲料的生产和科学使用等专题，并专门为中

国饲料加工厂举办关于产品质量控制、工厂管理和营养学的研讨会。协会还与遍布全国的农场及饲料公司合作，进行试验，帮助解决牲畜营养学、生产手段和动物健康方面的问题。美国大豆协会通过举办大豆及其大豆产品市场研讨会，促进中国粮油贸易界和加工企业同美国粮油出口商的直接联系和交流，为扩大中美农产品贸易做出积极贡献。美国大豆协会在中国对 3000 个农场和饲料加工厂以及 1000 多个水产养殖场提供免费咨询服务，以提高其生产能力和效率。这些服务项目由美国大豆协会的技术主管及卓越的外国科学家、研究员负责实施。除指导饲养试验外，该服务还包括对畜棚设计、畜牧生产手段、饲料厂经营、营养学和牲畜健康提出建议。美国大豆协会平均每年编纂或翻译 21 份技术刊物，并免费发放。

从以上的例证可以看出，农村市场中介组织所提供的咨询、教育与培训以及科技推广的数量与质量是检验其实践效果的又一个主要因素。

4. 资金融通能力

由于农业生产的风险性和农户个体抗风险能力低，农村领域的资金融通困难始终是农业生产和经营面临的主要难题之一，为此很多国家的农村市场中介组织介入资金融通活动。比如美国农业信贷合作体系，它是由联邦土地银行、联邦中间信贷银行及生产信贷协会、合作社银行三个部分组成。美国农业信贷合作体系的三个组成部分之间既有分工又有联系。联邦土地银行主要是向农场主提供用于购买土地和修建建筑物等不动产的长期抵押贷款。联邦中间信贷银行专为生产信贷提供资金，再由生产信贷协会向农场主提供中、短期贷款，以弥补农场主流动资金的不足。合作社银行是专门向农场主合作社提供贷款的信贷机构，既提供中短期贷款，也提供用于合作社基础设施建设的长期贷款，还提供用于支持农产品出口的贷款。在农场主所得的贷款中，合作系统占有的份额越来越大。目前农业信贷合作体系提供的贷款已占全部农业贷款的 2/5 左右，包括季节性经营贷款、弥补周转金不足的中期贷款、用于基本建设的长期贷款和支持出口的贷款等四大类。荷兰的信贷合作社由农户出资建立，农户之间提供担保，为农业生产提供信贷服务。最早的农业信贷合作社成立于 1896 年，兰伯合作银行就是由 500 家独立的合作信贷组织组成，对外则统称兰伯银行。韩国农协的经济业务包括韩国农协银行及其各分支机构。不同于其他的商业银行，韩国农协银行为农业发展所需的流动资金提供全方位的信贷服务，为农事活动提供基金。韩国法律中正式规定韩国农协银行对于农业发展是一个特殊的银行，它通过财政业务所累积的基金用于支持农民和农业销售系统，从而使消费者和农民同时受益，因此，韩国农协银行被称作社会的公共事业机构。其资金来源一是农协向政府收取的手续费，二是农协银行存款的自筹部分。农协对农民的支持一是实质上由政府支付的利差低息贷款给农民，与市场利息的差额由政府补贴；二是农协产业产生的利润，以指导事业费的形式返还给农民，对农民进行补贴。

资金融通能力通常会与农村市场中介组织的发育程度密切相关，农村市场中介组织活动范围越广，介入农村生产经营的程度越深，对资金融通能力的要求越高。因此，考察农村市场中介组织的资金融通能力可以从一个侧面反映其实践效果。

（二）中国农村市场中介组织的宏观实践效果

1. 我国农村市场中介组织总体数量

二十多年来，农村市场中介组织数量的扩张是其在农村市场上作用日益加强的基本保证，根据各个省（自治区、直辖市）的 2005～2007 年新闻资料公布的数据可以看出，以专业协会、合作社为代表的农村市场中介组织是各省（自治区、直辖市）发展的重点。

根据相关资料可知，包括专业农协和专业合作社在内的农村合作经济组织在各个省（自治区、直辖市）均有了不同程度的发展，江苏、山东、四川、河北、河南等省份尤为突出，经纪人在北方发展得比较普遍。合作社法颁布实施以后，各地的专业合作社发展更是方兴未艾。以河北省为例，据工商部门统计，截至 2008 年 6 月底，河北省登记注册的合作社有 3407 家，共出资 32.9 亿元，其中货币出资 25.9 亿元；有成员总数 4.4 万户，其中农民会员占总数的 95%，合作社平均固定资产达到 50 万元。联系这些省份的农业生产和农产品经营情况，不难看出，一定数量农村市场中介组织的存在保证了农村市场的活力和效率。

2. 各类农村市场中介组织中介农产品成交情况

农民在联产承包责任制下释放出来的巨大生产力首先表现为农产品产量

的大幅度提升,如果产量的增加能够带来农民收入的相应增长,那么制度的效益将得到充分的体现;反之,如果增产不能增收,那么制度创新的动力将大打折扣。所以,我国农村市场中介组织的发展首先就是为解决农民的农产品价值实现问题的。二十年来,各类农村市场中介组织在中介农产品成交方面取得了巨大的成就,在一定程度上解决了农产品卖难问题。

农村经纪人及其组织是中介农产品成交的最活跃的力量。根据我国工商部门统计,到2007年,我国的农村经纪人已经达到100多万人,经纪业务量逾2500亿元。① 虽然缺乏系统的统计,但从各地的新闻报道中,可以看到各省各地区,农村经纪人在中介农产品成交方面都做出了巨大的贡献。河北省目前农村经纪人注册总户数已达9.87万户,经纪执业人员28.1万人,全省已成立经纪公司2266个,还引导他们成立了一批经纪人合作社、经纪人协会等组织。全省农产品70%以上基本都是靠农村经纪人推销出去的,全省农村年经纪成交额达820.1亿元。唐山市2007年通过加强农村经纪人组织化建设,全市注册的经纪公司达102家,全市87.2%的农副产品均通过农村经纪人销往全国各地及国际市场,全年经纪成交额就达149.8亿元,占全省的近五分之一。② 2006年,江苏农村经纪人数已达24.6万人,年撮合成交额已超500亿元,占全省农业生产总值的40%。活跃在南京白云亭市场的400多名农村经纪人,把市场和全国28个省市、1300个乡镇、40个蔬菜生产基地、32家大型批发市场联系起来,平均年交易额25亿元,最高可达30亿元。像这样的经纪人在江苏各大农副产品集散中心有数以万计,每年通过他们引进帮销的农副产品达40亿公斤,占各大批发市场成交量的30%以上。③ 据国家工商总局2005年统计,四川省农村经纪执业人员近15万人,经纪业务量为74.3亿元,其中达州、广元两地区农村经纪人经纪的业务量占当地农业生产总值的比例分别为17%和12.6%。湖北省农村经纪人近2万户,农村经纪人经纪的业务量占农业生产总值的比例达10%以上。④ 浙江省温岭市农业经纪执业人员60人,年均撮合成交农产品28亿

---

① 数据来源:http://www.saic.gov.cn。

② 《河北:农村经纪人成为活跃农村经济的重要力量》,http://www.csh.gov.cn。

③ 数据来源:http://njtb.mofcom.gov.cn/column/print.shtml?/shangwxw/200603/20060301729949。

④ 数据来源:http://finance.sina.com.cn。

元，为农民每年带来将近 3 亿元的收入。①

从活动范围和中介农产品成交数量上看，农村经纪人及其组织的确在为帮助农民推销农副产品方面做出了很大贡献。但是，我们同时也看到，当前经纪人的活动还停留在简单联系产销上，满足于将农副产品卖出去，而要实现农副产品的较大增值基本做不到。由于农村经纪人以个体为主，运用现代化手段开展经纪活动的中介机构少，一些经纪人缺乏可靠的实用的信息，不能及时发现和把握商机，时常盲目进行经纪活动，误导农民盲目生产。更有一些农村经纪人缺乏法律意识、诚信意识，为了赚取佣金，不惜坑害农民。

以农民专业协会和农民专业合作社为主体的农民合作经济组织，相对于经纪人来讲，则能在更高层次上中介农产品的成交。首先，这些农民合作经济组织改变了农民的组织化程度，他们通过发展会员，与农民结成紧密的合作关系，通过提供系列服务，不仅帮助会（社）员销售了农产品，而且还能够让会员得到更高的收入。如广西桂平市金田淮山协会，就是由一些淮山加工销售老板和种植大户联合组织成立的。该协会现有会员 810 人，其中加工、销售老板会员 80 人，种植大户 730 人，协会每年加工、销售淮山占该镇总产量的 50%，达到 10000 多吨，产值超 5000 万元。② 再如莱阳市龙山果蔬合作社，由于较好地解决了产品销售渠道不畅、技术服务不到位、现金结算不及时等问题，社员种植的芦笋比非社员平均每吨高出 200 元，全社社员年可增收 1000 多万元，户均年增收达 3000 元。③ 黑龙江省勃利县五方养猪协会由养猪技术能人、养猪大户牵头领办，会员已发展到 87 户，辐射全县 89% 的乡镇，55 个村。2005 年年末，生猪存栏达 28600 头，年向社会出售"绿色"品牌商品猪 61362 头，每公斤销售价格为 7.40 元，会员户均实现纯收入 6.6 万元。宁安市渤海玉米开发有限公司为了解决企业原料供应问题，于 2002 年年初联合 8 个乡镇 12 个村屯和周边玉米种植大户创建了渤海玉米产业协会，协会拥有农民会员 1200 人，种植新品种玉米 10 万亩，年为企业生产玉米 9.5 万吨，实现收入 0.75 亿元，亩收入 750 元。④ 其次，农民

① 张炳钧、张雷：《农业经纪人年成交产品 28 亿》，www.znol.com.cn。
② 中国农经信息网 2008 年 5 月 31 日。
③ http://www.dzwww.com/shandong/gjrbsdzb/200707/t20070717_2350752.htm。
④ http://www.hlj.gov.cn/snpd/zxdt/200712/t20071221_99089.htm。

合作组织除了有紧密联系的会（社）员外，在带动生产、媒介产销方面一般都会在更广的范围内发挥作用。根据我们掌握的资料，像吉林、河北、江苏、重庆等省（直辖市）的农民合作经济组织带动的农户数都占到了当地农户总数的 20% 以上。

我国的农民合作经济组织作为农村市场中介组织的重要形式，不仅为农民的农产品找到了销路，而且能够凭借组织优势，做一些单个农民所不能做到的事情，从而进一步改进农民在农产品经营方面的劣势，使农民获得了稳定的销售渠道和较高的收益。

3. 各类农村市场中介组织提供咨询、培训和科技成果转化情况

随着农村改革的逐步深入，农业产业结构调整步伐加快，农业生产的专业化、商品化程度不断加强，在这个过程中，农民对科学技术的需求日益强烈，在多大的程度上利用科技成果直接影响着农民的收益。而且更广范围内的市场竞争也需要农民凭借提供差别农产品而获得竞争优势，这需要在管理和技术方面的创新。然而，很显然，规模细小、信息闭塞、知识水平较低的农户在引进和使用技术方面存在明显的劣势，农业科技推广部门一直是他们的依赖，但是随着政府机构改革，基层农业科技推广部门在一定程度上削弱了。农村市场中介组织成为填补这一空白的主要力量。从二十多年的实践看，我国的农村市场中介组织在对农民提供咨询与培训，帮助农民引进和转化科技成果方面做出了巨大的努力。

在中国农民专业协会的综合调查报告中提到，当被问到农民协会的好处时，会员和非会员回答的四大好处是：提供技术咨询和采用新技术、及时提供市场信息、向会员提供指导以及就如何使用生产资料提供建议等。当被问到上一年里接受的技术培训时，319 个受访者回答是他们参加了农民协会组织的培训课程，只有 32 个受访者回答从其他渠道获得培训。

在转化与应用科技成果方面，农村市场中介组织摸索出了许多宝贵的经验。河北省河间市的国欣农研会，于 1984 年 9 月以社团法人的名义注册成立，二十多年来，以"合作"和"科技"两大特征为驱动力，获得了长足

的发展。① 该研究会的特点是在"科技"方面，做得非常有特色，自成立以来，在县科委、科协的帮助下，国欣农研会主动联系科研院所及有关政府机构，把引进人才、引进技术作为一项重要的工作。农研会的领导人与北京农业大学从事棉花技术研究的教授建立起合作关系，将尚处于试验阶段的技术直接在自家棉田试验，试验获得成功后就在会员中大面积推广。中间试验是科学研究部门的一项很重要的工作，它既负有对科研成果在试验中再验证的任务，又具有榜样和示范性的作用，是实用科学研究中具有双重作用的中间环节。国欣农研会正是承担了这一极其重要的中间环节。国欣与中央、地方20 多个科研院所建立了或紧或松的联系，从知名院所聘请了多位专家、教授以及本地技术人员作为顾问。专家学者们经常到农研会举办培训班，直接在大田做现场讲解、做技术示范，通过他们的言传身教，会员的技术水平很快得到提高。国欣通过试验、示范、培训架起了科学技术通达千万农户的桥梁，为科技成果转化为现实生产力蹚出了一条路。

像国欣农研会这样的农村市场中介组织，在转化科技成果和引导培训农民方面发挥了巨大作用。它的受益者，不仅有利用新技术获得高收益的农民，还包括提供技术的科技部门。通过提供中间试验的固定协作基地解决了科研部门科技经费不足以及科技成果推广上的难题，而且由于直接了解农民的需求，有助于明确科研选题，有的放矢地进行科学研究工作，使科研步入良性循环的道路。这一点对农业科技的推广是至关重要的。

总的来看，合作社和专业协会等农村市场中介组织从利益驱动和组织资源利用的角度，都具有对农民提供咨询和培训、转化和推广科技成果的动力，但是像国欣农研会这样走出一条良性发展道路的中介组织还不是很多，中国农民专业协会的综合调查报告显示，农民认为协会"缺乏技术和服务"是仅次于"缺乏资金"、"协会管理水平和领导水平低"的一个突出问题。

4. 各类农村市场中介组织中介农户资金融通情况

农村信用社是一个与农业用户具有直接业务往来的金融机构，是农户资金融通的重要渠道。然而，农村信用社的发展历程却显示其经营状况越来越

---

① 农业经济合作组织研究课题组：《合作生金——国欣农研会 20 年发展与思考（1984 – 2004）》，中国农业出版社 2005 年版。

差，农民很难从农村信用社得到资金支持，据有关部门统计，目前，在农村信用社吸收的农户储蓄存款占信用社存款总额的比例不断上升的同时，农户从信用社得到的贷款占信用社存款总额的比重却在不断下降。我国的农村是典型的资金卖方市场，所以在资金市场开放的前提下，具有不同经济成分的、多元化的金融组织应运而生，这就为农民依赖多种渠道融通资金提供了可能性。

我国的农村市场中介组织在发展过程中，体现了高度的灵活性，尝试为农民提供所需要的各类服务，由于农村金融体系的弱势，农民在正规金融机构融资的困难巨大，而农业产业结构的调整和专业化、商品化生产又需要大量的资金支持，所以一些非金融性农村市场中介组织也为会员提供融通资金的服务。

河北省涿州市南荒生猪养殖合作社成立于 2005 年，从成立之初的 20 户社员，已经发展到 140 多户，户存栏 100 头以上的 100 家，年出栏 20 万头，社员年生猪养殖纯收入达 7000 万元。合作社主要为社员提供以下服务：优价提供母猪；选购优良公猪；收售仔猪和商品猪；统一规模购进防疫药品；建立内部饲料加工厂，免费为社员加工饲料；按科学免疫程序统一免疫；开展现代化集约化标准养殖技术培训；协调乡、村政府解决养殖过程中的困难；为社员提供内部融资服务。其他服务内容与一般的农村市场中介组织基本相同，值得一提的是它的资金融通服务。这种服务通过两种方式进行：早期，合作社通过五户联保的方式从信用社获得贷款，为资金有困难的社员提供帮助；后来，合作社尝试进行内部资金融通。社长凭借其在社员中的威信，成为全体社员富余资金的保管者，当社员出现临时性的资金周转不灵时，到社长这里申请从这笔资金中借贷，因为社长对各个社员的情况比较了解，所以他会根据社员的申请和其个人实际情况，提供无息的融资帮助，这种服务满足了社员的应急资金需求，社员也乐于将余钱放在社长这里，以换得融资方便，又因为钱是社员自己的，所以融资者都会自觉还款。这样的资金融通每年大约有 30 万元的规模。虽然规模不大，但是这种方式受到了社员的欢迎，也为农村市场中介组织提供资金融通服务探索了一条道路。

尽管南荒合作社的资金融通办法很有特色，但是从全国的农村市场中介组织的实践来看，具有资金融通功能的并不多见，在许多国家，农村合作金融组织仍然是农村金融体系中最重要的组成部分，在这些国家里，农村合作金融组织是农村其他各类合作组织的坚实的依托，通过农村合作金融组织与合作保险的盈余来支持其他合作组织的经济活动。农村合作金融还为农民提供资本，从而促进农业和农村社区的发展。我国在解决农户资金融通问题上，发展目标也应该选择合作金融方式，成立专门中介农户资金融通的合作金融组织。

二、中国农村市场中介组织的微观实践效果分析

微观实践效果考察的是农村市场中介组织运行绩效问题。绩效的概念从对可计算利润的描述开始，后逐渐拓展为描述组织对资源的有效、高效及安全的运用，主要考察组织的运营和功能的有效性。一般以组织功能的实现度、组织运营的有效性和组织服务对象的满意度为基本衡量指标。在实践中，任何一个农村市场中介组织的组建都是为着相同的目的，但有一些发展壮大了，有一些却在不长时间之内就销声匿迹了，换句话说，单个组织在运行绩效上表现出很大的差别。只有良好的运行绩效，才能达到其为农服务的效果预期。

（一）农村市场中介组织绩效评价体系

与对农村市场中介组织宏观实践效果的分析不同，对微观组织的绩效评价首先应该有一个可操作的绩效评价体系。近期，浙江省农业厅课题组完成的"农民专业合作社绩效评价体系初探"在这一领域做了有益的尝试。他们认为，农民专业合作社绩效可以从行为绩效和产出绩效两方面加以考察，其行为性绩效指标应反映其生产经营和组织运行两个方面的活动；其产出性指标应分别体现在社员、组织和社会三个层面上。也就是说，农民专业合作社的绩效主要可以从组织运行、运营活动、社员收益、组织发展和社会影响五方面进行测量、评价。针对这五方面，课题组共给出了 16 个指标，并对这些指标进行赋权（见表8—1）。

表8—1 农民专业合作社绩效指标及其权重

一级指标	二级指标	三级指标
合作社绩效 (1.0)	组织运行 (0.15)	社员对合作社的治理满意度（分）（0.075）
		合作社按交易额向社员返还盈余的比例（%）（0.075）
	运营活动 (0.20)	合作社为社员统一采购配送农业投入品的比例（%）（0.05）
		合作社为社员统一品牌销售主产品的比例（%）（0.05）
		合作社为社员统一技术培训的次数（次）（0.05）
		社员进行标准化生产的比例（%）（0.05）
	社员收益 (0.20)	社员人均年纯收入（万元）（0.075）
		社员人均年纯收入高于当地平均数的比例（%）（0.075）
		社员与合作社交易额占合作社年经营收入的比例（%）（0.05）
	组织发展 (0.30)	社员总数（人）（0.1）
		合作社年经营收入（万元）（0.1）
		合作社年纯盈余（万元）（0.05）
		主产品品牌度（分）（0.05）
	社会影响 (0.15)	合作社带动当地非社员农户数（户）（0.06）
		合作社为当地非社员农户销售与社员同类主产品的年营业额（万元）（0.045）
		合作社对当地经济社会发展的综合影响度（分）（0.045）

资料来源：引自浙江省农业厅课题组：《农民专业合作社绩效评价体系初探》，载《中国农村改革30年：中国农民合作经济组织发展国际研讨会论文集》2008年9月，第91页。

农民专业合作社是农村市场中介组织的主要形式之一，表8—1的合作社绩效评价体系既注重了合作社作为一个经济组织所应该具有的功能和特点，同时也特别注意到了它作为一类农村市场中介组织必须突出地引领农民进入市场、为农服务的特征。这种评价原则对所有的市场中介组织都是适用的。当然就这个绩效评价体系而言，无论是指标的选取还是赋权都有一些不易确定的地方，按此指标体系考察具体的组织时仍然会遇到一些争议。所以说这个绩效评价体系更主要的意义是，对包括专业合作社在内的农村市场中介组织的努力方向和运营目标进行了框定，在这个框架下，具体市场中介组织的运行效果将能够得到清晰的呈现。

(二) 从案例看微观中介组织运行绩效

案例1：新昌县十九峰茶叶合作社成立于2002年5月，是由新昌县茶叶总站牵头，雪溪茶场等单位联合发起成立的茶叶专业合作社。十九峰茶叶合作社的宗旨是以十九峰商标为纽带，以茶叶科技人员为依托，以茶叶生产大户为主体，联合广大农户开展产业化经营，进一步做大做强十九峰品牌。合作社按照"民办、民管、民受益"的原则，实行自主管理、自我服务，社员享受平等的权利，利益分享，风险共担，入社自愿，退社自由。实行董事会领导下的社长负责制，董事会由社员大会选举产生，社长由董事会决定聘任和解聘。社员大会表决实行一人一票制，社员参加本社股息分红并有按产品交易返还利润的权利。合作社主要组织销售社员的茶叶、茶苗，销售茶叶加工机械和茶机具，为社员提供技术咨询和技术培训，允许社员有条件使用十九峰品牌包装（条件是社员产品质量符合十九峰标准，并签订保证质量信誉协议）。合作社总股本20万元，拥有社员110人。

合作社成立以来，内抓质量，外拓市场，广泛开展品牌创建活动，提高合作社的运行能力，其主要做法有：一是加强品牌宣传与管理。为进一步打响十九峰品牌，提高产品的市场竞争力，合作社精心设计，开发高档次、多层次的茶叶包装共计5个品种2万多套，以满足不同消费阶层的需求。专门编印宣传画册，先后组织参加杭州国际茶博览会等展示展销活动，取得较好的宣传效果。为了保证质量，树立品牌新形象，合作社与社员签订保证产品质量信誉的协议，同时加强产品质量的监督和检查，定期或不定期对社员销售的产品进行检测。加强对无公害茶叶生产的管理与引导，帮助社员建立生产管理档案，推行茶叶农事活动记录。社员的茶园由合作社统一指导与供药，有效保证茶叶质量安全。二是拓展销售渠道。近几年来，新昌县的茶苗产业蓬勃发展，已成为茶农增收的新亮点。可是茶苗销路一直是困扰茶苗产业发展的一大难题。针对这一情况，合作社及时在《茶叶信息》、《中国茶叶》等专业杂志和刊物上刊登茶苗供应信息，帮助茶农销售茶苗。同时合作社利用自身优势，积极开展经营活动。从2002年至2005年，合作社直接调运茶苗 3000 多万株，收购名茶 10000 多公斤。另外，合作社及时捕捉各种市场信息，将掌握的信息反馈给各社员，在社员与客商之间充当桥梁和纽带，加强与客户的联络，得到社员的好评。三是强化科技服务，提高茶叶技术的到位率。合作社利用自身的技术优势，积极开展科技服务。每年至少组织两期以上的培训班，对广大社员进行先进适用技术的培训，还专门组织社员去外地参观考察，学习借鉴其他合作社的先进经验。专门印发良种介绍、新茶园栽培技术、无公害茶园农药使用技术、主要病虫防治等四份技术资料，普及茶技知识。有重点地扶持茶叶生产大户，帮助建立基地，使之取得较好的经济效益，发挥积极的示范作用。四是加强合作，争取多方的支持。合作社与社员共建新良种茶苗繁育基地，累积面积达到 200 多亩，不仅增加收入，也为新昌县的茶园良种化建设提供了优质的种苗。再如合作社与雪溪茶场联合，开展新茶类的试制，成功开发兼具绿茶与乌龙茶风格的大佛龙青茶。同时，合作社积极争取省财政合作组织建设项目、县科技局科技项目的支持。

合作社成立以来，运作规范，影响力不断提升，取得显著的成效。一是自身实力不断增强。现合作社拥有资产 40 多万元，联结基地 1 万亩，带动农户 3000 户。先后被评为绍兴市农村专业合作经济组织先进单位，浙江省示范性专业合作社。二是示范辐射作用显著。十九峰合作社社员大部分是乡镇茶技人员和当地示范户，通过他们的带动，已经在全县组建乡村级茶叶专业合作社 33 个，发展社员 3702 人，辐射带动基地 45850 亩，建成互相联系、互助合作的合作组织网络。三是社员收入明显增加。合作社收购茶叶与种苗比市场高出 10% ~ 20%，为社员增加收入 100 多万元，实现返利 10 多万元。四是十九峰茶叶合作社的知名度进一步提高。十九峰茶叶获得浙江省农业博览会金奖、全国无公害农产品认证，产品销售领域已拓展到全国二十多个省市，以优质、服务、品牌形象获得广大客户的赞誉。①

案例 2：河北省青县勃翔农业合作社是于 2006 年由农民韩世杰发起成立的，主要为农民的玉米产销提供服务。合作社发起的主要原因是韩世杰看

---

① 本案例引自傅夏仙：《农业中介组织的制度变迁与创新》，上海人民出版社 2006 年版，第 264 ~ 267 页。

到，近些年来，一家一户的生产不能适应现代化农业发展的要求。为了解决这个问题，勃翔农业合作社成立了，合作社按照"民办、民管、民受益"的原则，采取自愿的方式，实行自主经营、民主管理、利益共享、风险共担的方式运营。这一方式受到了农民的欢迎，全村共 586 户、6900 亩耕地，入社群众 457 户，耕地达 3805 亩。

合作社下设农资服务部和技术服务部，并与农机服务分社签订了合作协议，农机服务分社购置了两台大型收割机，形成了农资供应、技术服务、机械收割一条龙服务。勃翔农业合作社成立后，解放了劳动力，加快了新技术引进步伐，降低了生产成本，提高了农民收入。在玉米播种时，合作社请来土肥专家进行配方测土施肥，并统一选购郑单 958 品种。在生长中，技术服务部请专家带领农民科学管理，平均亩产达 500 公斤，亩增产 100 公斤。在收割中由于成方连片作业，收费也低于市场价位。同时，机械化收割解放了劳动力。一些农民利用腾出的时间打工创收。另外，勃翔农业合作社实行统一作业，为大型农机具提供了发展平台，促进了机械化发展和农业现代化，同时大大增强了群众的合作意识，促进了新农村建设。

根据合作社法颁布实施一周年进行的执法检查调研数据，青县勃翔农业合作社通过统一提供种子、化肥和农机服务，为社员节省成本 16 万元；通过合作经营，对田间劳动进行科学安排，节省了大量的劳动时间，从而间接节省成本 45 万元；通过引进新技术进行科学管理实现亩均增产 400 斤，为社员增收 120 万元；增加 234 亩土地，增收 18 万元。四项合计，为社员增收近 200 万元，户均增收 4300 元。

勃翔农业合作社所取得的成绩不仅造福了全村百姓，给他们带来了丰厚的收益，同时也为农村市场中介组织在大田作物上发挥作用提供了宝贵的经验。

从这两个具体案例来看，十九峰茶叶合作社在组织运行、运营活动、社员收益、组织发展和社会影响五个方面都取得了不错的成绩，这也正是其能够发展壮大的主要原因。勃翔合作社的成绩主要体现在为社员增收上，很显然其组织建设和发展还在进一步实践当中。

三、中国农村市场中介组织的实践效果评价

（一）宏观实践效果显著，持续发展可期

从宏观看，农村市场中介组织发展趋势明确，各方主体态度积极，各地实践的正面效应正在体现。首先是农村市场中介组织在数量上的不断扩大，表现出极强的生命力。虽然实践证实单兵作战的中介组织可持续性不强，中介能力有限，但是具有这些特点的中介组织的发展仍然是不可超越的阶段，因为农民学习先进经验的最普遍的做法就是模仿，而且由于在联产承包责任制下的农民组织化程度极低，缺乏在市场经济条件下组织行为的训练，越多的人在一起，越有可能被"集体行动的逻辑"所牵制，而具有相互信任基础的较小规模的组织更可能富有效率，更为关键的是这样小规模的组织会对农民起到改变观念的作用，逐步培养起勇于探索、快速接受新生事物并乐于接受组织约束的新农民群体。当受到组织锻炼的新农民越来越普遍时，农村市场中介组织的兼并、联合、分级、分层将成为可能，并成为农村市场中介组织全面覆盖参与市场的农户的主要方式，从国际经验来看，这种趋势是明显的。随着中介组织不断规范化的发展，我国农民将全部依赖中介组织进入市场。这将是在承包制打破旧有的农村组织体系之后，完全以市场经济为背景的农民的再组织化过程。

其次，随着覆盖农户的范围不断扩大，农村市场中介组织正逐渐成为农副产品营销的主导力量。目前我国的农副产品主要经由批发市场销售，但是我们的批发市场尚缺乏市场准入制度，很多单个的农户自运农副产品到批发市场营销，虽然批发市场帮助他们解决了寻找交易对手的困难，但是过小的规模仍然难以在质量上提供保证，更不用说借助现代物流手段实现增值。农村市场中介组织的发展正在改变这种状态，它们能够跟上市场升级的脚步，适应现代批发市场的要求，成为合格的经营主体；他们将不仅仅停留在初级产品的生产流通领域，还会逐步涉足农产品加工领域，实现农产品增值链条

的延长，最终成为代表农民营销农副产品的主力军。

再次，我国的农村市场中介组织在科技推广方面表现突出。目前我国的大量的农业科技成果滞留在科研院所不能转化为现实生产力，显然，依靠政府主导的农业技术推广体系运作效率低下，延缓了农业技术的转移和扩散。中介组织的技术推广常常利用"示范效应"，农民"眼见为实"，易于接受；中介组织是农民自己的组织，有积极主动引进并推广有益于农民的先进技术的主观动机；中介组织不以赢利为目的的技术引进和推广，使其在农业技术的转移和扩散过程中能够始终保持相对独立的地位。这样的一些特点使中介组织在技术推广方面注定有高于政府体系的效率，随着中介组织规模不断扩大，活动能力不断增强，必将成为我国农业技术转化和推广的主导力量。

最后，农村市场中介组织正在成为农村要素调整、资源配置的主要平台。中介组织在产业结构调整的过程中超越了家庭经营的局限性，超越传统集体经济组织的边界，在合作成员的范围内进行自主资源的要素调整和资源配置。经营权归农户所有，协会等中介组织则负责信息提供、市场形势预测、技术指导、合同签订等中介工作，这种分工既能发展专业化生产，又能保证资源配置的有效性。特别是随着农民活动领域逐步突破地域局限后，农民将逐步分化，有的将留在农业领域，但是需要有更成规模的土地进行生产经营，需要更多的资金支持经营计划；有的准备或长期或季节性离开农作领域，成为农村剩余劳动力资源。这些靠单个农民的力量根本无法实现，都需要强有力的要素配置平台来支撑，农村市场中介组织正是这样一个平台。

（二）微观组织绩效存在差异，一些影响因素不容忽视

通常在实地考察和资料研究过程中，我们所接触到的大多是绩效不错、发展良好的案例，但不容否定的是，事实上有相当一部分农村市场中介组织由于各种原因，在成立不久就失败了，消失了。结合现有的微观组织绩效评价体系研究成果和调研过程中所了解的中介组织运行不顺的经验教训，可以确定一些因素对组织运行绩效有重要影响，必须引起重视。

（1）信任。即农户及其他市场主体对中介组织的信任，特别是农户的信任。信任被认为是一种减少对合作者机会主义行为顾虑的期望或者信心，

在合作中能产生的作用体现在降低交易成本、引导合作行为，以及冲突的有效解决等方面。针对单个的市场中介组织而言，能够得到信任是十分重要的。比如经纪人、拍卖商依靠农户和采购商对自己的信任来保障交易量，交易量的有效放大又能进一步促进信任度的增加。显然，在经纪人和拍卖商不断扩大其中介能力的良性循环建立过程中，信任是一个逻辑起点。而对于农民协会、合作社、一体化组织等具有合作性质的中介组织而言，一个组织建立之初就必须有充分的信任基础，而在以后的运营中，很多方面的合作都是建立在信任的基础上，而并非是复杂的合约，信任关系的存在大大降低了交易成本，为中介组织的发展提供了保障。

（2）规模。营利企业以追求利润最大化为目标，企业的合理规模在于能否获得规模经济。农村市场中介组织作为非营利性的组织，根本目的是提高其所代表的成员的共同利益，所以它的合理规模应当是既能获得持续发展的收益，又能实现组织的根本目标。以协会和合作社为主的农村市场中介组织，其规模的直观反映就是入会（社）农民的数量，事实上，由于中介组织是将小户农民联合起来，集中提供联合销售、技术引进、指导和培训等服务的，所以会（社）员的数量可以反映中介组织的经营规模和可能取得的经营效果。由于中介组织属于非营利性组织，其资金的一个主要来源是会费，所以，入会（社）的成员越多，资金实力越大，在开展业务、参与竞争以及抵御风险方面的能力越强。只有成员达到一定的规模，才能使中介组织联合采购、销售、培训等业务获得规模经济，从而给会（社）员提供更多的实惠。会（社）员数量的增加，经营规模的扩大，奠定了中介组织增进成员利益的物质基础，但同时，更多成员的参与可能引发"集体行动的逻辑"，不利于中介组织的健康发展，所以，就单个的市场中介组织而言，有一个合理的规模，既能获得规模优势，又能实现有效管理非常重要。

（3）资金来源。从实际情况看，缺少资金是农村市场中介组织可持续发展的最大障碍。目前，农村市场中介组织的资金来源基本有三种渠道，一种是会（社）员缴纳的会费，通常是入会（社）费的形式而非年费；另一种是通过出让股份的形式筹集到的资金；再有就是政府的扶持资金。很显然，如果会费来源充足，那么中介组织的宗旨最容易得到尊重和执行。然而，会费的缴纳非常有限，农村市场中介组织的发展现状还不能获得农民的足够信任，使之愿意缴纳较高的会费，事实是一旦会费过高，那么农民往往选择不加入。出让股份的形式在国外新一代的合作社发展中比较普遍，但是他们的股份认购必须是与销售产品的权利联系在一起的，不仅有股份比例限制，而且必须是合作社社员才能持股，并且持有股份跟投票权没有关系。我国现在的中介组织的投资者性质很多元，而且持有的股份数在投票权和盈余分配上都有体现，在这种背景下，中介组织究竟为谁服务就很难说清了。而政府补贴的形式虽然在一定程度上缓解了市场中介组织资金瓶颈，但是很可能造成其他风险，比如某些机会主义分子建立市场中介组织的目的就是为了赚取补贴，这样的组织就根本不会有长期发展的目标；还有可能造成中介组织对政府的过度依赖，缺乏独立发展的能力。从某种程度上说，资金来源的限制导致了农村市场中介组织治理结构和激励机制的差异，而这些正是组织绩效最重要的影响因素。所以说，农村市场中介组织必须在实现民主治理、有效为农服务与保证资金来源上寻找平衡，否则很难保持持续发展并获得良好绩效。

第九章　经纪人

经纪行当古已有之，经纪人在商业生活领域从来就是十分活跃的一群，只是在我国实行计划经济时期，由于商业经营的严密计划性，才使得经纪人几乎销声匿迹。随着社会主义市场经济体制的逐步建立，经纪人又重新找回了存在的意义，在广大的农村市场上，经纪人队伍不断发展壮大，通过他们的居间服务，有力促进了农村经济和农业生产的发展以及农民收入的提高。

一、农村市场中的经纪人

（一）经纪人的一般概念

关于经纪人的一般定义，国内外的专家学者进行了不同的表述。

美国经济学家 D. 格林·沃德主编的《现代经济词典》将经纪人定义为："将其他人拉在一起协商立约的人。经纪人从这项服务中得到佣金。在处理财产和不动产时，经纪人从实物或财务上把一项资产的买主和卖主拉拢到一起。"

我国《辞海》定义经纪人为：经纪人是为买卖双方介绍交易以获取佣金的中间商人。

《中国经济大辞典》定义经纪人为："经纪人，中间商人，旧时称捐客，处于独立地位，作为买卖双方的媒介，促成交易以赚取佣金的中间商人。"

1995 年 10 月，国家工商行政管理局颁布的《经纪人管理办法》中规定："本办法所称经纪人，是指依照本法的规定，在经济活动中，以收取佣金为目的，为促成他人交易而从事居间、行纪或者代理等经纪业务的公民、法人和其他经济组织。一般地讲，经纪人系指为促成他人商品交易，在委托方和合同他方订立合同时充当订约居间人，为委托方提供订立合同的信息、机会、条件，或者在隐名交易中代表委托方与合同方签订合同的经纪行为而获取佣金的依法设立的经济组织和个人。"

以上的概念表述虽然在文字上有所不同，但是其基本含义认定是一致的，那就是居间服务、收取佣金。我国的《经纪人管理办法》还特别把经纪人界定为公民、法人和经济组织三种类型。

（二）农村经纪人的概念

农村经纪人是经纪人队伍的重要组成部分，从空间上讲，只要是在农村市场上从事居间、行纪或者代理等经纪业务的公民、法人和其他经济组织，都可以称为农村经纪人。当然，这是一个完全依照经纪人概念的理解。事实上，由于在农村经济体制转轨过程中，农村出现了多种经济成分共同发展的局面，而农户在面对市场时所体现出来的弱质性使得农村市场上的居间交易变得十分复杂，农村经纪人所从事的业务和发挥的作用在一定程度上突破了经纪人的一般概念。

在这样的前提下，有学者对农村经纪人定义如下："在农村经济活动中，为促成农村生产的商品交易，而从事咨询、中介（居间）、代理、行纪以及产品运销等经营服务，并获取不同形式收益的自然人、法人和其他经济组织。"[①]

这个概念除了强调经纪人活动的中介服务性外，特别提到了经纪人同时也采用营销零散商品并由此所赚取商品购销差价问题。在实际经济活动中，经常会看到一些经纪人除了一般经纪活动外，还有这些附带业务。如果按照经纪人的严格定义，那么这些人就被排除在经纪人之外了，这将不利于人们

---

① 林仁惠、王蒲华、黄跃东编著：《现代农村经纪人》，中国农业科学技术出版社 2005 年版，第 3 页。

认识农村市场的复杂性，以及农村经纪人发挥经纪作用的特有方式。

因此，本书认同以上农村经纪人的概念。认为农村经纪人是在农村市场上，以对农户与其他交易主体提供代理、中介、行纪等居间服务为主要活动并可能附带有直接商品交易的自然人、法人和其他经济组织。

（三）农村经纪人的产生

市场的发展、社会分工的深化是经纪人产生的基本条件。我国历史上最早的农村经纪人可以追溯到两汉时期，以后至隋、唐、宋、元、明、清，被称为牙人的经纪人活跃在各类市场上，为交易的繁荣做出了贡献。辛亥革命以后，作为中介的行纪人、牙商得到法律的保护。中华民国时期，经纪人比较活跃，交易所一度十分繁荣。

新中国成立以后，1950 年 11 月 14 日，我国贸易部门发布了《关于取缔商业投机的几项指示》，规定取缔"买空卖空，投机倒把企图暴利者"，各省市对居间商和经纪人分别采用利用、改造、取缔措施，城乡经纪业陷于停顿或转入地下。及至计划经济体制确立后，我国完全靠计划维系生产和销售，民间居间机构和农村经纪人也就失去了存在的意义。

党的十一届三中全会以后，从农村开始的经济体制改革表现出来了强大的创新动力。随着商品经济的发展，民间经纪活动也重新开始发展。但是政策上并没有马上松动，而是仍以限制为主。国务院 1981 年 6 月颁布的《关于加强市场管理，打击投机倒把和走私活动的指示》，以及同年 8 月颁发的《批转关于工业品生产资料市场管理规定的通知》中，都把"黑市经纪"列为非法经营。1985 年 3 月，国务院又颁布《关于坚决制止就地转手倒卖活动的通知》，规定"不准经纪人牵线挂钩从中渔利"；1987 年颁布了《投机倒把行政处罚暂行条例》，加强对公司的整顿。这一系列的条例、办法的发布实施是有深刻的社会背景的，对于一些在体制转轨时期钻空子、牟取暴利的不法分子起到了限制作用，对维护市场秩序具有重要意义，但同时也因为政策的通用性，使得一些正常的经纪活动受到了压制。

1987 年党的十三大提出社会主义有计划的商品经济的体制应该是计划与市场的内在统一体制。人们对与商品经济有着密切联系的经纪人有了新的认识。1987 年 11 月，武汉市工商局开展经纪人活动的试点，批准成立了正式的经纪人组织，116 名经纪人取得了合法资格。1992 年，一些省市相继出现了经纪事务所、经纪公司，同时加强了经纪人的培训和发照管理工作。镇江市成立了全国第一个经纪人事务所，珠海市推出了全国第一个《经纪人管理办法》，河北省大名县成立了第一个经纪人协会。农村经纪人开始活跃在农村市场的各个领域。1995 年 10 月 26 日，国家工商行政管理局在部分省市的地方性规章基础上，颁布了我国第一部规范经纪人活动的全国性行政规章《经纪人管理办法》。在政府的保护和推动下，农村经纪人成为农村市场上重要的中介组织，广泛活跃在农产品和农业生产资料的产供销、农业科技、农业信息、农村劳动力转移、农村资金融通、农村运输等各类市场上，在沟通供需、活跃流通、传播信息、引导生产方面发挥着重要作用。

（四）农村经纪人的发展现状

农村经纪人主要分为农产品经纪人、农村工业及手工业产品经纪人、农业科技经纪人、农村劳动力经纪人等。农村经纪人的经纪活动基本覆盖了包括粮食、棉花、油料、蔬菜、水果、苗木、牲畜、水产、家禽以及药材、茶叶、香菇、木耳等所有的农产品。农村经纪人中从事粮食、蔬菜、水果、牲畜、水产品等经纪的占了主要部分。

从全国的情况来看，有一半以上的省市制定了地方性的经纪人管理法规，绝大部分省市制定了经纪人管理规章。依据有关规范，工商机关对农村经纪人开展了登记注册、资格认定、经纪合同管理、经营行为管理、查处违法经纪活动、保护合法权益等工作。农村经纪人的法律地位得以确立，经纪行为得到规范，权益得到保护。

目前，农村经纪人的发展呈现以下特点：

第一，经纪人员数量迅速扩大，经纪组织形式、经纪业务方式已呈多样化，经纪的业务量越来越大，经纪科技含量日益增多，经纪效率明显提高。据国家工商总局提供资料，截至 2007 年，全国共有农村经纪人 40 余万户，经纪执业人员逾 100 万人，经纪业务量超过 2500 亿元。

第二，农村经纪人的发展不平衡。农村经纪人的分布与当地农村经济的发达程度或种养业的商品化规模关系密切。总的来看，农村经纪人在种植业比较集中的地区数量多，约占总数的一半以上；在经济比较活跃的地区如山东省、江苏省、河南省等发展很快，在西部经济发展缓慢的地区发展较慢；在大中城市周边多，农村较少。

第三，农村经纪人活动的季节性、区域性明显。有很大一部分农村经纪人只从事某一类农副产品经纪活动，季节性明显。大多数农村经纪人的活动范围限于本县以内，跨乡镇及乡镇以下的农村经纪人占三分之二以上，跨县活动的经纪人不足三分之一。

第四，农村经纪人的兼业情况比较常见（这里的兼业不包括由于经纪商品的季节性而存在的非收获季节的其他职业）。有很多农村经纪人在进行经纪服务的同时，会附带做一些直接的交易，或者提供一些服务性商品，比如蔬菜水果的包装材料、储存条件等。

二、农村经纪人的作用及其发挥作用的方式

（一）经纪人的作用

农村经纪人大都是农村中最有经营理念的人，通常具有开通的思想、灵活的头脑，对经济生活的变化敏感度高且善于把握机会，熟悉城乡之间的联系与沟通渠道，这些人虽然只占农村人口的一小部分，但是却承担着联结城乡经济的重任。

1. 把握商机，开拓市场

联产承包责任制极大地释放了农村的生产力，农户生产水平很快得到较大幅度提升，一个明显标志就是在原有土地规模下大量剩余农产品的出现。增产是农业发展的基本表现，但只有增收才是农村发展、农户福利改善的根本前提，要想增产增收，就需要让剩余农产品顺利进入市场并获得应有收益。尽管农产品流通是个大问题，但是多数农户却只擅长生产，而在农副产品生产与消费分隔的特点面前，不知到哪里去为自己的产品找出路，更不知

到哪里才能使自己的产品获得最大的收益。这是农村改革以来最让农户感到困扰的问题。

最先致力于解决这个问题的是农村经纪人。这些人开始并不就是经纪人,他们一般是一些敢闯敢干的农民,为了给自己的剩余产品找到出路,走出农村,走进城市,开始了解各地市场的需求和价格变化,与客商建立生意伙伴关系。在成功地推销掉自己的产品获得收益后,在农村产生了示范效应,同村中的农户将自己的产品委托给他们代为销售。这些人逐渐分化为两类,一类专门从事产品购销活动,成为农产品运销商或批发商;另一类就逐渐专业担当起媒介购销的经纪人角色。这些经纪人一方面利用自己积累的市场经验、客户资源和创立的信誉,另一方面继续关注信息,不断开拓新的市场,成功地帮助农户把握商机,提高了经济效益。

2. 媒介交易,降低交易成本

在寻求解决农村小生产与大市场矛盾问题的探索中,各类农副产品市场的建设可谓功不可没,农副产品批发市场吸引来大量客商,为周边的生产农户提供了交易平台。但是,一家一户生产的小规模与大量采购的客商之间对接仍然不畅,一方面农户感觉自己的交易地位低,没有议价优势;另一方面客商感觉一户一户谈价采购效率太低。在这种情况下,活跃在市场中的经纪人发挥了重要作用,他们的经纪活动大大降低了交易成本,给农户和外地客商提供了双赢的交易改善机会。

以河北省乐亭冀东果菜批发市场上的经纪人为例,他们通过频繁地获取来自各销地批发市场的蔬菜价格行情,积极联系市场价格有利地区的客商,综合考虑当地农户的供应情况和客商确定的价格范围,形成交易价格。地缘性和长期交易中形成的信誉,一方面使得他们能够得到农户的高度信任,这大大降低了农户在交易中寻价、议价的成本;另一方面外地客商也免去了与农户一一谈判的成本,通过与经纪人建立稳定的关系增加了彼此的信任,一些外地客商甚至都不到市场中来,在事先通过电话确定交易内容后,由经纪人全权代理进行蔬菜收购和物流安排。可见,经纪人的存在大大降低了交易成本。

3. 推广、转化农业科技成果

由于农村市场和农户主体的特殊性,多数农户在实际的生产经营中与其他主体的地位并不对等，也就是说，虽然农户进入了市场，但是利用市场的能力却相当有限。比如引进新技术以改善产品生产适应需求方面，农户显得很茫然。我国农业科学技术的研发大都在城市的科研院所，而应用是在农村，一方面农民迫切需要实用的高新技术，却很少有机会直接接触和了解新技术、新产品；另一方面有一大部分科研成果滞留在科研院所，苦于找不到需方，不能转化为现实生产力。这样的对接不顺问题一直是制约农业科技水平提高的主要原因。农村经纪人在经纪活动中，掌握大量的农产品供需信息，对由于技术原因引起的供需不相符非常了解，他们中的一些人主动与科研机构联络，寻找和了解农业前沿技术，积极向农民传播依靠科技致富的信息，甚至直接将新品种、新技术、新措施引进农村，直接带动了农业科技的普及和推广。

4. 引导生产，促进产业结构调整

改革开放以来，农业生产一边发展，一边进行着产业结构的调整，对农民来说，只要是能够将产品顺利卖出，那么专业化的效率和收益是十分有吸引力的。农村经纪人，一方牵着农民，一方牵着市场，是联结农副产品生产和消费的纽带，而且他们出身于农民，生活在农村，对农民有很强的说服力和影响力，他们通过广泛传递、及时反馈供求信息，引进和推广新品种、新技术，有效地推动了生产的专业化和规模化，对主导产业的发展乃至整个农村产业结构的调整都起到了重要作用。以河北省涿州市为例，在当地1000多户经纪人的带动下，农村产业结构调整步伐较快，逐渐形成了一村一品、一乡一业的专业化生产局面。如刁沃乡的蔬菜，码头镇的牛、鲜奶，松林店的豆腐丝，百尺竿的草制品，柳河营的竹制品，孙庄的水果，南荒村的生猪等。

（二）经纪人发挥作用的方式

从实地调研中可以发现，经纪人是农村发展市场经济过程中一支重要的生力军，农民们对经纪人的依赖很强。同时，我们也认识到，由于中国农村的生产经营体制改革是具有鲜明中国特色的，农村经纪人在实际的经纪活动中表现出了极大的灵活性，不能简单地拿一般经纪人的活动方法和规律约束他们，他们一般都是根据本地实际，顺势而为，以最有效的方式发挥其中介作用。

1. 居于农户与龙头企业之间，以稳定产销关系为目的

随着农村生产专业化水平的提高，一部分以农副产品为原料的生产加工企业发展起来，由于他们既依赖农户生产又保障农户产品销售，所以受到了农户和基层政府的欢迎，以企业为龙头以农户为龙尾的龙型经济一时在各地得到快速发展。但是农副产品较大的价格波动性使得龙头企业与农户之间的关系很难保持协调和稳定，当市场价格降低时，企业违约，拒收产品；当市场价格上升时，农户违约，拒交产品。违约行为的经常发生在农户和企业间造成了很多矛盾，由于农副产品生产的特点，使得农产品被拒收或压价后的农民损失尤为严重。

为了改变这种情况，有一部分农村经纪人就专门在农户与龙头企业之间居间协调。这些农村经纪人非常熟悉农副产品的生产，在当地农户之中具有一定的权威和信誉，他们利用这一优势，代表农户集体与龙头企业沟通，从技术指导、品质保证到价格确定，及时在企业与农户之间进行信息沟通，同时他们还加强对市场行情的了解，在价格波动较大时促成合同履行。龙头企业对这些农村经纪人十分依赖，在组织货源和协商价格方面愿意尊重经纪人的意见。这类农村经纪人的活动内容以居间协调为主。

2. 服务于生产基地，保证农户专业化生产的收益

在一些鲜销农副产品特别是水果的生产基地，专业化生产的农户对经纪人的依赖性更强。这些农村经纪人的活动方式基本属于行纪性质。所谓行纪是指经纪人受委托人的委托，以经纪人自己的名义与第三方进行交易，并承担规定的法律责任的商业行为。农产品生产基地的农村经纪人与典型的行纪组织如拍卖行、典当行、调剂行等活动方式不尽相同，他们主要是将基地农户的农产品代卖到全国各地市场，或者帮助全国各地市场的客商在生产基地代收，后面这种情况比较普遍。代卖农产品的时候，农户不一定在场，代收农产品的时候，客商不一定在场。河北赵县和辛集是著名的梨产区，这里有一批经纪人，他们通过自己建立的水果站，为农户和客商提供代购代销服务，一般是接受客商的委托，根据他们提出的价格、规定的品质、所需数量收购农户手中的梨，直接付钱给农户，这部分资金一般是由经纪人垫付的，

客商会在走货之后集中付收梨款和佣金。这些经纪人基本都有联系密切的客商，每年为之服务。值得提出的是，很多经纪人也有自己的梨园，在经纪活动的同时，销售自己的产品。还有的经纪人同时经营冷库，为农户或客商提供储存、保管服务，收取存储费。如果是农户储存的梨，这些经纪人还会接受委托，择机代为出售，出售的梨收取存储费和佣金，不赚差价。

3. 活跃于城乡批发市场，疏通流通渠道

经纪人发挥作用还有一个主要依托，就是广布在农村的农副产品批发市场。这些经纪人的出身一般都是农业生产领域的能手，大都有规模生产和贩销产品的经历，对市场非常了解。他们活跃在产地批发市场上，一方面，根据积累的生产经验，对产品品质把握很准，基本能够凭目测分类，同时他们对产品上市时间也能准确估计，凭借对周边农户生产情况的了解，农产品什么时间有多大量上市、品质如何都有提前预测。另一方面，保持与各销地批发市场的联系，除了关注信息平台提供的价格信息外，还通过电话与销地客商直接沟通，预测价格走势。经纪人的这些活动促使产销信息有效衔接，保持了流通渠道的畅通。

调查中我们还发现，依托于产地批发市场的经纪人，除了居间媒介交易外，还会附带组织物流活动。场内经纪人一般都会控制一部分物流资源，比如说包装材料提供商、装卸搬运工人、冷库、保鲜库等。这些资源有可能是经纪人自己投资或与人合资拥有的，也有可能是他的一些固定委托客户，如果是委托客户，则与经纪人之间一般存在佣金约定。总之，当农户和外地客商进入市场后，整个交易和物流活动安排过程都是围绕着经纪人进行的。

4. 组建经纪人协会，扩大中介服务的范围和能力

尽管农村经纪人正在成为农村市场上一支不能被忽视的力量，在促进农村经济发展中发挥着重要的作用，但是我们也不得不承认，农村经纪人的中介功能和服务能力还十分有限，许多经纪人虽然多年从事经纪业务，但其经纪量很小，且没有什么发展变化。也有少数经纪人辜负了农户的信任，在利益的驱使下，成为一些不法商贩坑农害农的工具。这些现象的存在，对经纪人作用的发挥起到了阻滞作用。为了更好地发挥积极作用，一些地方的经纪人开始组建经纪人协会，依靠组织的力量扩大中介服务的范围和能力。经纪人协会一般是从事经纪业务的公民、法人和其他经济组织，为共同维护经纪

人的利益而组成的自我管理、自我教育和自我服务的社会团体，是依法登记注册，具有法人资格的非营利性社团组织。经纪人协会是经纪行业的自律组织，其成立需要依法登记注册，取得法人资格。目前，我国的农村经纪人协会还处于起步阶段，如何发挥其功能和作用，还需要不断探索。

三、经纪人在农村市场中介组织体系中的地位及发展空间

（一）经纪人是农村市场上最基本的中介组织

正如前文所述，在我国经济体制改革过程中，农村出现了多元化的经济结构，伴随着体制的转变，出现了为多种经济成分发展和为多种产品流通服务的人员、组织及其行为，逐渐形成了农村市场中介组织体系。在这个体系中，经纪人及其组织是最基本的中介组织，主要体现在以下几个方面：

第一，经纪人及其组织在农村商贸中的中介服务活动具有长期的历史传承。在我国古代，农民要进行谷物和手工产品的交易时，常因不知道什么地方、什么人需要自己的产品，或者因为不熟悉市场行情和不了解对方对产品的需求而难以成交，出现交换活动的梗阻。有时候交易双方为了达到各自的目的和维护各自的利益，往往争执不下，这时候就十分需要有人牵线搭桥，从中协调，促成交易。随着商品生产的发展，就逐渐出现了中介买卖双方的经纪人了。可以说我国的农村经纪人的产生和发展源远流长。

第二，经纪人活动方式的灵活性更能满足小规模农户的需求。直到现在，我国大部分农村经纪人仍然是自然人型的个体经营。虽然这种经营方式在中介能力和抵御风险的能力上十分有限，但是在经营上，这些个体经纪人也有优势，那就是灵活机动，容易对市场信息做出及时的反应，同时，他们更能与千家万户的农村小规模生产者密切接触且彼此了解，所以更容易得到农户的信任。

第三，农村经纪人以信誉为本，靠诚信经营，无论是与农户之间还是客商之间大多数以口头承诺为经纪活动的凭据，从经济角度讲，如果口头承诺总是能够被诚实地执行，那么这种承诺是最具有交易效率的；更重要的一点是这种口头承诺并诚实执行的方式最符合在乡村经济长期发展过程中，由地缘和血缘关系所维系的社会文化特征。所以，农村经纪人的经纪方式成为最容易让农民接受的一种中介方式。

（二）经纪人与其他中介组织互相补充

随着农村市场中介组织体系的不断充实，经纪人与其他市场中介组织之间的关系也越来越值得重视，从目前的发展情况来看，农村经纪人与其他中介组织之间呈现出相互补充的关系。

首先，农村经纪人与其他市场中介组织共同分割农村中介市场。市场的分割并非完全是竞争的结果，更多地源自农民的需求。目前，在产业结构调整尚不充分，农民小规模分散经营中尚带有自给自足特色的农村区域，农户需要通过市场交易的主要是剩余产品，不具有明显的专业性，这时候灵活的经纪人制度比较普遍；或者是农民刚刚开始进行专业化的生产、开始进行作物结构调整的时候，以家庭为单位的决策还是农产品供给的主要基础，农民也最需要经纪人这种中介形式帮助他们找到交易对手；再有就是某种产品的专业化生产已经具有了区域性，且生产技术较为成熟，是该产品的主要产区，农民需要经纪人帮助他们与外来客商打交道。如果农民的生产经营状态发生了变化，那么其他类型的中介组织可能成为需求的目标。因此，经纪人与其他市场中介组织是有层次地对市场进行分割的。

其次，农村经纪人成为农户和其他一些农村市场中介组织之间的联结纽带。经纪人从根本上提高其中介能力，在农村市场上发挥更大的作用，一是要提高组织化程度，扩大规模；二是配合其他类型的中介组织，发挥作用。比如，许多经纪人是依托农副产品批发市场开展业务的，批发市场具有较强的商品集散能力，吸引大量的交易者进场，场内经纪人可以利用自己的专长，集中大量地中介农产品成交。他们除了在工商部门注册外，一般还要接受批发市场管理部门的统一管理，这样，在一定程度上，批发市场成为经纪人信用的保证，可以获得不熟悉的农户的信任。通过经纪人的活动，场内交易可以减少由于农户缺少市场经验而造成的无序。大多数批发市场都有大量的经纪人活动就是这个原因。

（三）农村经纪人的组织化程度

农村经纪人是产生最早、在农村各类市场最普遍存在的一种中介形式，对农村经纪人在帮助农户与市场对接方面所发挥的作用，各方面给予了一致的认可。但同时，我们也看到这种作用的发挥还是有限的，其中一个重要原因就是农村经纪人从事经纪活动大多都是单打独斗，业务量小，效率不高。针对这种情况，许多人提出要将经纪人组织起来，通过提高其组织化程度，增强其发挥作用的能力。

一般情况下，经纪人可以选择的组织形式包括个体经纪人、合伙经纪人、公司经纪人和其他兼营经纪业务的经纪组织。其中，个体经纪人是以个人财产作为经营资本，以个人名义从事经纪活动，并以个人全部财产承担无限责任的经纪人。根据《经纪人管理办法》的规定，个体经纪人必须依法取得经纪人执业资格证书。申请个体经纪人还必须有固定的业务场所、一定的资金、一定的从业经验、符合《城乡个体工商户管理暂行条例》的其他规定。个体经纪人在从事经纪业务活动过程中，要以其全部财产承担无限责任。合伙经纪人是指由具有经纪人资格证书的人员合伙设立的经纪人事务所或其他合伙经纪人组织。合伙经纪人从本质上说是从事经纪业务的合伙企业，合伙经纪人必须符合开设合伙企业的条件。合伙经纪人是自然人的自愿联合，实际享受权利、承担责任的是每一个合伙人，由合伙人按照出资比例或者协议约定，以各自的财产承担责任，合伙人对经纪人事务所的债务承担连带责任。一般来说，合伙人员在资金、技术、经营等方面各自都有一定的优势，总体的资金实力、业务能力、经营手段等都要强于个体经纪人。公司经纪人是法人经纪人的一种主要形式，大多以经纪公司的形式出现的，按照公司法和工商行政管理法规建立，按照登记机关核准的经营范围从事经纪活动。在我国的城市经纪业务活动中，经纪人的组织形式主要是经纪公司，其中，绝大部分是由国有经济或集体经济投资设立的。这类经纪人往往具有一定的规模、较好的工作条件和较多的人才，具有较强的竞争力，容易发挥整体优势和取得委托人的信任。

很显然，与个体经纪人相比，合伙经纪人和经纪公司等组织化程度较高的形式在业务能力上更强一些，但是现实中农村经纪人的组织化进展缓慢。那么，在农村经纪人的发展实践中，有两个问题需要深入探讨：为什么经纪人会成为农村市场上最早产生的一种中介形式？为什么在农村市场不断发展的情况下，经纪人始终没能有效地组织化呢？

虽然在计划经济时期，农村经纪人基本上销声匿迹了，但是在农村领域，农民在社会、经济生活传统中对"居间"并不陌生，血缘与地缘使得人们彼此了解，相互依赖，其中有些人有威望、有能力并且得到大家的一致认可。一旦人与人之间、家户之间甚至村庄之间有些问题需要解决时，这些人就被请来做居间调解或做最后决策。这样的生活和社会交往方式在农村早已形成一种文化，无论是依赖别人的人还是被依赖的人都逐渐形成了角色定位，并愿意对这种定位负责，不需要繁琐的认证和考验。笔者认为，这是在农村改革后，经纪人成为农村市场上最早产生的中介组织的社会文化根源。在农村改革以后，对农户来说最大的问题就是如何让生产能力的巨大提高成功转化为价值，绝大多数农民都在如何进入市场方面一筹莫展。遇到了问题，农民们自然而然会在周围搜索有能力解决这个问题的人。但是市场实践对每一个农民来讲都是同样的陌生，很少有人能直接承担"解决问题的人"这个角色，于是一部分人开始自己闯市场，在常年的为农产品找销路、跑运输当中，积累起了丰富的市场经验，具备了一定的市场开拓能力，逐渐地，这部分人成为乡亲们眼中"解决市场问题"的能人，开始把信任和委托放在他们身上。长期的文化传承也使得这部分人自觉承担起帮乡亲解决问题的责任，也就是帮助乡亲把农产品卖出去。我国农村经纪人在农村改革10年左右的时间也就是20世纪90年代初期才迅速发展起来，并且大多数的经纪人出身于种植大户、贩销大户正是由于这个原因。

理论上讲，农村经纪人可以通过扩大业务覆盖范围和规模来提高收益并发挥更大的作用，理想的方式就是提高其组织化程度。但是在实践中，农村经纪人在形式上大都以个体为主，并且组织化进展缓慢，这要从农村经纪业务的特点来找原因。首先，农村经纪人虽然属于中介组织范畴，但是更多是应农户的要求产生，与农户之间的联系更加紧密，而且其联系的纽带主要是源于亲缘和地缘的信任关系，在这种信任关系下农户与经纪人之间几乎不存在什么交易成本，因为信任关系一方面节省了经纪人寻找和洽谈经纪业务的交易成本，另一方面信任也对经纪人的行为形成了约束，减少其机会主义动机，从而降低了农户的交易成本。其次，由于土地制度的原因，目前多数农户生产状况与改革之初没有什么区别，虽然有了一村一业的情况，但是这种专业化生产在流通上仍然是可分的，也就是说个体经纪人并不会因为较低的经纪量被排除在经纪市场之外。

由此，农村经纪人组织化程度能否得到提高取决于两个条件：第一，农村经纪人在多大范围内能获得无条件的信任；第二，农户专业化生产的程度和规模是否根本上改变了对流通的要求。在农户对经纪人总是有选择地信任的条件下，在农户生产规模和分散程度没有明显改变的情况下，显然，无论是农户还是经纪人都没有对经纪人组织化程度的要求。但是随着土地流转制度的创新，以及农村劳动力的大量流出，农村生产状况可望出现一些根本变化，农村经纪人的发展也将面临新的需求，组织化程度的提高是必然趋势。

四、农村经纪人的典型案例分析与评价

（一）河北省辛集、赵县梨产区经纪人案例

案例1：杨某是河北省辛集市东张口村民，2006年，与其他两人合伙建水果站，成为专业的梨产地经纪人，除做梨的经纪业务外，还与另外四个人合伙于1995年建了一座容量为5000件（每件40斤）的冷库。另外，他家有梨树1000棵，其中有一半是从其他村民那里承包的。

杨某的水果站不雇佣人手，在收梨季节，忙的时候几个合伙人共同工作。他的冷库长期雇佣两个人，在梨入库时节会临时雇佣人手，少时7至8个人，多的时候有20个人。杨某自己不承揽包装、加工等业务。

杨某与上游农户的联系不固定，谁送来就收谁的。一般是按照下游客商

的要求标准收梨，与农户之间没有任何形式的合同关系。因为要与其他水果站竞争，而价格和标准又不能作为竞争的手段，所以能吸引农户到自己的水果站交梨的方法就是提高服务水平，包括态度和气、结账及时、提高工作效率等。农户在水果站交梨是现金结算。

杨某 2006 年的业务量是 30 万公斤左右，佣金的计算方法是每斤 3 分钱，不论品种，也不论收购价格。

杨某与下游客商的联系相对稳定，在建水果站之初，有些下游客商找上门来，也有自己主动联系的，经过一年的合作，如果合作比较愉快就会相对固定下来。杨某 2006 年与 3 家客商联系，2007 年这三家客商又来合作，此外又有三家新客商合作。在收梨季节，客商会亲自来监督收梨并与农户结算，在梨区的吃住费用由杨某负责，并由杨某帮忙联系雇人装箱、装车，有时也包括选果。雇佣费用由客商负责，帮忙雇人则不用另外给经纪人付费。杨某与下游客商也不签订任何形式的合同。

下游客商主要有外地批发商、冷库、外贸公司三类，其中外贸公司和冷库直接运走的大概占收购总量的 10%～20%，80%～90% 的量是由外地批发商购走，在外地批发商购走的这一部分中，70% 会直接运到外地鲜销或存库，30% 存入当地冷库。运输是下游客商自己负责，大部分自己带车，也有依靠经纪人在当地租车的，费用随行就市，一般按吨·公里或者件·公里计算。

杨某有时需要为下游客商代垫资金，但是一般会在一到两天内得到偿还，所以水果站会根据自己一到两天的收购量在收梨季节准备一定的流动资金。杨某大概准备 1 万到 2 万元就够了。

冷库一般在收梨时节的 9 月份到来年的五一期间为客户代存，在这个时段内，冷藏费用是 3.5～4 元每箱，对任何客户都一样，存户待出库时与冷库结算。

杨某作为经纪人收取每斤 3 分钱的佣金，提供组织货源的服务，支付招待下游客商吃住的费用（大概需要 1000～3000 元），同时在收梨季节，每月会多支付 100～200 元的通讯费用。

案例 2：刘某，东张口村民，1999 年以前从事汽车运输工作，1999 年建立自己的水果站，开始成为专业的梨产地经纪人。同时他还有自己的梨园，350 棵梨树，是农村改革开始承包到户的。除梨以外不做其他业务。

刘某有自己的果品站，在收梨的 3 个月期间，长期雇佣 4～5 人工作，在非常忙的时候还会加雇人手。按天计工资，每天 15～30 元。

刘某与农户的关系不固定，因为自己的规模较大，所以每年会有一大批熟悉的农户来交梨，但彼此之间没有什么约定，也没有合同。收购的价格和标准由下游客商来定。下游客商在水果站与农户现金结算。

刘某的佣金是每斤 3 分钱，不论品种，也不论收购价格。2006 年业务量大约为 75 万公斤，以前 5 年平均 50 万公斤左右。

刘某与一家冷库有固定联系，已合作了 6 年；与 2 个下游客商有稳定的联系，这种关系已建立起 2 至 3 年，属于口头约定，没有合同。这之前，没有与自己有固定联系的客商，是随机交易的。

与刘某联系的这两家固定客商在海南市场做批发生意，一般收的梨会直接运走，也有一部分会存在当地冷库。存库费用 3.5～4 元每箱，出库结算。

案例 3：郭某，赵县杨户村民，从事梨的经纪活动，但不是专业的梨经纪人。有 30 年的生产梨历史，不生产其他农产品，有 25 年的贩梨经验，现在仍然是以贩梨为主，另外从 1993 年开始断续从事一些代收梨的经纪业务和代介绍运输梨的经纪业务。

他没有仓库也没有冷库，但是他与两个冷库有固定联系，2006 年的业务量是 20000 公斤，行情最不好，平时年份每年的业务量在 30 万公斤左右。

他除了自己经销梨以外，还会帮助客户联系冷库中的梨，或者帮助冷库联系客商，这样的经纪业务的佣金是每斤 1 分钱。

他经营的主要品种是水晶和雪花梨，每年的业务量中的 80% 入冷库，20% 应季上市。在冷库的储存费用是每斤 1 角。

他与约 50 家农户保持相对稳定的关系。

案例 4：李某，杨户村民，专业的梨产地经纪人。1997 年开始从事梨的经纪业务，以前以经销为主。除此之外，还从事梨的生产，有梨树 400 棵。在收梨季节一般雇佣 3～4 人，这些人负责选果、包装、装箱、封箱、过磅和运至冷库。人工费每天 25 元，这些人工费是客商支付的。

李某有一个自己的水果站，就在本村，没有任何机械设备，只是作为收梨的场所。水果站与农户的联系不固定。到了收梨季节，有客商前来收梨，李某会通过广播喇叭播送有关价格、品种和标准等信息，在水果站的门口会有小黑板公布同类信息。有交梨需求的农户获得信息后自己找到水果站来。

李某没有固定联系的冷库，也没有固定联系的客商，有些是熟客，但也没有合同约束。客商一般自己找上门来，或者电话过来联系，收梨时亲自到场，东北的一些客户也有在电话里委托不亲自到场的，一切事项均由经纪人代为办理，通过电汇的方式与经纪人结算。

李某所经纪的梨中有四分之三当时运走，四分之一进冷库。

李某在一个收梨季会准备 8 万~10 万元资金用于给客户垫付，这样的垫付只发生在非常熟悉和信任，又不会过来亲自收梨的客户身上，对于一般客户通常是不垫付的。所垫付资金的还账日一般是半月到 20 天后。客户通过电汇与经纪人结算。

李某每年的经纪量大约 20 万~30 万公斤，佣金是每斤 2 分钱。

案例 5：杨户村村长，非专门的梨经纪人，经营一家冷库，为人代存，此外有一部分经销业务，还有一部分就是代卖的经纪业务和在冷库间调剂余缺的经纪业务。他在 1987 年在本村建立自己的冷库，容量是 1 万箱。长期雇佣一个人，在收梨季节雇佣的人手比较多，最多的时候 5~6 个人。

冷库与存户之间的关系比较稳定，除非发生矛盾，否则存户不会挪走。冷库与下游客商之间的关系不固定，这些客商主要是外地批发商，他们将梨运至外地批发市场销售。冷库本来只执行代存业务，存期定于每年的 9 月份始到来年的 9 月份之前，存价是每箱 3.5 元。为了让存在库中的梨早日出库，村长从事代卖业务。这种代卖不另收佣金，代卖的报酬是分两个方面体现的，第一是通过为存户卖个好价钱，确保与存户建立稳定关系；另一方面是通过存梨早日出库，降低储存成本。

村长还从事在冷库间调剂余缺的经纪业务，这项业务收取佣金，每斤 1 分钱。这笔业务量不大。

根据我们的调研，以上五个案例基本包括了梨产区所有类别的经纪人。从他们的经纪活动看，有以下一些明显的特点：

第一，他们是典型的农副产品（梨）主产区经纪人。因为是梨的主产区，当地农户大都从事梨的生产，在成熟季节，大量的梨集中下树，各地客商对这里的主要品种、质量、在销地市场上受欢迎的程度都有一定的了解，因此，这里的经纪业务主要集中在代购代销、代储代运等方面。

第二，这里的经纪人大多出身于贩销户，是那些最早到外地闯市场，为本地梨打开销路的人。他们有较为丰富的市场经验，在常年的贩销中，对各销地市场了解，并与一些外地客商相熟，因为是本地人，而且只做梨经纪，所以大多为兼业，自己还从事梨的生产和储存等业务活动。

第三，他们一般有较稳定的下游客商，注重维护与下游客商的关系。从这一点可以看出，在农副产品的主产区，由于同类产品的集中上市，最需要解决的问题就是怎么卖出的问题，所以，经纪人对维护与下游客商之间的关系非常重视，在收梨季节，会免费招待外来客商。关系维护得好，不仅能保证梨的销路，还会在客商因信任而全权委托时节省一定的费用。相比较而言，表面上看经纪人与农户并没有稳定的关系，一是因为主产区生产状态比较稳定，二是农民之间的交道更多依赖相互信任和口碑相传，即使每年光顾，也都认为没有必要建立合约关系。

第四，产地经纪人之间有竞争，保障农户的利益很重要。在辛集、赵县梨的主产区，有很多经纪人，他们分割当地梨产量的经纪业务，因为佣金是按斤计算的，所以谁的经纪量大，谁的收入就高。经纪人之间的竞争主要集中在服务上，这在客观上保证了经纪人对农户利益的维护。在调研中，很多经纪人都表示，如果谁坑害了农民，谁就不会有好结果。

第五，经纪业务灵活，完全取决于农户与客户需求。从上面的案例中我们可以看到，有的经纪人除了做梨应季购销经纪业务外，还从事一些与梨的购销相关的经纪业务，比如帮助沟通冷库和客商之间的联系，在冷库之间调剂余缺，帮助外地客商联系物流业务等，这些都是应客户和农民的需求做的，具有临时性，佣金双方洽谈。

（二）河北省涿州市农民经纪人协会案例

河北省涿州市农民经纪人协会是由涿州市区域内从事经纪活动的农民组织的非经营性的社团组织，2003年9月经市民政局批准注册，市供销社为业务主管部门。协会牵头领办了一个养殖委员会、2个奶牛养殖分会和18个专业合作社，现有农民会员70名，社员734户，涉及种植、养殖、加工等

20 余个行业。

该协会的宗旨是，以发展县域经济为目的，以推销采购农副产品为己任，搭建为农服务平台，架设信息桥梁，加强行业交流。

协会的职能是，协调会员与经营企业、种植、养殖加工大户的稳定产销关系，利用现代信息技术发布供求信息，规范经纪活动，代表会员向政府反映合理的要求和建议。

协会成立后为农民提供了很多服务：

第一，信息服务，设立供销益农网站，免费发布供求信息 300 多条，有效沟通了农产品产销。

第二，销售服务。官立庄粮食购销专业社年为农户销售小麦、玉米等3000 吨；百尺竿农副产品专业社年为社员销售草袋、草帘 500 万～600 万片，大米上百吨；奶牛养殖委员会鲜奶日销量达到 10 吨；泗海庄鑫新发肉鸭养殖专业社为社员统一购进鸭苗、饲料供社员饲养，专人定期防疫、统一收购成鸭销售，社员无成本和市场风险，月为社员销售成鸭 45000 只。此外，小寺竹制品专业社，大兴庄、大庄豆腐丝专业社，大洛各庄小麦专业社等也都很好地为农民解决了农产品的销路。

第三，融资服务。百尺竿农副产品专业社、南荒生猪养殖专业社还采取社内联保的方式，向信用社贷款 14 万元。南荒生猪养殖专业社还探索了社内无息融资。社员年互相拆借资金 36 万元。

第四，技术服务。南荒生猪养殖专业社一年内两次聘请专家系统讲解生猪养殖技术，帮助社员选购优良种猪配种，统一调入免疫药品，科学免疫，自配饲料分配到户，每头猪可降低成本 100 元。

第五，协调各方面关系。协会每年召开一次年会，请市政府有关部门领导参加，面对面听取会员们提出的各种问题，会后召开政府有关部门协调会给予解决。目前网通公司将柳河营村空中线缆移到地下，解决了困扰小寺竹制品专业社多年运输受阻问题。协调部分村委会关系解决部分社员扩大养殖规模的占地问题。

这个案例比较典型，是当前为数不多的经纪人组织起来提高中介能力的案例。从中我们可以看出，在经纪人组织化程度提高以后，能发挥更大效用，特别是在资金融通和与政府部门沟通方面。

　　这个案例最值得重视的经验是经纪人组织化程度提高以后，能更方便地与其他类型的中介组织互相依赖并融合。案例中的经纪人协会虽然是由农民经纪人组建的，但是组建起来的经纪人协会领办了多个专业协会和专业合作社。在这样的一个组织里，不同类型的中介组织却因为共同的目的实现了有机的融合，可以说，这在一定程度上指出了农村市场中介组织的发展方向：不管是属于哪一种类型的中介组织，都可以通过结盟或联合的形式，在更高的层次上组织起来，实现中介能力的扩大，带给农民更大的利益。

第十章　农产品拍卖商

在农村市场中介组织体系中，农产品拍卖商也是一个重要的组成部分。按照"公开、公平、公正、价高者得"的原则，依赖一套严密的组织和管理制度，农产品拍卖商将农产品集中在一起，竞价销售，降低了市场主体搜寻、谈判、监督等交易成本，提高了交易效率。通过农产品拍卖商的中介作用，实现了农产品供给者和需求者的双赢。

一、农村市场中的农产品拍卖

（一）拍卖

拍卖，又称"竞买"，它是以公开竞价的形式，将特定的物品或财产权利出售给最高应价者的一种买卖方式。从经济学的角度讲，拍卖属于商品流通的范畴。从法律角度讲，拍卖是在主体平等、公正、公开的基础上订立竞买契约的行为。这种契约以竞争缔约的方式进行，体现了最大限度地实现出卖物价值的特征。

拍卖将商品从委托人手中通过拍卖人的中介，转移给出价最高的竞买人，从现象上可以看出，这是一个资金和商品循环周转过程的一瞬，商品流通也因此而实现，这就是它的商品流通功能。在这个过程中，拍卖人既不占有拍卖标的，又不会成为拍卖标的的买主，更不会支付款项，它只是帮助供需双方以拍卖这种独特的方式完成商品交易过程，这是拍卖的中介服务功能，其主要表现是服务、沟通、联络监督。通过拍卖形成的价格，不是人为规定和制造出来的，而是在拍卖市场上，由竞买人通过激烈的竞争，商品价格水平不断变化，最终由出价最高者决定商品成交价格的一种价格形成机制，这体现了拍卖的价格发现功能。此外，拍卖还具有保值增值功能，实践证明，经拍卖的商品一般增值都在30%以上，这种增值是在拍卖竞争中实现的。

现代意义的拍卖有三个基本特点：首先，拍卖必须有两个以上的买主。即凡拍卖均表现为只有一个卖主（通常由拍卖机构充任）而有许多可能的买主，从而得以具备使后者相互之间能就其欲购的拍卖物品展开价格竞争的条件。其次，拍卖必须有不断变动的价格。即凡拍卖皆非卖主对拍卖物品固定标价待售或买卖双方就拍卖物品讨价还价成交，而是由买主以卖主当场公布的起始价另行应报价，直至最后确定最高价金为止。再次，拍卖必须有公开竞争的行为。即凡拍卖都是不同的买主在公开场合针对同一拍卖物品竞相出价争购，而倘若所有买主对任何拍卖物品均无意思表示，没有任何竞争行为发生，拍卖就将失去任何意义。

拍卖产生于奴隶社会，历史悠久，在长期的发展过程中，原本分散经营的各类拍卖人逐渐被专门从事拍卖专业的拍卖商所替代。后来，一些拍卖商或单独或合伙组建机构，拍卖机构又称拍卖人，即接受他人委托，以自己的名义公开拍卖他人财产并收取报酬的人。在现代市场经济条件下，拍卖人一般都以某种机构的形式出现，常见的有拍卖行、拍卖公司、拍卖市场等，统称为拍卖行。

拍卖行是典型的市场中介组织，其中介特征主要表现在以下几个方面：拍卖行的中介地位表现为，它与卖方之间建立行纪关系，即接受卖方的委托，以自己的名义从事商业经济活动的法律行为，但与卖方之间只在贸易过程中形成可能的要约和承诺关系。拍卖行的中介基础是，它受卖方委托，代其销售动产或不动产（有时包括无形财产），是以传递某种具体实物为中介基础的。拍卖行的中介手段在于，在通常条件下，它接受委托，主要是靠自己以拍卖为特征的销售行为，促使买卖双方成交，从而实现自己的中介目的。拍卖行的中介形式在于，它代客拍卖实物，其拍卖行为必须以拍卖会为载体，这是它促使买卖双方成交的固定形式。

（二）农产品拍卖

从历史渊源来看，可以拿来拍卖的物品种类相当繁多，范围十分广阔，包括动产、不动产、有形财产和无形财产等。其中属于农产品范畴的包括一些初级产品和鲜活产品，比如茶叶、羊毛、毛皮、香料、水果、蔬菜、乳酪、咖啡、鱼类、花卉等。世界上许多知名的拍卖商和拍卖机构都从事农产品的拍卖。

初级产品的拍卖更多地针对国际市场，这类拍卖商和拍卖机构在进出口贸易中发挥重要的中介作用。比如各类拍卖机构在印度加尔各答和斯里兰卡科伦坡从事广泛的国际性茶叶拍卖。这两个国家的茶叶国内外总销量的80%和95%均以拍卖方式进行。羊毛的拍卖历史已有200多年。20世纪70年代，澳大利亚羊毛的80%实行拍卖，80年代前期，84%的澳毛拍卖，国家拍卖中心有13个；80年代后期，85%的澳毛拍卖。澳大利亚的羊毛产量约占世界的30%，其中90%左右的原毛通过拍卖进入国际市场。在毛皮拍卖方面，全世界毛皮和毛皮原料的国际拍卖每年都进行150多次。著名的美国纽约拍卖有限公司，便是每年负责主持美国和加拿大两国水貂皮拍卖的大型拍卖行。据统计，通过各类拍卖行举行的国际拍卖，美国和加拿大大约售出其毛皮总产量的70%，丹麦为90%，瑞典和挪威则分别为95%。可见国际拍卖是毛皮进入世界市场的最主要途径。

鲜活农产品以拍卖的方式成交也是国际惯例。阿姆斯特丹和安特卫普是世界上最重要的两个水果和蔬菜国际拍卖中心。阿姆斯特丹是荷兰的首都，因其交通便利、航运发达成为欧洲各类货物的集散地。加之荷兰农牧业发达，因此各类拍卖行几百年来就在此开展业务，尤其水果和蔬菜拍卖最为兴盛。这里也是花卉的国际拍卖圣地。大多数荷兰农民和种植公司都不自行出售产品，而是成为一家拍卖市场的成员，将自己的全部产品送到拍卖市场，通过拍卖进行销售。荷兰大部分的农产品都集中到了拍卖市场。连锁超市、大批发商和出口商在拍卖市场买到农产品，再将它们销到国外市场，或分销给小批发商和各家店铺，从而形成了荷兰独特的农产品流通机制。阿斯米尔花卉拍卖市场就位于荷兰首都阿姆斯特丹，是全世界最大的花卉拍卖市场。

由于拥有现代化的计算机设备，该市场每天完成业务 5 万宗，销售 1400 万枝花和 150 万株装饰类植物；拥有雇员 1800 名，市场内配套服务的其他公司雇员约 1 万人。拍卖大厦长 800 米，宽 600 米，大厦内冷藏面积 3 万平方米，市场总面积 7115 万平方米，相当于 120 个足球场的面积。荷兰花卉植物全年出口值 50 亿荷兰盾，约合近 30 亿美元，阿斯米尔占全国销售额的43%。比利时全国有 10 个果菜拍卖市场，分设在国内 10 个城市，其中 7 个主要拍卖水果，3 个主要拍卖蔬菜，而安特卫普则是面向世界的果菜拍卖量最大的拍卖市场，一天拍卖成交的水果和蔬菜能多达两三千吨。[1]

（三） 我国农产品拍卖商的产生

20 世纪 80 年代末，在我国绝迹 30 多年的拍卖行重新在市场中出现。北京、上海、深圳这些走在市场改革前列的大城市纷纷建立起拍卖企业。这些拍卖行多是综合性的拍卖行，拍卖物范围比较广泛，涉及高价值的古董字画、珠宝翠钻、邮品、工艺品、生产资料、日用消费品等多种类型，但是没有包括农副产品。尽管如此，拍卖行的出现和拍卖活动的影响却是深远的，更多的人认识了拍卖，了解了拍卖的功能和实质，也使得更多领域的人注意到国际拍卖实践，从中学习经验，并力图在国内推行。我国农产品拍卖商正是在这样的背景下出现的。1997 年 6 月 28 日开业的深圳市福田农产品批发市场有限公司投入资金 3.5 亿元，开创我国农产品拍卖先河。据 2000 年度统计，市场总成交量 60 万吨，成交额 38.6 亿元，居全国同行业第四位。2002 年年底成立的昆明国际花卉交易中心引进荷兰阿斯米尔拍卖市场的运作模式，为云南花卉业升级换代提供了保障，为其他农产品领域提供了有益的经验。在他们的带动下，很多地方的农产品批发市场开始尝试引入拍卖交易方式。值得提出的是，我国的农产品拍卖商发育还是非常有限的，其中介作用的发挥远未达到我们所期望的水平。

---

① 本小节中数据来源于李沙著：《拍卖行》，中国经济出版社 1995 年版，第 110~111 页。

二、我国农产品拍卖商的作用及其运营情况

农产品拍卖商通过在公开的场合将农产品所有权竞价转让，来发现其公平的价格。由于拍卖价格是由商品价值和即期供求关系决定的，具有真实性，所以对农产品的生产、流通与消费必将产生巨大的影响，引导其协调发展，达到农产品均衡供应的理想水平。发现真实价格是农产品拍卖具有的最大优点，也是其中介作用的根本体现。

（一）农产品拍卖商的作用

1. 改变交易方式，降低交易成本

在拍卖中，出卖人和拍卖商以拍卖物的出让和收取为媒介，确立起法律上的委托代理关系；拍卖人和应买人则以拍卖物的售出和竞得为媒介，建立起法律上的买卖成交关系，三方当事人之间的这两种法律关系借助拍卖物为载体，伴随拍卖行为存在。与传统对手交易方式相比，这种交易方式下，拍卖商加入其中并处于核心和桥梁地位。这在表面上看似乎增加了交易环节，不利于交易效率的提高，实则不然。首先，拍卖商将众多出卖人的产品和出售意愿集中在一起并由自己代理，这就改变了农产品交易双方的谈判及寻价程序；其次，由于拍卖商的收益来自拍卖佣金，所以他们与委托人的利益是一致的，那么出卖人的意愿能够得到有效执行。在这两条成立的前提下，拍卖交易通过交易次数的集约化和商品储存的集中化来实现规模经济并提高交易效率。假设一定区域范围内有 M 个农产品供应者、N 个农产品需求者，传统交易条件下，每个供应者都需要有 N 次寻价才可能获得最好的价格来达成交易，M 个供应者就需要 MN 次寻价才可完成理想的交易；而在拍卖制条件下，全部供应者只需要 N 次寻价，全部需求者只需 M 次寻价，交易的完成只需 $M + N$ 次寻价即可。这就大大降低了农产品市场上搜寻交易对手和谈判的费用，降低了交易成本。此外，传统市场上，由于没有统一的检验认定，商品质量缺乏可信度，买方需亲自验货方可成交，且事后也易发生纠纷，交易的执行和监督成

本较高;而在拍卖交易方式下,商品质量经过拍卖公司检验认定,质量有规范,加之市场设施完善配套,交易效率大为提高。

2. 聚集众多买者,发现真实价格

价格是市场的核心要素,竞争是价值规律的客观必然要求。实践中,价格竞争可以在买方之间、卖方之间、买卖双方之间不断产生,激烈展开。在传统的农产品交易方式下,由于是众多入市者分散形成供求,信息的散乱和缺失经常使交易者处于盲目的状态之下,而且在交易过程中,为了竞争需要,谈判通常在秘密和半秘密状态下一对一进行,这就很可能因双方信息不对称或实力不均衡而产生歧视性交易、显失公平交易乃至欺诈性交易。农民分散入市就会经常处于信息劣势从而处于交易劣势,难以获得真实公平的交易价格。而在拍卖市场上,一方面,实行卖方委托交易制,商品数量、质量、规格等信息由市场集中掌握并统一报告,信息公开透明,机会均等;另一方面,拍卖商为保证拍卖效果,会努力吸引众多的买家云集于此,众多的买方遵守"公开、公平、公正、价高者得"的"三公一高"原则,凭实力和技巧公开竞争。信息公示和竞价拍卖,消除了场内歧视性交易和贸易欺诈,能较好保证交易的公平和公正。"价高者得"保证农产品实现真实价格,从而保证出卖者的利益,这对于农产品生产和销售者来说意义尤其重大。

3. 运用制度保障,降低农民风险

蔬菜、水果、花卉、水产品等产品鲜活易腐,成熟后必须及时收获卖掉,很难储存起来待价而沽。产品的鲜活性进一步放大了市场风险,好的市场机会对农民来说是可遇而不可求的。尤其鲜活产品市场行情瞬息万变,而且销售半径有限,一旦把握不准市场信息,往往千里迢迢将产品送去却落个贱价处理。即便就近上市,也不一定能卖出好价钱。而当拍卖商介入其中时,专业的信息收集和处理能力首先改变了鲜活产品交易的市场条件,召集竞买人的努力和拍卖现场的组织秩序经由制度的形式得到保证,可以为鲜活农产品卖出好价钱提供有力帮助。另外,拍卖一般建有一定的价格保护制度,当拍卖价低至保护价时,交易就自动停止,未售商品或就地销毁或转到其他非竞争渠道进行处理,由市场根据保护价比例对货主给予适当补偿,以保障农民基本收益,补偿金从拍卖风险基金中支付。这种制度有利于维护农产品正常价格水平，可降低农民的上市风险。

4. 实现联合销售，改变农民市场地位

30 年的市场实践证明，当前农村市场上的主要矛盾就是农民组织化程度过低，无法跟大市场有效衔接的问题。在农产品市场上，分散的农民提供的小规模产品供应，使农民陷入不利的市场地位，改变这种地位的方式就是联合销售。专业协会、合作社等中介组织可以实现这个目标。从国际经验看，许多国家为改善农民市场地位，普遍对其合作事业持扶持态度。我国在这方面的发展前面也已经有所介绍。但是，在这些中介组织规模有限、覆盖范围有限的情况下，仍有大部分农民的市场能量无法与具有信息和规模优势的工商企业抗衡，难以根本上改变其弱势市场地位。拍卖机制却能使农民的被动局面得到很大改观，因为在拍卖市场上，农民并不以单个的农户或合作社出现，而是将商品委托给拍卖公司，由其统一组织拍卖。通过拍卖公司这一中介，农民由传统市场上彼此独立的竞争者转化为具有共同利益的同盟者。拍卖市场提供了一种实现农民更高程度联合销售的社会机制，对改善农民的市场地位非常有利。

（二）农产品拍卖商运营举例

我国的农产品拍卖还处于起步阶段，尽管有国外成熟的经验可以借鉴，但是我国毕竟有着自己的特点，国内的农产品拍卖商正在尽最大努力寻找在本土充分发挥拍卖中介作用的方式。

案例：上海市江浦路水产品拍卖市场。

2002 年 3 月 19 日上午 9 时，江浦路水产品拍卖市场电子大屏幕上亮起了一行红色大字：今天上午 9 时 30 分，拍卖竹荚鱼。拍卖大厅里，来自南通、广德、崇明的十多位竞拍高手，一面仔细察看一箱箱竹荚鱼样品，一面相互交谈着，各自的心中早已拟定了理想的价位。

这种鱼是市远洋渔业公司从南美海域捕来的，规格不大，一公斤有6 条，又是大多数人不知口味的新品种。经验老到的拍卖师谢志勤为搞好这次拍卖，设计了一个与往常不同的拍卖方案。9 时 30 分，拍卖正式开始。一吨 3000 元，2950 元，2900 元，2850 元，他采取减价式拍卖，由上而下报价。当报到 2700 元时，三地的竞拍者人人举牌，数百吨竹荚鱼一下全部成交。其实，远洋渔业公司的底价是一吨 2600 元。

自 2001 年以来，拍卖市场已进行过近百次拍卖活动，由于拍卖人员运用智慧，精心组织，既把生产者交来的鱼随行就市，又让竞拍者在透明、公正的氛围里同台竞逐，没有出现过一场流拍。2001 年 10 月 20 日上午，举行了一场窄条鳕鱼的拍卖。当天凌晨，远洋渔业公司装着 2000 多吨鳕鱼的渔船靠岸江浦码头，能否一次销掉，几位正副船长的心全都悬着。走进拍卖大厅，只见吉林、福建等地的二十多位竞拍者都已到场，他们的心才定了下来。原来，拍卖市场早在几天前，就把这一信息发送出去了。这种窄条鳕鱼规格不大，吃口一般，在上海地区没有好销路。在吉林，用它加工成鱼干出口韩国，销路和收益都不错。在福建，人们用它制成鱼片等休闲食品，价值更高。拍卖市场掌握这一行情，事先有针对性地请来这些地区的竞拍者，使这场一次性拍卖量最大的交易活动获得圆满成功。拍卖在 9 时 30 分准时开场。谢志勤和裘伟两位拍卖师齐声报价：一吨 7800 元，7850 元，7900 元，8000 元，8100 元⋯⋯最后，2000 多吨窄条鳕鱼以每吨 8100 元的价格全部成交。

2001 年年初，浙江嵊泗有两户渔民受乡亲嘱托，驾着一对渔船带来 10 余吨海鱼停靠江浦码头，他们要试探一下，水产品拍卖于渔民收益的"含金量"。他们带来的这批海鱼，一半是中等规格的黄鱼和带鱼，其余是些小鲳鱼、梅子鱼等小规格海鱼。考虑到这是外省市渔民第一次来交易，拍卖市场的工作人员不厌其烦地帮他们分级整理、装箱，接受竞拍者检验。上午拍卖结束，他们当场拿到了货款，细细一数，还比来时预计的增收 2 万多元。送别时，拍卖师诚恳地告诉他们，欢迎他们带乡亲们常来。如果带大规格的海鱼来，价格会卖得更好。

此后不久，浙嵊渔 10135 和浙嵊渔 10136 号渔船接踵而至。他们带了 20 多吨海鱼，主要是大规格的带鱼和鲳鱼。拍卖市场派人上船看货后说，这里是质越好价越高，花几小时分级整理一下，保证有意想不到的收获。当日拍卖，他们的一批每条 0.35 公斤重的大带鱼，每公斤从 16 元起拍，到 22 元成交；而以往做对手交易，最多只能卖 16 元。一批每条 0.5 公斤的鲳鱼，也拍卖到每公斤 70 元。尽管其余的小鱼小虾拍卖所得与对手交易差不多，但整体结算下来，两户渔民足足增收了 8 万多元。自此，临近上海地区的浙江渔民，纷纷奔走相告，一有大规格海鱼捕获，都乐意到上海来拍卖。他们欣喜地说，到上海来拍卖，鱼越大、品质越好越合算，货款到手快，又没有讨价还价的麻烦，也不会受大鱼贩欺行霸市的气，开心。

据负责这个市场水产拍卖的王晓弟经理称，水产品交易以拍卖方式进行，有利于市场规范化、制度化运作，实现"公正、公开、公平"的交易原则，为建立与国际接轨的水产品大流通、大循环架构打下基础。水产品批发的传统方式是对手交易，运作时难免有主观随意性，容易产生压价、抬价、欺行霸市等不正常现象，最终必将退出水产品交易舞台。水产品拍卖交易运作便捷、透明、公正，一声声拍卖声成功吸引众多外省市海洋捕捞者前来，这里的海鱼交易量已占本市销售总量的四成以上。目前，上海渔市的海鱼年上市量已达 22 万吨，人均能吃上 16 公斤左右的海鱼。①

从以上案例可以看出，农产品拍卖商在发展初期的运营中，主要从以下几个方面做好工作，保证拍卖顺利进行，实现其中介作用：

（1）做好组织工作，遵守拍卖规则，保证拍卖交易顺利进行。面对长期形成的传统交易习惯，拍卖商需要在实践中帮助交易主体认识拍卖方式的先进性和效率。为此，拍卖商必须既面对现有的交易基础，又严格遵守拍卖的原则，工作上的首要难题就是拍卖物的分类整理工作。批发式拍卖的第一个环节就是对拍卖物进行分类，在农产品标准非常缺乏的条件下，拍卖商都会在拍卖前进行繁琐的分类准备工作，一方面能尽量帮助出卖者获得最有利的价格，另一方面尽力为竞买者提供可靠的样品，保证最后的成交实现货价相符。

（2）主动联络出卖者，保证拍卖物货源。在我国农产品拍卖商尚在起步的阶段，出卖者对拍卖的信任程度还远远不够，他们不能确认在履行繁琐的手续之后，能否得到比对手交易更合理的价格，也不能确认拍卖商是否能保证自己的利益，这是拍卖行发展之初普遍会遇到的问题。农产品拍卖商为了获取出卖者的信任，主动承担了大量的拍卖前准备工作，并在拍卖后多多征求出卖者的意见，与出卖者建立起比较稳定的合作关系，保证了拍卖交易

---

① 此案例引自上海商情信息中心（http://www.bis.net.cn），2002 年 5 月 27 日。

的持续进行。

（3）积极发布拍卖信息，招徕竞买者参与。与传统对手交易相比，农产品拍卖商可以在更广阔的范围内发掘市场需求。拍卖商通过及时整理和大半径发布市场信息，联络竞买人到场参与拍卖，保证拍卖顺利进行。

三、农产品拍卖在中国的发展状况及存在问题

早在1994年，上海的江桥批发市场建成投入使用时，就引进了拍卖交易机制，但是最终没有能实施，直到1997年深圳福田市场农产品拍卖第一槌敲响，我国的农产品拍卖才正式起步。十几年来，我国的农产品拍卖发展并不是很顺利，学术界对此也多有讨论，对农产品拍卖在中国的适应性问题进行了深入的探讨。但是，无论如何，提升市场层次，推行农产品拍卖仍然作为发展方向坚持下来。

（一）我国农产品拍卖市场的发展情况[①]

1. 各地多项政策出台鼓励农产品拍卖的发展

1996年11月27日，农业部、国家工商管理总局发布的《水产品批发市场管理办法》中提出在水产品批发市场中采用"拍卖"这种特殊的交易方式。《水产品批发市场管理办法》第六条规定"批发交易必须保证公正、合理、严禁垄断，批发交易一般应当先以拍卖或者投标方式进行"。此后，根据这项规定，在水产品批发市场开始采用"拍卖交易方式"的有上海市江浦路的水产品拍卖市场、广东省汕尾市水产品批发市场、山东荣成的北方渔市、中国舟山国际水产城、辽宁省大连海洋渔业集团公司水产品交易中心、广东省阳江市阳西县沙扒水产品批发市场、浙江台州水产品交易中心等。江苏常州宣塘桥水产品交易市场是全国闻名的水产市场，也是在全国率先采用电子拍卖现场交易的市场之一。

---

① 参见王学岭：《浅谈发展中的我国农产品拍卖市场》，载《农产品市场》2006年第6期。

2005 年年初，出台了《中共中央国务院关于进一步加强农村工作提高农业综合生产能力若干政策的意见》，提出要"改造现有农产品批发市场，发展经纪人代理、农产品拍卖、网上交易等方式，增强交易功能"。

2005 年 8 月，国务院发布了《国务院关于促进流通业发展的若干意见》，提出加大流通基础设施建设投入力度，积极运用财政贴息等政策措施，加大对农产品批发市场、物流配送中心等流通基础设施建设的投入力度。有多家农产品批发市场通过利用国债资金改建，使批发市场具备了"拍卖"交易功能。

2005 年 10 月 10 日，山西省工商局公布了《关于促进全省个体私营等非公有制经济快速健康发展的实施意见》，在支持农村非公有制经济发展方面，鼓励、支持农村个体私营企业参与农副产品批发市场和集贸市场的经营，发展农产品拍卖、网上交易等方式，扩大交易功能。

2005 年，北京流通业鼓励发展项目目录中公布了 2005 年北京市流通业发展分类指导目录，政府鼓励发展的项目共分 9 大类 93 项。其中，农产品流通方面鼓励发展的项目包括农产品批发市场升级改造——检测中心、信息中心、果菜残余物环保处理中心、统一结算中心等基础设施建设，农产品批发拍卖系统的应用技术，专业化农产品经销公司，农产品物流配送中心，农产品标准化分类分级包装等。

2006 年 1 月，广东省工商局出台了《广东省工商行政管理局关于服务我省统筹城乡发展的若干意见》，明确指出"鼓励发展灵活多样的经营方式。大力支持发展经纪人代理、农产品拍卖、网上交易等交易服务方式，引导农村各类企业发展电子商务、连锁经营、物流配送等现代流通方式"。

2006 年 3 月 29 日，山东省工商局下发《积极推进社会主义新农村建设实施意见》，提出多项新举措，力促农村经济发展。推进农贸市场升级改造，支持农产品批发市场引入拍卖、网上交易等新型营销方式，引导农村各类企业发展连锁经营、超市经营、物流配送等现代流通方式，倡导农民在交易活动中签订书面合同，涉农企业不得压级压价、打白条或以种种理由拒绝收购农产品，允许农民季节性地从事经纪活动，并适当减免收费，扶持一批特色农村经纪人。

2. 配合政策，各地纷纷建立农产品拍卖市场

配合上述政策的出台，新建改建的具有现代交易方式的农产品拍卖市场纷纷建成，有的已经投入运营。从发展趋势上看，农产品拍卖市场由最初在东南沿海城市的试点，逐步向中西部推广，同时，带有先进管理经验的外资开始介入农产品拍卖市场。

2005 年 5 月 20 日，哈达果菜批发市场正式开业。哈尔滨市哈达果菜批发市场是经国家经贸委批准立项的，被哈尔滨市政府确定为哈尔滨市唯一一家蔬菜果品批发市场，是我国东北地区最大的果菜集散中心。同时向物流配送及电子商务领域进军，实现批发交易与连锁零售、直销代理与物流配送、有形市场与网络市场的有效结合。市场设施完备，功能齐全，设有大型果品和蔬菜交易厅、精品交易厅、国际绿色果菜博览中心、气调恒温库、大型电子结算中心、电子商务中心、配送中心，集农副产品销售、仓储、加工、拍卖、进出口贸易于一体，为各地客商提供全方位的服务，最终发展成为全国规模最大、设施最先进、经营门类最齐全、现代化水平最高的综合性农副产品批发市场。

由深圳、重庆、桂林、武汉等地多位台商协会资深会长联合组建的武汉"八达通"农产品计算机竞价拍卖市场，2005 年 11 月底在武汉市启用营业。农产品计算机竞价拍卖市场首期工程有上万平方米的竞价交易区、数千平方米的冷藏库、符合欧美标准的果菜检验设备，以及果菜生鲜处理、运输、加工等设施。拍卖市场由我国台湾地区农产品运销方面的专家团队主持营运，率先从台湾引进具有国际先进水平的农产品拍卖、竞价模式进行交易，对促进我国的农产品流通、发展拍卖市场有着重要的示范作用。

福建省闽台农产品市场也于 2006 年 5 月完工并投入使用。福建省闽台农产品市场位于闽南石井镇，东与台湾、金门相望，南接厦门翔安区，西邻漳州，北靠泉州市区。市场项目的专用码头位于泉州港石井港区内，距金门岛仅 6.5 海里，交通非常便利。福建闽台农产品市场规划面积 800 亩，总投资 5.8 亿元。规划有肉类、水产、水果、蔬菜等专业交易区，农产品拍卖中心，配套检疫检测、信息系统、物流配送等公益性基础设施，以及会展、对台贸易与进出口服务、后期保障等多项功能。

北京市最大的农产品批发市场——新发地市场投资 5.53 亿元的升级改

造工程全部完工。改造后的新发地市场新建包括交易大厅、展销大厅和拍卖大厅等在内的 10 万多平方米的室内交易区，80% 的露天交易将搬进室内交易。大货车可以直接开进交易大厅内。此外，卖主选择销售点，也沿袭该市场的传统，不划分固定摊位，而是在大厅内划分停车位，按照交易品种和先来后到的原则，由市场统一安排停车位，就地进行销售。

广州市水产品中心批发市场是农业部指定的全国三大水产品市场之一，扩建后的广州水产中心批发市场由两座 15 层主楼和 5 层裙楼组成，建筑面积达 18 万多平方米。经营品种除保留现有的水产鲜活品外，还将包括塘鱼、冰鲜以及其他水产干货等加工食品，并增设小包装冷冻水产品生产、加工场以及与市场相配套的冷库、大型停车场、物资供应、信息、银行、旅店业、饮食业等设施。另外，冰鲜拍卖中心也将首次落户广州。

由四川省西博苑实业有限公司投资建设的西部地区最大规模的水产物流批发市场落户成都。总建筑面积 13 万平方米，占地 300 亩，包括海水产品、淡水产品、鲜冻品、观赏鱼等交易区，配置水产品批发中心、配送中心、检疫中心、西部水产信息网、拍卖中心等。

2006 年 2 月，位于厦门市中埔的台湾农产品水果商务大厦正式封顶，台湾农产品水果商务大厦建设用地 2000 平方米，集台湾农产品水果的营销、展示、拍卖、远程网络期货交易、网上交易、电子结算、检疫于一体，将有力地促进祖国大陆水果经营模式走向现代化、信息化。

北京市宣武区人民政府称，为了提升马连道的茶叶经营模式，将建立中国首座国际茶叶拍卖中心——中国茶叶大厦。中国拥有世界上最大的茶叶种植面积和位居世界第二的产量，但是由于茶商的品牌经营意识淡薄、交易方式落后，造成了中国茶叶在国际市场仅占 6% 的份额。为了提高中国茶叶在国际市场上的竞争力，马连道茶叶街将建设一座耗资 8 亿元，占地面积约 6 公顷，高 26 层，以国际茶叶拍卖中心为龙头的中国茶叶大厦。实行茶叶拍卖后，将建立一套标准化的茶叶交易制度，进一步提高中国茶叶在国际上的竞争力。

（二）我国农产品拍卖发展过程中存在的问题

从趋势和政策意图上看，农产品拍卖的发展是必然的，但是，从实践看，新建改建的农产品拍卖市场到底能不能发挥应有的作用，获得规范发展还是一个未知数。像深圳福田这样发展了 10 来年的拍卖市场，也呈现出徘徊不前的局面，其他一些市场在经历了开始的短暂繁荣后，也大都不太景气，甚至出现亏损。那么究竟是什么问题制约了农产品拍卖的发展呢？

1. 农产品尚未实现标准化

农产品拍卖顺利进行的必要条件之一就是农产品标准化。拍卖交易要求快速、大量，因此买家一般只看样品。只有实现了标准化，在出卖者和拍卖人之间才容易形成无条件的委托关系，也有利于竞买人获得有效信息，并据此做出合乎实际的价格决策。而我国目前还没有建立起健全的农产品标准化制度，一方面，缺乏统一、权威的农产品标准，在农产品认证中，除了"绿色食品"国家有一套较为完善的标准体系外，其他标准基本空缺，而农产品标准化内容远不是"绿色食品"所能涵盖的。另一方面，没有建立权威的农产品认证机构。缺乏一个统一的农产品标准，农业各部门内部对农产品的鉴定通常有一套"部门标准"，如水产品、畜产品等，各部门之间缺乏沟通，各自为政，使农产品标准不统一甚至相互矛盾，可行性降低。在农产品分散的小规模生产与流通、消费之间的矛盾将在相当长时期内存在的条件下，大规模农产品标准化在短期内是不可能实现的。从现在国内已经存在的一些农产品拍卖交易来看，其在农产品质量等级化、重量标准化、包装规范化方面远远落后于发达国家，拍卖交易的效率受到制约。

2. 竞买人队伍难以有效扩大

竞买人对拍卖来说至关重要，一个繁荣的拍卖市场必须有一支成熟、强大的竞买人队伍，这样才能保证拍卖价格在最公平、合理的水平上实现。根据国际经验，初级产品和鲜活产品等农产品拍卖一般采用批发式拍卖，要把类别相似、质量相同的商品聚集起来，组成一批更大的供货，这需要有资质、有实力的承销商参与竞买。在我国的农产品拍卖市场上，竞买人队伍一直难以扩大，一方面的原因就是在现有的农产品流通体系下，农村小规模分散的供应者和城市农贸市场上小规模的农副产品零售者通过产地批发市场和销地批发市场联结起来，这种两头的超小规模促成了两地批发市场上小规模的批发商，批发商的规模过小就难以与拍卖等现代交易方式有效衔接；另一方面由于我国在批发市场发育方面尚缺乏法律规范，没有实行市场准入制度，使得进入批发市场的主体参差不齐，差异过大，进而拍卖市场无从培养竞买人队伍。在这样的前提下，造成了农产品拍卖价格相当不稳定，这也是当前我国主要农产品拍卖市场交易量逐渐萎缩的重要原因。对于理性的中国农户来讲，波动幅度较大的拍卖价格、繁杂的入场手续、对产品质量的严格要求使他们宁愿选择传统批发市场而放弃拍卖市场。以深圳为例，福田农产品批发市场近几年来虽然也有意识培养了一大批有实力的承销商，但相对其广泛的农产品市场渠道来讲却是微乎其微，尤其是这支承销商队伍并不是成熟且稳定的，对农产品严格的标准化要求及相对不太稳定的拍卖价格使他们逐步转向了附近的布吉农产品批发市场。

3. 政府的有效管理不足

农产品拍卖交易在我国还是新生事物，尽管中央和各级政府出台政策表明了支持和鼓励的态度，但是尚缺乏有效的管理。从国际经验看，相关法律法规的制定是促进拍卖市场发展的关键因素。像日本、荷兰等国家都有政府强制推行农产品拍卖制度的先例，不仅如此，农产品拍卖市场的建设和管理也以政府为主或是由政府来出资建立。

我国的农产品拍卖市场经过近年来的发展，出现了一些问题，在所有农产品批发市场交易额中所占比例不大，主要原因是缺少法律法规的规范。国外在农产品批发市场中推广"拍卖"交易方式都有一套比较完善的法规。日本在1923年制定了《中央批发市场法》，1971年政府又制定和颁发了《批发市场法》，后来出台了《批发市场法施行令》、《批发市场法施行规则》、《食品流通审议会令》等。为了确保价格形成的公正性，在市场交易法规中，规定了竞卖或招标为市场的主要交易形式，这些法规条令使批发市场交易活动更具公开、公正、公平，促使日本农产品批发市场真正走上了规范化发展轨道。

四、农产品拍卖在中国的发展前景

目前，学术界一些研究者对我国的农产品拍卖市场并不看好，比如，寇平君、卢凤君认为，农产品拍卖交易方式在我国缺乏生存与发展的条件和基础，所以农产品拍卖交易方式在我国难以广泛推行。[①] 朱信凯认为农产品拍卖并不适合当前我国的基本国情。[②] 而十多年的农产品拍卖实践也似乎证实了这一点，国家"十五""211"重点项目"农产品批发市场与期货市场比较研究"课题组 2004 年 7 月对国内几个主要农产品拍卖企业进行了考察，发现绝大多数农产品拍卖市场交易量逐渐萎缩、举步维艰，有些已经失去了拍卖市场的价值和意义，而变成了仅供"参观"的样板市场。那么农产品拍卖在中国到底有没有发展前途呢？根据笔者的研究，认为从中国农产品流通发展的趋势上看，农产品拍卖商作为一类市场中介组织是有存在和发展的空间的，表现在以下几个方面：

（一）批发市场的改造升级为农产品拍卖提供发展平台

拍卖因其在节约物品运输、价值转移、信息传递等成本方面的优势而显示了它的经济合理性，但同时，拍卖是一种极为规范、对交易过程中的各环节要求极为严格的一种交易方式，是一种标准化了的交易方式，对农产品标准化、规格化、等级化均有严格要求。根据国际经验，农产品拍卖多是伴随着农产品批发市场的成熟和完善而发展起来的，我国也不可能摆脱这一模式。只要是批发市场在农产品流通中仍占有重要位置，拍卖交易方式就会有发展的机会，只要是批发市场不断向现代化迈进，农产品拍卖就能实现规范发展，充分发挥其中介作用。据有关部门统计，我国现有各种农产品批发市场 4000 多个，年成交额达到亿元以上的有 1100 多家，其中农副产品综合批

---

① 寇平君、卢凤君：《农产品拍卖交易方式在我国推行的适应性分析》，载《中国农村经济》2003 年第 8 期。

② 朱信凯：《对我国农产品拍卖交易方式的思考》，载《农业经济问题》2005 年第 3 期。

发市场 800 多家。将近 70% 的农副产品通过农产品批发市场进行流通。从趋势上看，批发市场在农产品流通中起绝对作用在今后很长一段时间内都不会改变。但是从目前来看，由于缺乏相应的标准和规范，我国农产品批发市场大多数基础设施较差，管理经营秩序不规范，服务功能不健全，不能充分发挥对农业生产的引导作用和保证农产品安全流通。为此，2005 年 4 月商务部出台了《农产品批发市场管理技术规范》，对农产品批发市场的经营环境、经营设施、卫生安全、计量、信息、保鲜储存、质量检测、包装运输等方面进行了具体的标准化规范。同时，商务部还提出准备用 3 年的时间培育标准化、规范化管理的农产品批发市场 2000 家。[①] 从 20 世纪 80 年代初开始的批发市场实践已经走完了它的第一段，即数量扩张阶段，现在正式进入规范发展的时期。农产品批发市场标准化建设将在改善经营环境、改造经营设施，特别是加强质量检测，保障农产品流通安全方面取得成效，这就为农产品拍卖市场的发展奠定了基础。换句话说，因为现阶段农产品拍卖所需条件尚未完全成熟，所以我国的农产品拍卖实践效果并不令人满意，但是随着批发市场的全面升级改造，农产品拍卖必将在各项条件具备的前提下得到长足的发展。

（二）电子商务的发展使网络拍卖成为可能，增加对交易者的吸引力

目前，互联网正在使全球易腐商品的交易方式发生革命性变化。网上拍卖交易时间短，能确保水产品、农产品和鲜花更快地抵达目的地。欧洲水产市场每年的拍卖交易额高达 100 亿美元。因此，一些企业家正在欧洲 450 家大型水产拍卖市场建立网上拍卖交易系统。法国水产拍卖商珀发公司已经在欧洲开办了 5 个网上拍卖鱼市。比利时泽布吕赫港口 22% 的水产交易是通过网络拍卖进行的。如今，一些渔民在海上捕鱼时，就开始通过船上计算机系统在拍卖市场销售他们的水产品。在荷兰的艾默伊登，渔民每次出海周期为 5 天。出海 2 天后，就开始通过互联网售鱼。5 天后回到岸上，他们的

---

① 王学岭：《浅谈发展中的我国农产品拍卖市场》，载《农产品市场》2006 年第 6 期。

捕捞物也卖得差不多了。比利时拍卖系统提供商斯海尔夫豪特计算机系统公司已在欧洲40个渔港建立了自动拍卖系统，通过互联网进行交易。法国阿格罗·马尔凯斯国际公司提供的网上售鱼系统，可以安装在拖捞船上，将捕捞信息通过卫星传送到各个港口，以便预测捕捞情况。在我国农产品批发市场新建或升级改造过程中，信息系统的建设都列在非常重要的位置，这就为批发市场的电子商务提供了基础设施的保障。拍卖加电子商务的方式进一步缩短了销售时间，既能保证物品的即时销售，又能获得最公平合理的价格，这对鲜活产品的供应者来说非常有吸引力。

（三）将与超市直销、协约交易等方式共同参与农产品流通

近年来，美国、日本等国的农产品拍卖交易量出现了萎缩的情况，其原因在于鲜活农产品流通环境发生了变化，一个是大型连锁超市大量进入鲜活农产品流通业，另一个是农工商一体化模式下的订单农业的发展。在日本，鲜活农产品零售出现了大型连锁超市所占比重增大而一般零售商店所占比重减少的倾向。一般零售店在决定其购入品种、采购价格及数量时，通常是对应于当天市场上市状况的，因此其采购行为具有反映当天行情的极大的弹性。然而，大型连锁超市基本上在上市之前就对需要采购的品种、等级、数量等预先指定，非常强调确保采购。另外，即使采购价格通常也是根据商品的销售价格、利润率等实现决定的。因此，大型连锁超市的采购行为同一般零售店比，计划性更强，而弹性更差。在拍卖中，中间批发商若要按大型连锁超市提出的等级、品种要求确保预定数量，他就必须叫出比其他购买者高的价格，而超市则认为大量购买应该便宜，这与拍卖原则发生抵触。另外，大型连锁超市在货物上架之前必须要对货物进行分拆包装、标价、附条形码，并予以陈列等，因此对交货时间要求较高。超市的供应商为了适应定时、定量、定质、定价的要求，仅通过拍卖的方式予以采购就有很大的不确定性，于是产生了包含"事先购买"在内的预约型交易方式。这是来自购买者的变化。供给者的变化也会对拍卖产生影响，当供给者的谈判地位增强

且要求保证价格和销路时，拍卖也非最佳选择，合约交易更有吸引力。①

　　日本的经验表明，农产品流通环境的变化会凸显拍卖交易的局限性，但这并不足以说明我国可以不必考虑发展农产品拍卖。事实上，我国的农产品流通所面临的环境是非常复杂的，形成了多种流通模式，既有批发市场主导的传统模式，也有超市拉动的新型流通链条，还有产业化背景下的订单农业。这种传统与现代相交错的状态也就产生了多样化的交易需求，具备了什么条件，就会诱发什么样的组织形式。就农产品拍卖而言，既不能盲目冒进，也不能简单拒绝，而是要循其发展规律，因势利导，促其作用的发挥。农产品拍卖既是一种交易方式，也是一种中介服务，在当前农村市场中介组织特别缺乏的情况下，如果拍卖商的中介服务功能能够得到有效发挥，必然会受到交易者特别是农产品供应者的欢迎。

---

① 焦必方、方志权：《中日鲜活农产品流通体制比较研究》，上海财经大学出版社 2002 年版，第 98～103 页。

第十一章　农民专业协会

农民专业协会是农村市场中介组织的一个主要类型，其发展是与市场经济条件下商业化农业生产的普及紧密相连的，其目的是为农民提供各种生产经营服务，一般是由从事某一专业生产的农户组成，围绕本专业开展产前、产中、产后的服务活动。事实上，世界上绝大多数农民都通过农民合作社和其他农民协会把自己组织起来，并从中获得巨大的收益。虽然中国向市场经济的转型正进入更成熟的阶段，但是农民专业协会的发展仍然处于起步阶段。据2003年在中国2500个村进行的一项大型调查显示，约有7%的村庄拥有实际运行的专业协会，大约2%的农民是这些协会的会员。

一、农村市场中的农民专业协会

农民专业协会是指由农民自愿、自发组织起来的，以发展商品经济为目的，以农户经营为基础，实行资金、技术、生产、供销等互助和多项合作的新兴民间经济组织。农民专业协会是适应市场经济的需求，把分散的农户与统一的市场联系起来的一种中介组织。①

（一）农民专业协会的产生

农民专业协会产生的源动力仍然是农村生产经营制度的改革。家庭联产

---

① 农业部关于农民专业协会发展建议的报告（农［经］字1993第11号）。

承包责任制的推行，大大解放了农村生产力，农民摆脱了旧体制的束缚，成为独立的生产经营主体，充分调动了农民的生产积极性。但是，农村由"三级所有、队为基础"的集中型经营模式转变为以联产承包制为依托的分户经营模式，只是一个短时间的突然变化。长期以来，作为直接农业生产组织者的乡、村级基层组织，其直接的管理职能大大削弱，而一些农业发展急需的集体服务职能，在短期内又未能及时发展起来，特别是一些集体经济基础薄弱的村庄，迟迟未能完善集体服务功能。根据 1993 年河南省的一个调查显示，在农村改革 15 年以后，该省仍有近 40% 的村没有建立专门的服务组织或服务组织有名无实，其中 3300 多个村基本上没有为农户提供服务。这些调查结果表明，在原有的乡、村集体经济组织的功能在新的生产经营体制下弱化之后，没有适应性强、更有效的服务组织产生。农民迫切需要有一个组织为他们的生产、经营提供指导、服务。

初步解决了温饱的农民，开始产生强烈的致富欲望，不少人外出打工、经商，一些具有较强商品意识的农民，则看准了农业商品生产的发展潜力，率先办起了养殖业，种起瓜果蔬菜，承包了池塘，搞起了副业经营，成为最先迈向小康的乡土能人。强烈的示范效应吸引着周围的乡亲，在他们的带动下，产生了向他们学习的愿望，纷纷仿效干起相同的行业。最先富起来的专业户，与周围的乡亲邻里世代相交，或是亲朋，或是好友，大家生活息息相关，也愿意以自己的一技之长带领大家共同致富。不过，面对纷至沓来的请教者，忙于生产经营的能人应接不暇，甚至影响了正常的生产经营，他很希望有一个专门的组织机构能专门从事服务。另一方面，这些"乡土能人"的技术毕竟有限，可能是传统的手艺，可能是刚学的一技之长。专业生产一旦上了规模，需要用科学技术指导生产时，"能人"也会感到力不从心，自己在生产上遇到了技术问题，迫切需要科技部门的帮助，此外，单个能人也不可能独立完成产前、产中、产后的各项服务，专业户也出现了一家一户难以解决的技术吸收、信息传递、新产品开发、病虫害防治、产品销售等一系列问题。这些问题单靠一家一户的农民是解决不了的。现有的组织又不能提供这方面的服务，只有将从事某一专业生产的农民联合起来，互帮互学，形成合力，共同解决生产经营中的一系列问题，才能适应商品生产大发展的需要。在这种情况下，农民协会最先在专业生产领域形成了。它的出现，提高了农民的组织化程度，促进了科技推广，维护了农民利益，使分散的农民以一种全新的联结方式重新凝结在了一起。它是一种不同于以往任何组织而又充满活力的崭新的组织形式，是继家庭联产承包制后我国农民的又一伟大创举。

农民专业协会的产生有这样一些特点：第一，它适应市场需求，以发展商品生产为出发点，广泛地分布于商品经济较活跃，市场需求较迫切，经济效益较好的产业、产品和领域；同时，又大多以某一产品为龙头进行互助和协作，因此具有较显著的专业性。第二，它以农村中的致富能手为骨干，是农民在自愿的基础上组建的，实行民主管理和民主决策，对会员体现了合作与服务的原则。第三，它的主体是农户，不改变会员的财产所有权关系，并通过发展生产逐步形成新的共有积累和财产，用于发展农民专业协会的事业。第四，它充分体现了自愿原则。农民在乡村集体经济组织之外，还可以加入各种各样的专业协会，从事商品生产，参与市场竞争，在更广阔的领域进行合作与联合，具有更大的灵活性和自主性。第五，农民专业协会还可以打破行政区划的界限。随着事业发展，会员增加，逐步向跨区域发展。①

（二）农民专业协会的发展现状

1989 年 11 月 27 日，国务院在《关于依靠科技进步振兴农业，加强农业科技成果推广工作的决定》中提出积极支持以农民为主体，农民技术员、科学技术人员为骨干的各种专业协会和技术研究会。这是比较早的来自政府的支持农民专业协会发展的声音。20 世纪 90 年代以来，农民专业协会快速发展起来，分布在农村经济的各个领域。从类型上看，有生产经营类的，有从事产前、产中、产后服务类的，还有专业技术协会或研究会等。

经过 20 多年的发展，目前我国的农民专业协会已经成为政府支持、农民认可的一种市场中介组织。首先，是在数量上已经达到了一定的规模，根据农业部的数字，2004 年中国有 14 万个农民协会。当然，由于缺乏标准的

---

① 转引自农业部农村合作经济指导司、农村合作经济经营管理总站编：《引导农民进入市场的新型经济组织——农民专业协会》，中国农业出版社 1995 年版，第 12 页。

定义、注册程序以及没有负责监督农民组织成立的专门机构，关于农民专业协会的数据是很难解读的，各类文献和各地新闻经常出现一些不同的数据，所以确定的数量很难得到。但是从一些区域调查的情况看，近年来，农民专业协会发展的势头很强劲，越来越多的农户正在得到协会的服务，农民自发组建、参加协会的意识得到加强。其次，政府支持的力度不断加大。最近两届政府特别重视"三农"问题，这也说明中国的改革进程已经越来越多受到农村经济发展水平的制约，因此，对"三农"的财政投入不断增加。作为符合市场经济要求，富有效率的市场中介组织，农民专业协会在政府这里得到了非常具体的支持，比如 2005 年 7 月，财政部发布了《关于做好 2005 年中央财政支持农民专业合作组织的通知》，规定对较大规模（不少于 50 户）和较成熟（运行年限超过 2 年）农民专业组织给予中央财政支持。2006 年年初，27 个省印发通知，要求通过降低或取消税费、免除高速公路过路费、农村投资、提供土地和公用事业、简化注册手续等方式支持农民专业合作组织。再次，随着农村专业合作社法的出台，包括农民专业协会在内的农民专业合作组织从成立到运行有了法律依据，这将在根本上改善农村专业合作组织的发展环境。但是一个值得重视的问题是，农民专业协会毕竟与农村专业合作社不同，虽然有的协会顺应形势，在第一时间重新注册为专业合作社，但这并不能解决专业协会的发展方向问题，所以从法律地位上有所突破仍然是农民专业协会今后发展面临的一个重要问题。

二、农民专业协会发展中的特点

（一）集中在可以自由交易的高附加值产品行业

很多产业都有农民专业协会，但是，比较集中发展的还是那些具有高附加价值且可以自由交易的行业。与粮食生产有关的协会所占比例很小，与棉花、烟草有关的协会也是如此——这两种产品的市场营销传统上一直由政府控制（见表 11—1）。农民专业协会主要集中在养殖业，因为与种植业相比，养殖业对技术支持、生产资料采购、联合销售的要求更高。水果生产农民协会占总数的18%，而果园的面积只占中国可耕地面积的5%，因为水果生产不仅需要技术上的支持，也需要市场营销方面的支持。农民专业协会在高附加值产品行业的集中发展，表明农民在生产经营活动中最薄弱的环节就是农业科技和市场营销。

表11—1　农民专业协会的主要经济活动领域

	农民专业协会的数量（个）	占总数的比例（%）
谷物，一般种植	6	2
经济作物[a]	14	5
蔬菜	18	6
特种作物[b]	27	9
其他	5	2
种植类总数	70	24
水果	37	13
特种水果	15	5
果类总数	52	18
猪肉	24	8
水产品	23	6
肉牛和乳牛	16	6
羊肉	16	6
家禽	14	5
蚕茧	14	5
其他	21	7
养殖业总数	128	44
一般技术	29	10
营销	4	1
其他	7	2
技术和服务类总数	40	14
总计	290	100

注：a指棉花、烟草、花生等；b指草药、西瓜、蘑菇等。

资料来源：Shen Minggao，Scott Rozell 和 Linxiu Zhang（2004），中国农村的农民专业协会：《国家主导的或是新的国家—社会的合作伙伴》，北京大学经济研究中心和中国农业政策中心为世界银行所写报告，2004 年 6 月。世界银行：《中国农民专业协会回顾与政策建议》，中国农业出版社 2006 年版，第 30 页。

（二）规模小、实力弱

从各地的情况看，以村、镇为单位的专业协会居多，入会人数少，多则几百人，少则几个人。根据北京大学中国经济研究中心和中国农村政策研究中心 2004 年大样本村级调查结果粗略统计，平均每个协会的会员数量在 50 户以下，另外一项小样本调查表明，38% 的协会会员数不到 100 户，50% 的协会会员数不到 150 个。这既有农民自身的原因造成，也有地方财政支持力度小等原因。规模小，还表现在功能单一，缺乏辐射力，带动面小，多数局限于生产和流通领域，技术推广型、农副产品加工型和综合服务型的专业农协较少。在生产经营中，这些合作经济组织与技术单位、气象部门以及市场联系也不够紧密，抵御风险的能力弱。也有例外，根据世界银行开展的对中国农民协会发展情况的研究，发现有 5 个协会的会员数超过了 1000 个。类似的例子还有从事多种经营活动的联盟。例如，河北元氏县的"农业、林业和畜牧业联盟"，它包括一个农业协会、一个林业和水果协会、一个蔬菜协会、一个食用菌协会、一个养蜂协会和一个乳牛协会。在目前的协会运作多是单兵作战、尚未形成层级网络的情况下，组建联盟的形式也许是一个组建更高层次农民协会的可选途径。

（三）非正式

从对个案的调查研究中发现，有些农民协会今天成立，明天就解散，既没有有力的牵头人，也没有协会章程，可谓组织松散，成立随意，解散随便。这主要是农民专业协会缺乏应有的法律地位造成的，没有法律来保证农民专业协会的严肃地位，组建就具有了很大的随意性。世界银行对中国农民协会发展情况的研究调查结果显示，在被调查的协会中，有 17% 不是正式组建的（包括 26% 的协会没有在相关政府机构正式注册）。被认为不是正式组织的协会中，有 42 个或占总样本数的 15% 的协会被认为是运转中的协会。同时，按照协会进行登记注册的组织中，29% 的被认为没有作为协会运转。

（四）对政府和龙头企业依赖性强

目前的农民专业协会主要有三种组建方式：农民自办型、官办型、官民合办型。其中官办型、官民合办型比较普遍。地方政府通常将协会作为实现政府经济政策的有效组织载体，利用协会推进产业结构调整，实现产业化生产、最终提高农民收入的经济政策目标。而协会则尽可能地利用政府的特殊组织资源优势去协调外部关系，改善外部经营环境，提供依靠自身力量难以实现或交易成本过高的服务，实现自身的加速扩张。因此，国家与农民专业协会的关系，体现了国家对农民专业协会的主导作用。在这样的关系下，农民专业协会的发育和发展对政府有较强的依赖性。另有一些协会是由龙头企业牵头组建的，龙头企业本着主观为企业、客观为农民的思想，利用自己的经营才干和组织资源，给农民带来了实惠。但是这类协会中，农民对企业的依赖是必然的。长期下去，这类协会可能会有公司化倾向。

三、农民专业协会的作用

（一）农民专业协会的主要作用

1. 提高农民组织化程度，保护农民利益

在我国传统的城乡二元经济结构体制下，一些部门、单位、企业为了自己的利益，往往以各种手段侵害农民的合法利益，比如向农民打"白条"等，虽经中央三令五申禁止，但这些现象仍然未被杜绝。甚至本应以为农民服务为宗旨的社区组织也时常以侵害农民的利益来维护少数人的利益。这种状况在实行家庭联产承包制后尤为突出，特别是对一些先富起来的专业农户，在发展过程中时常受到来自各方力量的干扰、侵占。此外，由于农民的组织化程度很低，独立的农户不具备法人资格，无法以独立的商品生产者与工商、税务、流通、科技等部门打交道。所有这些都迫切需要农民提高组织化程度，依靠组织的力量保护自身利益，与大市场接轨。农民协会的组建，起到了这个作用，当会员在生产经营中的合法权益受到损害时，可以由协会出面与有关部门交涉，保护会员的利益。由于协会是独立的法人，因而在与其他部门打交道时，有利于树立农民形象，增强信赖感。同时，农民协会的民主办会原则，有助于培养群众自我管理、自我约束意识，使会员懂得协作的重要性，懂得以整体利益、长远利益为重，从而可以克服狭隘的传统意识。农民协会是培养农民民主意识的学校，通过农民协会，可以为农民提供民主方法，培养民主习惯，鼓励他们积极参与管理决策。

2. 联系科研院所，引进转化科研成果

改革开放以来，原有的科技成果推广体系出现了"线断、网破、人散"的局面，而新的科技推广体系尚未建立起来。现阶段国家农业科研和技术推广系统，负责的多是投资大、周期长、社会效益明显的农业技术研究项目，如以粮棉油为主的重大技术推广工作。乡村级社区集体组织由于忙于负责村庄行政管理和来自政府要求的经济管理，无暇顾及科技服务。因此，在科技推广工作中，正规组织存在服务空隙，农民协会正好来填补这个空隙。实践证明，农民协会是弥补这个不足，进行科教兴农的有效组织形式。它通过试验、示范、引进优良品种和先进的农业技术，向会员推广、传播专门技能，使农业科技成果迅速转化为生产力。另外，农民协会的建立，还有助于提高农民的科学文化素质，推动农村文化事业的发展。

3. 联合购销，取得规模优势

农民协会将同一地区的农民或不同地域生产同一种产品的农民有机地联系起来，形成一个紧密的组织。这个组织可以充分利用集体的优势，在生产资料采购和农产品销售中获得规模优势。

首先，农民协会可以替农民把住生产资料质量关。自流通体制改革以来，传统的国有、集体商业从事生产资料供应的局面被打破，多元化流通格尸已经形成，少数个体、私营组织为牟取暴利，经常用假冒伪劣产品坑害农民，把假药、假化肥、假种子卖给农民，甚至有些国有、集体商业、供销社为了自身的利益，也不惜牺牲农民的利益。由于农民缺乏丰富的商品知识和必要的检测手段，经常受到欺骗。协会成立后，可以组织较专业的人才在生产资料采购过程中，替农民把好关，而且由于购买量大，可以直接与正规厂家建立联系，不仅保证了质量，还能享受到批量采购的优惠。农民协会越是规模大、组织严密，信誉越好，这种功能就越强。

其次，农民专业协会在产品销售中还具有明显的批量优势。在市场上，一家一户往往难以与购买商对话，甚至农户之间还要相互压价竞争，造成不必要的损失。农民联合起来成立协会，增强了在市场上的发言权。另外，由于形成了规模，也容易与一些大客户建立购销关系。农产品销售的批量优势还体现在销售费用的降低上。单个农户平均销售的产品数量少，进入市场的运输费用、市场管理费、人工费相对较高，损耗也多，单位产品的平均交易费用很高，而且由于市场管理不规范，一些市场管理部门对单个农户以收费、罚款代替管理，处处设卡，农民进入市场困难重重。协会成立后，不仅可以降低单位成本，还能够发挥组织的力量，疏通各方面的关系，减少进入市场的障碍。

（二） 农民专业协会发挥作用的方式

1. 利用组织优势，进行各方面协调

农民专业协会之所以能够改变农民在市场中的弱势地位，主要原因是其具有组织优势。利用组织优势，专业农协代表会员与交易对手进行谈判就可以增加讨价还价的砝码，为会员争得更多的利益。一旦在交易中发生纠纷，农协以组织形式出面能够增加解决问题的能力，这些都是单个农户难以想象的。在与科研院所打交道的过程中，农协比单个农民更容易获得平等对话的机会，作为组织的农协通过统筹安排技术的引进、试验、推广等工作，成为科研院所的合作伙伴。专业农协作为代表农民的组织还可以游说政府，解决农民所遇到的具体问题，争取有利的政策保障。四川射洪县农民参加了一个棉花协会，以提高棉花种植技术和协调棉花销售。为了确保所售棉花的质量，协会向农民提供种子，并规定协会只负责销售协会种子种植的棉花。协会逐渐扩展，直到占据了当地市场份额的70%。传统上，棉花种子的销售一直被地方农业局垄断。当协会在当地的所占市场份额较小时，农业局并没有采取行动。然而，当协会开始在市场上占据优势时，农业局试图组织协会销售种子。协会领导向县政府申诉，党政干部们一起召开了一个专门会议来

解决这个问题。会议决定协会和农业局都可以在市场上竞争销售棉花种子，显然协会的利益得到了保护。①

2. 通过教育培训，改变农民传统的生产经营观念和方式

将更多的农民组织起来，才能彻底改善农村市场关系，而这首先需要农民提高认识。农民的知识水平普遍较低，据农业部介绍，我国农民受教育程度不足 7 年，我国文盲中的 92% 在农村，无论是对新型组织形式的认识，还是对生产技术的了解，仅依靠自己的力量难以达到领会、掌握的目的。但是，农民在长期的生产经营实践中，也体现了相当的精明，只要是能够亲眼看到实践效果，农民的模仿能力是不可低估的。农民专业协会充分利用农民的这个特点，特别注重教育、培训的作用。农民协会首先寻找并引进农民适用的先进技术，请科研院所的技术人员到协会来试验、讲解，选择科技示范户设立示范基地，定期或不定期举办各种层次和各种形式的免费培训班，同时提供长期的技术咨询，用以解决农民在专项生产中遇到的特殊问题。不少专业协会都有自己专职的技术人员，他们除了为会员和农户开办技术培训班以及提供技术咨询外，还直接登门，为那些技术水平较低或人手不足的会员和农户解决生产中遇到的各种技术问题。另外，专业协会还经常大范围发放各种宣传资料，利用农村广播、电视等媒体进行宣传、普及科技知识，同时让更多的农民了解农协，认识到参加农协的好处。

3. 与其他组织配合，共同发挥作用

在农业产业化的发展过程中，作为中介组织的专业农协会带领自己的会员，与一些大型的加工企业和组织建立联系，形成"龙头企业＋协会＋农户"的产业化模式。在这个模式中，农民专业协会发挥了重要作用。如果没有协会，仅是"龙头企业＋农户"形式，会有明显的契约约束的脆弱性和协调上的困难。首先，农民所具有的自利性以及外部交易关系的多变性会引发甚至加剧农户的机会主义行为。当市场价格高于双方在契约中事先规定的价格时，农民存在把农副产品转售他人的可能。其次，当市场价格低于合同价格时，在趋利动机的驱动下，龙头公司也倾向于毁约转从市场收购。这

---

① 此案例引自张晓山：《连接农户与市场：中国农民中介组织审研》，中国社会科学出版社 2002 年版，第 328 页。

些情况在市场价格波动较为剧烈时就表现得更加明显，从长期来看，对农户和加工企业都是不利的。而农民专业协会的介入可以使情况得到改善，一是协会能对分散农户的机会主义行为进行监督和约束，协会从长远利益出发，一般会对农户的机会主义行为予以及时制止；二是协会集中收购和简单加工农产品，可以降低交易成本，保证产品质量，为农户留住一部分利润；三是企业与协会之间的关系是组织与组织之间的关系，简化了签约过程，也降低了履约风险，监督起来比较容易，大大降低了双方的交易成本。由于协会的介入，公司与农户的关系更加稳定，能够较好履行和承担合同中的权利和义务。

农民专业协会还可以更加直接地融入到供应链中，它们可以取代供应链上的其他中间商，如小商贩和批发商等，通过直接融入供应链，农民专业协会可以使农民分享到更多的流通利润。

四、农民专业协会存在的问题及改进思路

（一）建设不规范，为后期运作埋下隐患

从农民专业协会组建的特点可以看出，当前专业农民协会建设不规范问题十分突出。首先，随意的组建和解散，无法给农民和各利益相关者以稳定的预期，各相关主体自然不能对其抱有完全的信任和依托，那么协会工作就难以取得成效，更难有长期发展。这不仅是某单个协会的问题，这些不能取得良性循环发展的协会还会在农村市场造成不良影响，使那些准备尝试参与协会的农民打退堂鼓。其次，一些协会没有在工商管理部门注册，就不具备相应的法人资格，那么协会的活动就有很大的局限性。比如说四川五通桥区花卉和林木种植协会是在当地科委下注册的一个民间团体，当他们想抓住地方政府和房地产开发商的大型绿化项目招标活动带来的机会时，发现他们没有和绿化项目签订商业合同的法人资格。类似情况很多，缺乏合适的法人资格给协会的发展带来了很大的阻碍。再次，协会中的权利分配不均衡，过度

依赖政府，或者过多依赖龙头企业，不能充分体现会员联合体平等参与、协调自律的精神。在一家成员独大的协会组织中，行业管理能否保证公正是让人充满疑虑的，就像尽管有现代企业制度的完整设计，但在一股独大的股份公司中，小股东们的利益总是要被侵犯一样。研究表明，如果农民专业协会的运转被富裕和有影响力的成员掌控，其存在反而会拉大贫富差距。

农民专业协会的规范化建设是十分重要的，这需要多方面共同努力，首先是对其应有法律地位的保障，要明确协会如何获得法律地位，使他们能够签署商业合同和获得贷款，比如明确全国范围内的农民专业协会都统一到工商管理部门注册；要明确成员的权利和责任以及财务管理标准，明确协会的职责、结构层次及相互关系；如果协会拥有不同的利益主体或地方政府等不同类型的成员，那么就要对其内部结构、决策和管理等方面做出特别规定。

（二）规模难扩大，导致中介能力不足

从国际上看，协会要取得成功、具备可持续性，通常要实行兼并，不断扩大规模。我国的农民专业协会从总体上来讲不具备可持续性，一个重要表现就是规模太小且难以扩大。我国的农民专业协会多集中于高附加值行业，但是这些相对较高的附加值大多不是协会的主观创造，而是依赖于产品大范围市场需求下的地域特色，是市场的供求形势提供的。当某种产品的种植或养殖能够带来经济效益，农民会立刻仿效，在此前提下成立的专业协会也会随着市场供求形势的转变而变得有吸引力或失去吸引力。所以，协会的规模可能一时比较大，而后不但不能持续扩大，还有可能萎缩。

所以，在专业协会组建之前，必须有可行的商业计划，明确共同需求。协会一旦组建，应重视其在不断变化的市场环境下的可持续性。针对目前各类专业协会各自为战、互不相连的情况，应该鼓励不同区域内同类产品的专业协会有序地联结起来，一旦各专业协会在协会联盟的框架下展开工作，就能够很好地掌握甚至引导市场供求态势，取得规模经济，从而为成员获得更多的利益。以建立联盟的方式发展协会，可以有两个思路，一是打破地域限制，以专业为基础建立广大市场范围内的联盟；二是打破专业限制，建立起类似于日本农协的层级管理体制，在层级管理的体制下，综合协调各门类协

会的运作。这样的思路有助于我国农民专业协会在规模上得到扩大，并可持续发展，大大提高其中介能力。

（三）行业发展不平衡，不能广泛惠民

从产业分布结构看，农民专业协会涉及 140 多个专业门类，包括粮食、棉花、蔬菜、水果、烤烟、家禽家畜养殖、桑蚕、养蜂、水产、林业、花卉、茶叶、食用菌等。根据农业部对 145 个县的典型调查，到 1993 年年底，145 个县有各种专业农协 3007 个，平均每个县有 20.7 个，在各种专业农协中，种植业协会占 63.1%，养殖业协会占 19.4%，加工业协会占 2.4%，运输业协会占 9%。2004 年北大经济研究中心等为世界银行写报告时的调查显示，在被调查的 290 个专业农协中，种植业协会有 70 个，占总数的 24%；水果类协会有 52 个，占总数的 18%；养殖业协会有 128 个，占总数的 44%；技术和服务类协会有 40 个，占总数的 14%。从两组数字的比较看，专业农协从种植业占主导地位转到了养殖业占主导地位，这一方面体现了农业产业结构的变化情况，另一方面也说明农民专业协会行业发展不平衡，主要集中在利润较高且技术经济组织服务出现断层的领域，如蔬菜、水果、土特产品、养殖、水产等，而以粮食的生产经营为依托的协会很少。从区域分布看，农民专业协会的发展呈现出与经济发展水平成正相关状态。东部、中部经济发达地区的农协起步早、发展快，西部地区发展缓慢且不稳定。无论是从行业分布还是地区分布看，具有较高经济效能的农民专业协会没能使最需要富裕起来的贫困农民受益。

要致力于改变贫困地区农民协会自发成立的可能性低、成功的机会小等情况，努力将农民专业协会这种市场中介组织形式在贫困地区推广，可以考虑的方式是加大政府的引导作用，必要的话由政府领办，将扶贫和发展农民协会一同纳入农村发展战略，从易于实现的小目标做起，比如共同采购生产资料以降低价格和确保质量，或分担产品的运输费用等可以形成小规模有形效益。从小规模和低成本的活动开始一方面可以降低风险，另一方面可以成功示范，逐渐扩大农民专业协会的覆盖范围，让更多的农民受惠。

五、农民专业协会典型案例分析与评价

（一）典型案例

1. 广西桂平市赤岭特种水产养殖协会

广西桂平市赤岭特种水产养殖协会是在七星鱼养殖专业户凌勇的倡导下创办起来的。1997 年凌勇开始试养七星鱼，结果获得了成功。1998 年，他以每亩 2000 斤稻谷的价格在郊区租下水质良好的 4 亩农田，建立起了个人的养殖生产基地，当年就销售了 500 余斤七星鱼，那时正值七星鱼价格处于市场巅峰时期，每斤销价达到了 30 元，经济效益非常可观。

凌勇的成功在当地产生了较大的轰动效应，周围的一些农民马上效仿，投资养殖七星鱼，养殖规模通常在几千尾左右，由于农民的养殖规模较小，销售遇到了困难，于是他们找到凌勇请求帮助。而凌勇也正在考虑扩大自己的影响，形成一个市场，因而双方一拍即合，成立起水产养殖协会，协会的中心任务是解决养殖户会员的销售问题，同时交流养殖生产技术。协会成立之初，仅有 8 名会员，凌勇当选为会长，负责协会的中心工作；同时设 3 个副会长和 1 个秘书长，组成 5 人核心层。核心层的主要任务是讨论协会未来的发展方向、新品种的引进和市场的开拓等，他们的工作全部是义务性的，无个人报酬。为扩大协会的影响，会员亲自上门请附近的七星鱼养殖户加入协会，只要遵守协会章程即可填表入会，发给会员证。协会成立半年来，会员规模已经扩大到 30 余人，当地周围的七星鱼养殖户全部加入协会，并且还吸收了其他较远的外乡镇农民、干部等养殖户。

协会成立时间虽短，但是取得了良好的效果。第一，在开拓市场和引进新品种方面，协会每月组织一次销售，由会员统一将产品运送到 500 公里以外的广东水产专业批发市场出售，设立协会自己的摊位，1000 斤的鱼一个小时就销售一空，解决了会员销售难的问题。此外，针对七星鱼市场价格起伏较大，难以预测未来走势的状况，协会已经先后三次到广东佛山、深圳、

珠海等地开辟市场，并与当地水产研究所联系，引进新品种。协会从广东珠江水产养殖所引进了特种鱼品种，并选择技术较好的会员户进行试验，待技术过关后，在会员中间推广。第二，协会每个月组织一次会员活动，一是讨论决定核心层提出的市场营销计划；二是学习、交流养殖技术，针对季节变化和鱼的不同生长期，及时向会员提供技术服务。具体方式或是与当地水产局联系，请养殖专家讲授养殖技术；或是由专业大户传授实用技术，在会员中间推广普及。例如，协会会长凌勇采用高密度养殖技术，每平方米养殖400～500尾，而一般会员的养殖密度仅为其的一半。凌勇通过向养殖户传授技术要领，典型示范，帮助会员养殖户掌握了这一技术，使该技术在会员中得到普及。第三，扩大了市场知名度。协会将当地的七星鱼养殖户组织起来，形成了一定的市场销售规模，吸引了广东方面的老板前来洽谈业务，七星鱼养殖在当地已经小有名气。

由于协会帮助会员解决了销售问题，并提高了会员的养殖技术，会员的养殖规模迅速扩大，协会成立半年，会员的平均养殖规模达到了万尾鱼，会长凌勇养殖规模达到了 10 万尾以上。协会运营的周转资金来自会员会费和会员向协会提供的服务佣金，其中会费按季缴纳，每季度 15 元；服务佣金按照销售收入的 2% 提取。由于协会周转资金全部依靠自有资金，随着协会经营规模的扩大，日益感到了资金的短缺，协会希望当地政府能够帮助解决。随着协会经营规模的扩大，政府对协会的服务也逐步得到加强，有关部门经常对协会进行养殖技术咨询、提供市场信息服务，并将协会作为全市科协科普基地，协会成为当地政府推进产业结构调整和推广普及农业技术的典型。①

2. 浙江省开化县食用菌协会

开化县地处浙江西部、钱江源头，境内山高林密，小气候特点明显，资源丰富，发展食用菌生产得天独厚。食用菌产业是开化县的传统产业，早在 1929 年首届西湖国际博览会上，开化的香菇就获得了一等奖，1932 年出口的 30 多吨香菇，是开化县当时的主要出口产品。在此后的半个多世纪里，

---

① 此案例转引自苑鹏：《市场化进程中的农民合作组织研究》，中国农村研究网 2006 年 10 月 15 日。

由于技术落后和管理不善，当地的食用菌生产一直处于小规模分散经营的状态。1990年，开化县委、县政府提出培育食用菌产业发展的战略，并将其列入茶、桑、果、菌四大重点基地建设项目，相继出台一系列的扶持政策，食用菌生产规模迅速扩大。但是，在发展过程中也出现盲目性大、竞争无序（例如乡与乡、村与村之间相互压价）、坑农害农（例如菇农时常受伪劣菌种、原材料所害）等不良现象，广大菇农反映十分强烈。为此，开化县委、县政府积极组织人员进行调查研究，进一步加大引导、扶持力度，切实加强对食用菌生产的组织管理。1995年，开化县农科所提出牵头组建开化县食用菌协会，立即得到县委、县政府的大力支持。

开化食用菌协会集食用菌科研开发、菌种生产、基地发展、加工销售于一体，有会员758名，包括以食用菌生产加工企业为主的团体会员和以食用菌生产经营大户及相关专业人员为主的个人会员。会长由农科所下属的开化县菇老爷食用菌发展有限公司董事长担任，秘书长由县农科所领导担任，办公地点设在县农科所。协会下设科研开发部、菌种生产部、基地发展部、市场营销部。科研开发部负责新品种、新技术的研发、试验、示范和推广；菌种生产部向会员供应各类菌种；基地发展部负责生产基地建设；市场营销部为会员供应生产所需的各种原辅材料，开展市场调查，组织考察、参观及展销，引导菇农走向市场，并回收会员的部分产品。

根据章程，协会的主要工作是：①研究资源的开发利用和生产的发展方向；②收集国内外的技术和市场信息资料，并进行预测；③开展多层次的技术咨询和培训，提高会员的管理水平；④在引进、选育和推广优良菌种，加强菌种管理等方面发挥协调作用；⑤组织会员参加国内外的展销会、交易会、博览会、订货会；⑥调解会员在生产经营中的矛盾和纠纷，及时向政府和有关部门反映会员的意见和要求。

协会按民主集中制原则构建：最高权力机构是会员代表大会，每年召开一次；理事会是会员大会闭会期间的执行机构，每年召开一至二次会议，根据需要可提前或推迟；理事会设会长一人，副会长若干人，秘书长一人，副秘书长若干人，正副会长、秘书长必须是理事，任期三年，可连选连任；秘书处为常设办事机构，由秘书长、副秘书长及专职、兼职工作人员组成；会员有表决权、质询权、选举权和被选举权，同时，也有缴纳会费、执行协会决议以及服从协会管理等义务。目前，协会基本上为会员提供公益性服务。

协会经费来源主要有以下途径：①政府补助和有关单位、个人的资助；②会费；③有偿服务的收入；④其他。实际上，协会除会员缴纳的有限会费外，主要依靠政府部门和龙头企业——菇老爷食用菌发展有限公司的资助。

通过不懈努力，开化县食用菌产品的知名度有了较大的提高，多次被评为"中国国际农博会名牌"、"浙江名牌"和"衢州名牌"；2003年，开化县又成功申报了"中国金针菇之乡"。①

（二）分析与启示

以上两个典型案例分别代表了农民自发兴办和政府领办两种农民专业协会的组建模式，给我们提供了一个以点代面分析农民专业协会的基础。

从特点上看，首先，无论是农民自发兴办还是政府牵头组建，都顺应了农村市场化进程中以市场为导向的分散、弱小的独立经营小农渴望联合起来、降低交易成本、实现规模经济、保护自身利益、规避市场风险、减少不确定性的内在需求。而这种需求如果仅是依靠农村市场中的独立企业往往无法得到满足。它表明履行市场中介组织功能的农民专业协会是市场经济的必要组成部分，在市场经济条件下，农民专业协会这一组织形式有着广阔的市场需求。

其次，虽然农村市场上的独立企业没有动力帮农民解决小生产与大市场的矛盾问题，但是因为其原料供应问题，它们又不能割断与农民的联系。在这个过程中，一些具有合作精神并致力于长期稳定发展的企业成为了农民专业协会发展的依托甚至是核心，比如开化县食用菌协会的菇老爷食用菌发展有限公司。这样的企业意识到合作社的优越性，并身体力行，通过民主管理的方式将从事相同或相近产业的小生产者带动起来，创立起农民专业协会，以平等互利的方式推进自身事业的发展，在个人业务获得较大发展的同时，也为那些小生产者贡献了自己的技术、市场以及经营组织才干等资源，充分

---

① 本案例转引自傅夏仙：《农业中介组织的制度变迁与创新》，上海人民出版社2006年版，第192页。

体现了"我为人人，人人为我"的合作精神。但是这样的一个发展过程未必顺利，一是农民缺乏对企业的信任，二是企业的自身动员能力不足，在这种情况下，政府的有效介入可以解决这个问题。政府利用自身特有的一般企业家所无法比拟的社会动员能力、社会稀缺资源配置能力以及技术服务组织资源优势等推进合作事业发展，增加了有效供给。但是从上面的例子也可以看出，政府领办的农民协会一旦运作起来，具有创新精神的"企业家"仍然是农民专业协会实现良性运转的重要保障。

再次，当我们学习一些成熟的案例时往往只能看到其表面的形式，然而透过这些表面的形式，我们可以发现一些深层次的关系，正是这些关系的处理和协调影响着农民专业协会的发展阶段和发展方向。政府与协会之间的关系就不只表面这样简单。事实上，作为一个独立运作并有着自己清晰目标的农民协会与政府之间存在着明显的权力分立，即使是官办的协会也不例外。但是这种分立不会表现为对立，而是通过为了实现各自利益目标而相互利用和相互依存。政府依靠自己对协会的绝对领导作用，使之成为实现政府经济政策目标的有效载体，比如推进产业结构调整、提高农民收入等目标。协会则利用与政府的特殊关系，强化其在农民中的权威性，在与其他组织打交道过程中的正规性，以及在与其他行政部门打交道过程中的便利性。正是因为这些原因，政府乐于组建协会，农民也乐于参与这种类型的协会，双方的合意达成了发展农民专业协会的目的。但是从整体水平来看，协会与政府的关系还是非常不均衡的，尚缺乏一种良性互动的关系。政府的主导作用是绝对的，农民协会参与和影响政府活动的能力极其有限。

这两个案例的特点对我们如何看待农民专业协会的发展背景提供了鲜活的资料，同时也给了我们一些启示，这对于今后农村市场中介组织的发展大有帮助。

首先对政府在农民专业协会发展过程中的作用和地位必须有一个客观的认识。目前看来，只有农民自办的协会最具"合作性"，也就是社员所有、社员自治、社员自享。而那些官办的和龙头企业领办的农民专业协会，由于无法实现社员所有的基本条件，社员自治与社员自享也就无从谈起。可从实践中看，正是这些类型的农民专业协会最为普遍，这只能说明在现今条件下，此类农民专业协会有其存在的合理性。从发展的眼光看，农村市场化进程以及经济全球化进程正在加快，加入 WTO 使中国农业与世界市场紧密相连，中国农民生产经营的风险性和不确定性将进一步加大，农民对联合起来共同对付大资本、增强市场竞争力的需求也将进一步增强，但是，在农村市场上，既具有合作精神又具有创新精神的企业家型人才严重短缺，农民对合作社制度缺少了解和认识，协会发展的法律框架没有最后形成，今后一段时期内，政府在农民合作组织发展中发挥主导作用的状况就不会有较大的改变。然而如果长期在决策上高度依赖政府，将直接影响到合作组织发展的独立性，乃至农民合作组织的性质，因此，当农民协会经营步入正轨后，必须首先从产权关系上割断与政府的联系，加强普通会员与农民协会的产权纽带联系，实现真正的"社员所有"，在此基础上，实现协会对会员的盈余返还制度。同时，协会经营者阶层应当实现彻底的身份转变，由政府官员和企业家的双重身份转化到企业家单一身份，协会领导人的人选最终由会员大会表决通过。

其次需要注重在农民协会发展过程中改变农民弱势群体地位的程度和趋向。苑鹏指出，合作社制度具有天然的反市场性，门户开放原则使得合作社的经营规模处在一个不稳定的状态中；限制资本报酬，服务社员目标影响合作社的资本筹措能力，使合作社难以提供必要设施服务于社员；而民主管理与经营效率往往相互碰撞，相互排斥，造成社员的权责不对称，影响企业家稀缺资源的有效供给。由于制度安排的特殊性，在经济自由化的压力下，目前一些发达国家的许多合作社已经转向投资人所有的公司制。它反映出这样一个基本事实：作为弱势群体的农民合作组织凭借自身力量直接进入市场进行平等竞争是很困难的，它需要政府的扶持。如果任其自然发展，那么这一弱势群体很可能在物竞天择、适者生存的市场法规下，被已经长大的强者扼杀在摇篮中，导致富者更富、穷者更穷的"马太效应"。①

农民对专业协会的期待也正是其合作性，其组织制度及运行特点与合作社的上述特点是一样的，因此，农民专业协会到底应该如何更有效地改变农民的弱势群体地位，合作性与效率如何兼顾将成为一个不断探索的课题。

---

① 苑鹏：《市场化进程中的农民合作组织研究》，中国农村研究网 2006 年 10 月 15 日。

第十二章　农民合作社

"合作"（Cooperation）是一个被广泛使用的词汇，其一般含义是：人们为了达到某个共同的目的而联合起来，采取共同的行动或协作，是为了克服单个人能力弱小而采取的一种联合行为。农民合作社也不例外，它是从事同类产品生产经营的农户自愿组织起来，在技术、资金、信息、购销、加工、储运等环节实行自我管理、自我服务、自我发展，以提高竞争能力、增加成员收入为目的的农村市场中介组织。农民合作社的发展是建立在家庭联产承包经营的基础上的，它不改变现有的生产关系，不触及农民的财产关系，适应了农村的改革和发展，是农村组织制度创新的体现。①

一、农村市场中的农民合作社

（一）农民合作社的历史沿革

新中国成立初期的土地改革，使广大农民身份发生了显著变化，他们由原来的佃农或雇农变成了自耕农，且拥有了自己的土地，但生产工具与生产资料的相对匮乏，使得他们对"合作"生产产生了急切的需求。因此，"合作社"在成立之初，受到了农民的热烈欢迎，取得了明显进展。但后来由于某些历史原因形成了农民合作社由初级社向高级社再到人民公社的过渡过

---

① 李瑞芬：《农民专业合作组织知识》，中国农业出版社 2006 年版，第 1 页。

快的局面，导致了农民谈"合"色变，合作社发展陷入停滞状态。

自从1978年改革开放以来，随着家庭联产承包责任制的大力推行，再加上统分结合的双层经营体制，全国农民的生产积极性被调动起来，生产热情空前高涨，农民生产的产品除了满足自身需要外，还出现了大量剩余，这些产品需要转化为商品，从生产领域流通到消费领域，这就出现了"小农户"和"大市场"的对接，在这个对接的过程中，显示出单个农民面对大市场的无奈以及被动的地位。为了摆脱这种困境，在计划经济向市场经济体制转化的过程中，在市场机制的作用下，农民合作社应运而生。从整体来看，我国的农民合作社经历了萌芽起步阶段、深化发展阶段、快速提高阶段三个阶段。

1. 萌芽起步阶段（1978～1994年）

从1983年开始，国家在多个文件中提及"发展多种多样合作经济"、"发展多种形式的经济联合"这样的字眼，鼓励发展农民合作社。1991年《中共中央、国务院关于1991年农业和农村工作的通知》（国发〔1991〕59号）要求各级政府对农民自办、联办服务组织要积极支持，保护他们的合法权益，同时要加强管理，引导他们健康发展，为促进农民合作社的发展提供了条件。1993年，国务院明确规定，农业部是指导和扶持农民合作社与联合组织的行政主管部门，为农民合作社的发展提供了组织保障。这个阶段，国家对于合作经济组织的发展始终持关注发展、支持鼓励的态度。

这个时期的农民合作社是由"能人"牵头，农民自发形成的，成员自愿参加，组织是为成员服务的，经营成果是农民自己的。由于当时农村商品化程度较低，合作社的数量很少，活动内容以技术合作和交流为主，组织管理不够规范，组织的稳定性也较差，权利义务不十分明确，成员间的合作与联合局限在社区内部。

2. 深化发展阶段（1995～1999年）

随着农村科技水平的不断提高，农民生产产量高速增长，商品率快速提高，农产品销售问题成为农民生产经营的中心问题，农民对于合作社的需求日益强烈。政府针对农民合作社的发展提出了专门的要求和鼓励措施。1997年财政部财商字〔1997〕156号文件明确规定"专业合作社销售农业产品，应当免征增值税"，为农民合作社的发展营造良好的政策环境。

这一阶段的农民合作社，活动内容逐渐拓展到共同购买生产资料、销售农产品，共同使用机械设备，有的合作社甚至还提供资金支持。这一时期合作社创立除了由能人或专业大户牵头外，一些农业产业化龙头企业、农村集体经济组织、农技、农机、供销等部门也成为组织兴办合作社的重要力量，合作社的牵头人呈现多元化特征。合作社的活动地区也打破了社区界限，跨地区经营的合作社也开始出现。

3. 快速提高阶段（2000 年至今）

这一阶段，国家对于农民合作社发展的支持力度越来越大，规定越来越明确，措施越来越实。2004 年起，农业部启动支持农民合作社试点工作，落实 2000 万元扶持资金，重点支持 100 个农民领办的合作社，农民合作社立法工作也取得了很大进展。

这一时期的农民合作社开始发挥其独特的功能和作用，对农村经济发展起到快速推进作用，极大地提高了农业组织化水平，引导农民从事专业化生产，走可持续发展道路。

（二）农民合作社的现状

自改革开放以来，国家对于农民合作社一直采取鼓励发展、帮助扶持的态度，特别是进入 21 世纪以来，农业和农村经济结构调整加快了农民合作社发展的步伐，农民合作社不仅从数量上有了长足发展，而且覆盖面也逐步扩大。根据综合农业部等机构的统计与估算，截至 2004 年年底，全国新型农民专业合作社总数已经达到 15 万个，拥有农民专业合作社的村占同期村民委员会总数的 22% 左右。参加组织的会员约 2363 万人（户），占乡村农户总数的 9.8% 。[1] 由表 12—1 可以看出我国农民专业合作社[2]在数量与联结农户程度方面的发展状况。

---

① 韩俊：《中国农民专业合作社调查》，上海远东出版社 2007 年版，第 2 页。
② 我国的农民合作社绝大部分都是专业合作社，在全国有些影响的综合性合作社凤毛麟角，因此考察农民合作社的数量变化情况，只能从农民专业合作社入手。

表12—1 我国农民专业合作社发展状况

省（自治区、直辖市）	组织数量（个）	平均每个组织成员数（个）	农户参与比例（%）	专业协会		专业合作社		专业联合社	
				数量（个）	比例（%）	数量（个）	比例（%）	数量（个）	比例（%）
北京	1547	289	34.92	776	50.16	651	42.08	120	7.76
天津	1438	25	3.19	—	—	—	—	—	—
河北	2694	392	7.36	1596	55.53	813	30.18	385	14.29
山西	1664	183	4.86	—	—	—	—	—	—
内蒙古	2642	43	3.21	2156	81.98	359	13.59	117	4.43
辽宁	1900	132	3.64	—	—	—	—	—	—
吉林	3458	121	11.11	2733	79.03	434	12.55	291	8.42
黑龙江	2816	153	9.10	1888	67.05	671	23.83	257	9.12
江苏	5167	259	8.61	3004	58.14	1816	35.15	347	6.71
浙江	1969	116	1.99	1176	59.73	784	39.82	9	0.45
安徽	3845	234	6.87	2851	74.15	994	25.85	—	—
福建	995	104	1.52	846	85.03	44	4.5	105	14.93
山东	15395	82	6.20	6112	39.70	7313	47.5	1970	12.80
河南	8473	216	9.16	—	—	—	—	—	—
湖北	6513	35	2.30	—	—	—	—	—	—
湖南	10438	47	3.39	5373	51.48	2879	27.58	2186	20.94
广东	1426	74	7.02	987	69.21	437	30.65	2	0.14
海南	348	39	1.28	49	14.08	231	66.38	68	19.54
重庆	1590	163	3.61	—	—	—	—	—	—
四川	3623	435	2.49	2867	79.13	756	20.87	—	—
贵州	1079	64	0.91	837	77.57	119	11.03	123	11.40
云南	1162	—	—	1035	89.07	97	8.03	30	2.58
陕西	9800	99	13.93	—	—	—	—	—	—
甘肃	2607	43	2.49	2333	89.49	93	3.57	181	6.94
青海	128	23	0.41	—	—	—	—	—	—
宁夏	394	102	4.47	276	70.05	118	29.95	—	—
新疆	731	53	1.84	—	—	—	—	—	—
合计	93842	124	5.27	36805	59.74	18609	30.21	6191	10.05

资料来源：马彦丽：《我国农民专业合作社的制度解析》，中国社会科学出版社2007年版，第70页。

由表 12—1 不难看出，我国农民合作社在发展过程中存在着严重的地区发展不均衡的状况。① 山东、湖南等省合作社总体数量占绝对优势，但联结农户数目较少，说明这些地区的合作社发展空间有待进一步拓展；而河北、江苏、四川等省份合作社绝对数量虽然不多，但联结农户数目较多，说明这些地方的农民合作社整体规模较大、实力较强。浙江省是全国范围内农民合作社发展较好的省份，在表 12—1 中不论绝对数量还是联结农户数量都不多的原因是，自 2002 年起浙江省允许合作社到工商局注册，对于农民合作社开始进行规范统计，很多不成规模或达不到标准的合作社就没能登记在册。事实上，经过全面考察，浙江省是全国各省（自治区、直辖市）中农民合作社发展较好的省份，到 2004 年年底，浙江省登记在册的各类农民专业合作组织 2808 家（其中农民专业合作社 1789 家），成员 55.4 万个，带动农户 202.95 万户。② 台州市作为浙江省中部沿海地区的一个地级市，合作社发展也呈现良好的发展势头，2004 年全市农村农民专业合作社共有 379 家，入社社员 4 万多户，注册资金 5215 多万元，带动周围农民 20 多万户，全年销售收入达 30 亿元，盈余返还社员 2.8 亿元。

2005 年 8 月至 10 月期间，在加拿大国际发展署的支持下，国务院发展研究中心农村经济研究部与财政部农业司合作曾经对全国东、中、西部地区各抽取 3 个省（共 9 个省，为浙江、山东、河北、吉林、安徽、河南、陕西、四川、甘肃）的农民专业合作社发展情况做过调研。调研结果显示，不论是否具有区位优势，农民合作社都是依靠农民解决"三农"问题的有效途径，是发展农村商品经济的必然选择，具体表现为：第一，联结农户与市场，有效解决农产品"卖难"难题。很多农民合作社建立的初衷都是为了解决农产品"卖难"问题，通过合作社统一开发市场，统一包装，统一销售，使农民得到实惠，继而合作社兴旺发达起来。第二，将科技知识带给农民，显著提高农业生产力水平。农产品"卖难"问题得到了有效解决，农民不再需要整天为销路发愁，有更多的精力用于农产品的精耕细作，再加上合作社科技知识的广泛传播，进而大大促进了农业生产力水平的提高。第

---

① 由于各省市统计口径的差异性，可能导致各省之间纵向比较的误差，因此想真正了解农民合作社的发展状况还需对各地区农民合作社总体情况进行把握，并对典型案例进行分析。

② 马彦丽：《我国农民专业合作社的制度解析》，中国社会科学出版社 2007 年版，第 69 页。

三，延伸产业链，增加农民收益。农业生产力水平的提高使初级产品数量极大丰富，但未经加工的初级产品价格低廉，农民从中受益甚微，旧有的农产品加工、销售与农产品生产各个环节之间缺乏有效利益联结机制，因此合作社作为产业链延伸的有效载体，为农产品附加价值的提高创造了条件，从而增加了农民收益。第四，实施标准化经营，提高国际竞争力。合作社作用的广泛发挥，使农产品生产、加工、销售等环节都上了一个新的台阶，但想打入国际市场，还必须按照国际标准实施专业化生产和品牌化经营。农民合作社立足农民利益，高瞻远瞩，在很大程度上帮助小农生产经营提高了市场竞争力。[①]

虽然全国各地农民合作社都有了不同程度的发展，合作社在当地农业经济发展中也扮演着重要的角色，但由于各地农民合作社发展的经济环境和政策背景不同，合作社目前的发展环境还面临一些问题，如全国性的农民合作社数量极少，又由于我国地域辽阔，往往很多地域生产同种农产品，容易导致我国的合作社在参与国际市场竞争中自相残杀；再如由各地不同的资源环境、经济发展水平等实际情况致使农业发展失衡，最终导致全国范围内合作社发展的地区差异性大的现象明显，东、中、西部合作社发展水平不均衡就是明显的例子。因此，全国范围内需要解决的问题是多种多样的，国家在制定政策法规时也不能以点带面。我国的农民合作社有一部分在兴办的时候有基层政府的背景，这些组织在创建之初得到了政府全方位的支持，但在日后农民合作社的运营中，容易遇到由于执行政府有关任务而影响民主管理的问题；另外，处于不同发展阶段的农民合作社阶段差异性大，具有的资源也不一样，出现的问题有的是面临创建初期的，有的是面临扩张期的，有的是处于稳定发展期的，总之出现的问题多种多样，层出不穷。

---

① 韩俊：《中国农民专业合作社调查》，上海远东出版社 2007 年版，第 2~33 页。

二、农民合作社的组织制度及运行机制

（一）农民合作社的组织制度

1. 农民合作社的组建原则

我国的农民合作社是农民自己的组织，体现多元主体的共同利益，为农民增产增收服务，因此组建原则也体现为开放原则、民主原则、自治原则、服务原则、合作原则五大原则。

开放原则，指的是农民入社自愿，退社自由，农民合作社对所有愿意承担社员义务，利用合作社服务的人开放，没有性别、种族、政治和宗教等歧视。

民主原则，是指农民合作社的方针和重要事务由社员参与决定。社员管理合作社的民主形式是在基层合作社实行一人一票制，选举产生的社员代表及管理人员，对社员负责；其他层次的合作社组织也实行民主管理，投票权由其章程规定。

自治原则，是指当合作社与政府或其他组织达成合作协议，或从其他渠道募集到资金时，必须保证社员民主管理，并保持农民合作社的自主性。政府通过立法、税收和其他经济、社会政策促进或阻碍合作社的发展，合作社必须尽可能保持其独立于政府部门的自治组织地位，保持独立性。

服务原则，是指在合作社内部，合作社要为其成员提供包括合作思想教育、合作技能培训、生产技术指导、市场信息发布等服务；在合作社外部，合作社作为一个公共组织，需定期向社员、公众和政府披露业务信息等服务。另外，合作社作为其领导人与社员进行双向沟通的场所，令合作社的服务能更好地满足社员的经济与社会需求。

合作原则，是指基层合作社通过与全国的、区域性的和国际的合作社之间的合作，为社员提供更为有效的服务，并促进合作社的发展。

2. 农民合作社的组建程序

为了保证农民合作社的法律地位，根据有关法律，农民合作社的组建需要执行以下程序：

第一，订立书面农民合作社章程。订立章程，必须由发起人在协商一致的基础上，以书面形式订立，章程的订立应当遵循自愿、平等、公平、互惠的原则。在订立章程之前，应首先对农民合作社组建的可行性进行分析。根据农业部下发的《农民专业合作社示范章程》的规定所涉及的七项业务范围，确定所要设立农民合作社的业务范围，是组建农民合作社程序的第一项工作。另外，在农民合作社设立的准备阶段，发起创办该组织的人对外代表设立中的组织，必须予以明确。

第二，依约履行出资义务。农民合作社的章程订立后，任何具备合作社社员资格并承认本合作社章程的农户和农业生产经营组织都可以成为本合作社的社员。社员应按照章程约定的出资方式、数额和缴付出资的期限履行出资义务。违反章程规定的，不履行出资义务的或无正当理由延迟履行出资义务的，合作社可给予警告，给予警告后仍不能履行社员出资义务的，应当开除出社。

第三，召开合作社成立大会。按照国家相关规定，社员按照章程规定履行了各自出资义务后，经法定验资机构验资并出具证明，发起人应当在规定时间内召开合作社成立大会，并由全体社员民主选举合作社的理事会、监事会；讨论通过合作社的各项规章制度。

第四，依法进行登记。根据国家有关法律，对符合组建条件的农民合作社予以登记，之后，农民合作社才可以开展业务活动。

3. 农民合作社的组织结构

拥有合理的组织机构是一个农民合作社能否顺利开展各项业务的基础，也是农民与市场、与社会联系的纽带，尽管由于实际情况不同，各个农民合作社的组织结构不完全一样，但如社员大会或社员代表大会、理事会、监事会这样的机构设置基本一致。农民合作社组织结构如图12—1所示。

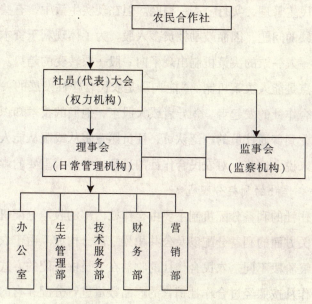

图 12—1　农民合作社组织结构图

　　社员大会是农民合作社的最高权力机构。社员人数超过 50 人的，可以设置社员代表大会行使社员大会的职权。社员代表大会制度是实现社员民主管理农民合作社的重要途径，社员代表集中全体社员意志，行使合作社最高管理权限。理事会是社员代表大会闭会期间的执行机构，由社员代表大会选举的若干理事组成。理事会遵照民主集中原则，实行集体领导和个人分工负责结合的原则，理事会开会时，须通知监事会监事列席会议。监事会是由社员（代表）大会选举产生，是社员（代表）大会闭会期间的监察机构。一般而言，社员（代表）大会、理事会、监事会届期相同。理事会下设办公室、生产管理部、技术服务部、财务部、营销部等几个部分，处理日常事务，各部门通力合作，为实现农民联结起来进入市场，共同抵御市场风险各司其职。

（二）农民合作社的运行机制

1. 农民合作社的决策机制

按照国际惯例和农民合作社的组建原则，农民合作社的决策机制是社员代表大会的民主管理，实行一人一票制。但在现实生活中，有些农民合作社面临资金短缺的问题，因而鼓励社员多入股，为了体现利于资本优势社员的制度安排，一人一票的决策机制出现了向一股一票转变的趋势。农民合作社的另一个特点是能人决策机制。"能人"是农民合作社发展的关键成员，通常也是农民合作社的发起者、领导者或大股东，他们的技术知识、管理水平和社会关系受到普通社员的广泛认可，社员愿意跟从或服从能人的决策，从某种意义上来说，这些人对农民合作社的兴衰成败起着重要的影响作用。[1]

2. 农民合作社的利益分配机制

农民合作社的利益分配机制主要由合作社内部的收益分配机制、合作社与国家和有关方面的利益分配以及公共积累三部分构成。由于农民合作社自身实力、发展阶段不同，农民合作社的收益在会员中分配的方式也不完全一样，有的合作社按照经过合作社销售的产品数量进行分配，有的按照经由合作社销售的产品价值和提供给合作社的资金进行分配，还有的全部收入用于农民合作社的开支。合作社内部的盈余分配一般由五部分组成：公积金、公益金、风险基金、二次返利和按股分红。农民合作社与国家和有关方面利益分配主要表现为依法照章纳税上。公共积累是农民合作社进行可持续发展的保障，因此也是农民合作社利益分配的一个重要部分。通过以上利益分配机制，农民合作社得以继续发展壮大，农民增产增收得到实惠，国家可通过税收手段获得利益。

3. 自我约束与自我发展机制

如果遵循利润最大化条件的约束，"看不见的手"将指引组织按照市场运行规则发展，而农民合作社本身所具有的非营利性质，使得合作社不能像普通企业一样以追求利润的最大化为约束条件和行为准则，那么在农民合作社的运营中，合作社的自我约束与发展机制就显得尤为重要。根据法律、法规、政策，规范自身发展是农民合作社自我约束与自我发展的基点，遵循什么样的原则、提供怎样的服务以及合作社未来发展的思路都应在遵守法律法规的基础之上。除此之外培养合作精神、形成合作文化、不断完善合作社的

---

① 傅晨：《中国农村合作经济：组织形式与制度变迁》，中国经济出版社 2006 年版，第 176 ~ 228 页。

服务功能也是农民合作社自我发展机制的重要内容。农民合作社只有在自愿的基础上组建，通过实行自我管理、自我服务、自我发展、自我约束，实现多个环节的合作，才能不辱使命，完成农户与市场的中介作用。

（三）农民合作社发展过程中需要深入思考的两个问题

1. 关于农民合作社联合社的发展问题

在我国，关于农民合作社的发展思路比较清晰，各个组织的经营发展有声有色地进行，农民合作社很多时候能肩负起"农民代言人"的角色，为农民谋福利。从理论上讲，农民的组织化程度越高，组织化层次越分明，发展后劲就越足，国外很多国家通行的做法是各级合作社呈金字塔结构，尽可能实现层次分明的组织化。因此农民合作社联合社的成立是近年来合作社发展模式的一个新的探索，这个新生组织目前的状况如何，今后的发展思路如何，正是我们急需探讨的问题。

2006 年 11 月 7 日，温岭 50 多家发展规范的合作社联合组建成第一家"农民合作社联合社"，当地最有影响力的玉麟西瓜合作社社长任首任理事长。成立不久，合作社联合社就凭借其强大的"联合"能力，解决了当时困惑许多合作社的难题。由于气候原因，曾经分三阶段上市的西兰花，赶在了同一时间上市，大量的西兰花囤积，除了造成"卖难"之外，还需要大规模的仓库存储，联合社此时发挥了单个合作社不具备的调配资源作用，将大量西兰花暂时安置在已经过了生产季节、闲置的路桥大红袍枇杷合作社的仓库，解了燃眉之急。见此情景，之后的几个月周围县市的农民合作社联合社如星火燎原般产生。如果说，农民合作社解决了一家一户的小农户无法解决的很多问题，那么农民合作社联合社则解决了很多单个合作社无法解决的难题。

从目前的发展来看，农民合作社联合社的主要作用表现在以下几个方面：首先，联合社能更好地与政府部门进行沟通，反映民生。农民专业合作社联合社的理事长通常由区域内最有影响力的合作社社长出任，他们已经具备了丰富的合作社经营管理经验，而且在人脉、关系上也具有优势，甚至有些还是当地的人大代表、政协委员，有一定的话语权，通过他们代表合作社们的整体利益，反映合作社的共性问题，对于合作社的发展大有裨益。其次，联合社能更有效地配置资源。各个合作社都具有各自的优势，有的场地大，有的仓储设备先进，有的市场资源丰富，而农业生产的时令性决定了很多农产品的季节性，过了这个季节，很多资源就会闲置，联合社的成立使这个问题得到了很好的解决，通过联合社的资源配置、优势互补，进而实现合作社之间的互惠互利。再次，联合社能使信息通道更为畅通。每个合作社都有各自的信息通道，对全国各地乃至世界的供求信息了解得多，就有可能更迅速地占领市场先机，联合社内部的信息互通，可以使信息通道更为畅通。最后，联合社能使合作社的行业自律更好地实现。合作社在我国全面发展时间还不长，与有着合作社传统的很多国家相比，还处于不规范的初级阶段，因此，合作社联合社还可以作为合作社行业的"行业协会"，为合作社行业自律提供平台，增强合作社的生命力和凝聚力。[1]

从分散化、小型化向集约化、规模化是合作社发展壮大的必由之路，也是合作社面对市场经济的必然选择。现在我国的农民合作社联合社大多是根据行政区划组建成立的，这在与当地政府沟通方面固然有一些好处，但我们认为，从合作社长远发展角度思考，跨区域发展，形成层次分明的各级联社应是未来合作社发展的整体思路。很多农业发达国家的农民合作社都呈现联合化经营趋势，我们应该借鉴其发展经验。如意大利特伦托省 Melinda 合作社就是 10 年前为了应对欧洲经济一体化挑战，由 16 个独立的基层社自愿出资组建的联合社。这 16 个基层社在生产环节继续保持独立，保留各自原有的小型贮藏加工设施，统一使用 Melinda 商标和品牌，统一销售价格。经过 10 年的发展，这 16 个基层社实现了进一步"联合"，其中的 14 个基层社已经决定取消各自的小型贮藏加工设施，统一使用 Melinda 的大型设施，以进一步降低经营成本，提高经济效益。[2]

2. 关于股份合作制的问题

股份合作制是在合作制基础上实行股份制的一种新型农民合作社，目前

---

① 《合作社再"抱团"——台州农民专业合作社联合试水前行》，http：//www.tzag.gov.cn/documents，2007 年 8 月 17 日。

② 周连云：《当代国际合作社运动的新背景、新优势、新特点》，http：//www.zjcoop.gov.cn，2008 年 5 月 21 日。

国内很多农民合作社都在推行这样一种模式。那么股份合作制究竟是什么？合作社实行股份制是否冲淡了其中介性质？股份制能不能作为将来合作社发展的一种思路，这些都需要我们认真思考。

首先，我们必须承认，股份制合作社仍然是合作社，它的特点是实行劳动与资本相结合、按劳分配与按股分红相结合，与一般农民合作社的区别在于，资本在股份合作企业的生产经营活动和收益分配中，占有比较重要的地位。近年来，农民在兴办龙头企业或龙头企业牵头兴办合作组织，进行农产品加工、销售、仓储、运输等一系列经营活动时，多采用这种形式。尽管股份制合作社多数有自己的企业，在工商管理部门登记为企业法人，但其分配机制及其不以营利为目的的经营理念决定了其中介组织的性质没有改变，依然是联结农户和市场的有效载体。①

其次，股份制合作社兼具股份制与合作制二者的优势，因此可以作为未来合作社发展的一种模式进行推广。股份制合作社与一般农民合作社在融资能力、规模优势、抵御风险方面发挥着基本类似的作用，但它们二者之间在股权分布与利益分配机制方面存在着根本不同。农民合作社一般实行社员等额制，而股份制合作社则允许不同社员持股保持合理差距，这种做法客观上解决了合作社由于资金缺乏导致的发展停滞不前的困境。一般农民合作社不允许某些社员向合作社投入过多的资金，因此只能通过增加社员人数或增加"入社费"的办法增加资金总量。当合作社的发展需要大量资金以购置大型设备或引进先进技术时，提高"入社费"可以筹措到资金，但这样做势必会将相当一部分缺少资金的人拒之门外，有悖于合作社的"合作"精神，因此，可以说股份制合作社是保持农民合作社中介组织性质的重要手段。农民合作社一般实行一人一票制，在利益分配上奉行资本报酬适度的原则，股金一般只获得股息，不能分得红利。在股份制合作社中，一般实行一人一票与一股一票相结合的决策机制，按股分红是利益分配的重要内容。股份制合作社的这种利益分配机制是解决农民合作社激励机制严重缺失问题的一种有效手段，这样才能保证有管理才能、有技术、有资金的人能更好地为农民合作社的发展贡献力量。

---

① 傅夏仙：《农业中介组织的制度变迁与创新》，上海人民出版社 2005 年版，第 1～17 页。

总之，股份制合作社是农民合作社发展到新时期的一种创新，我们认为其没有改变合作社的性质，甚至更好地诠释了"合作"精神。但在实际操作层面，需要把握"股份制合作社"是作为中介组织的一种特殊股份制，其生产经营是不以"营利"为目的的。

三、农民合作社发挥中介作用的方式

农民合作社是中国农村先进生产关系的一种新的实现形式，农民合作社的组建和发展极大地推动了农民的集体行动，整合了稀缺的农村社会资源，它通过为社员提供价格低廉、方便周到的服务，帮助千家万户的小生产联合起来闯市场，推动了农村经济的发展。农民合作社发挥中介作用总体看来主要有生产资料供应、科学技术推广、统一购销、提供信贷支持等几种方式。

（一）提供生产资料，保障农户生产

农民合作社以低于市场价或赊购的方式为社员提供生产资料，大幅度降低了农户的生产成本。根据农业部经管司统计，2004年，全国农民合作社为成员和周边农户代销农产品总量高达2亿多吨，代购化肥、农药、饲料、农膜等生产资料近1亿吨，经营服务盈余187亿元，其中有19%的盈余约36亿元返还给了成员，26%的盈余近50亿元用于股金分红，平均每个社员获得盈余返还和股金分红收入364元。[①] 对于一些经济特别困难的社员，很多农民合作社还提供赊购服务，保障了农民的日常生产。另外，农民合作社提供的生产资料多种多样，包括良种、种畜、化肥、饲料、农药、兽药、大型机械等，并且大部分农民合作社还将生产资料的供应与生产、加工、运销、技术指导结合起来，提供产前、产中、产后服务，全面保障农户生产的顺利进行。

---

① 韩俊:《中国农民专业合作社调查》，上海远东出版社2007年版，第2~33页。

（二）推广科学技术，降低生产成本

农民合作社通常聘请专业技术人员做常年技术顾问，不定时地将社员组织起来培训动植物疫病防治知识和推广农业新科技等。推广科学技术，将新技术、新品种带给农民，使农民们整体种植、养殖技术提高。近年来，有些农民合作社提供无公害生产技术、有机农业生产技术方面的培训，使许多农民走上了富裕道路。合作社还可以利用资金优势进行新技术试验，试验成功后在社员中推广，避免社员盲目上新产品、新项目出现损失。为了提高产品的科技含量，农民合作社还对内部成员实行统一的技术标准，提供统一的技术服务，促进农业标准化生产，以此提高农产品的质量安全水平。

（三）统一销售产品，规避市场风险

统一销售产品是农民加入合作社的最初动机，因此能否建立稳固的购销关系网络是农民合作社能否成功发展的关键所在。大部分农民合作社通过保价收购，降低农户市场风险。所谓保价收购就是，当市场价格高于保护价格时按照市场价格收购，当市场价格低于保护价格时按保护价格收购。保价收购有两种方式：一是订单收购，即农民合作社与农户签订购销订单，订单中规定最低价格；二是设立风险基金，当市场价格下降幅度较大时，利用风险基金确定最低收购价格。这两种方式都帮助农户规避了市场风险。

一些农民合作社为了增强产品的市场竞争力，还对收购的产品进行深层加工和分级包装，并对产品进行统一包装、统一商标销售，有很多农民合作社通过了无公害产品、绿色食品、有机食品等质量认证。①

（四）提供信贷支持，解决资金困境

为了解决农户资金短缺的难题，很多农民合作社为社员提供信贷服务，

---

① 韩俊：《中国农民专业合作社调查》，上海远东出版社 2007 年版，第 2~33 页。

主要方式有两种：一是直接为社员提供贷款，社员通过抵押牲畜、农作物或固定资产，获得低息贷款发展生产；二是由农民合作社出面担保，从银行、信用社等外部金融机构获取贷款，担保一般不收取任何费用。通过农民合作社一系列贴心、周到的服务，社员生产顺利进行，农民收入稳步提高。

四、农民合作社典型案例分析与评价

（一）典型案例

1. 跨地域大规模发展的浙江温岭市箬横西瓜合作社

温岭市箬横西瓜合作社位于浙江省温岭市箬横镇，2001 年 7 月经由温岭市农业林业局批准成立，2002 年 2 月经由温岭市工商行政管理局参照股份合作企业进行登记注册。该社是集西瓜生产、经营、服务为一体的互助性经济组织，专业经营温岭"玉麟"品牌西瓜。

合作社是在西瓜生产与市场难以有效对接的矛盾下自发产生的。

一是瓜农难以有效联结市场，西瓜出现卖难。2000 年，箬横镇西瓜产量 4.13 万吨，全市西瓜产量 10.395 万吨，分别比 1996 年增加了 8.2 倍和 6.9 倍。但全市没有为瓜农提供营销服务的经济组织，大量西瓜集中上市，西瓜普遍出现卖难问题，经营效益低下，一部分西瓜种植大户因此蒙受了重大的经济损失。

二是千家万户种西瓜，技术服务跟不上。从 20 世纪 90 年代后期开始，农户纷纷从粮食作物转向西瓜种植，2000 年箬横镇西瓜种植农户近 2500 户，全市西瓜种植农户达到近万户，瓜农的服务需求非常强烈。但在农村缺乏有效提供技术服务的经济组织，许多农户种植的西瓜品质不佳、产量不高，影响了经济效益。

三是在实施标准、提升品牌方面缺乏有效的载体。早在 1999 年年初，箬横镇下属农贸服务公司就向国家工商局申请注册了"玉麟"牌商标。1999 年年底，温岭市又制定了"玉麟"西瓜生产技术质量地方标准。但面对千家万户种植西瓜的局面，组织实施"玉麟"西瓜生产技术质量标准及提升品牌，缺乏有效的组织载体，致使当地西瓜标准难以统一，品质难以提高，品牌难以提升，形不成整体市场竞争力，市场占有率不高。2000年，全市2.97万亩西瓜当中，达到"玉麟"牌西瓜标准的仅占18.2%，绝大多数西瓜只能在当地廉价销售。

面对上述矛盾，2001年7月，在以彭友达为首的31户西瓜种植大户的要求下，在当地政府帮助和上级业务主管部门指导下，创立了温岭市箬横西瓜合作社。

首先，召开创立大会。合作社召开创立大会，以"一人一票"的方式，民主选举产生了3名理事会成员和3名监事会成员；并以"一人一票"的方式，表决通过了章程，明确了社员的权利和义务，规定了理事会、监事会的职责和民主管理、利益分配的原则。

其次，进行登记注册。合作社每股股金500元，入社费100元，合计以每份600元为基数进行出资，社员出资最多的为9000元，最少的为600元。温岭市工商局参照股份合作企业予以登记注册，注册资金5.22万元，经营范围为西瓜种植、收购、销售。

经过3年的发展，截至2006年5月，合作社社员为252人，注册资本为50万元，固定资产为296万元；直属生产基地有13个，面积为1.3万亩；在国内20多个省市50多个水果批发市场建立销售网点，联结农户9200户，直接带动温岭市东南沿海8万亩西瓜产业带的发展。

合作社跨越式发展是在不断探索运营机制和适应市场经济中逐步发展壮大的。以合作社基本原则和市场经济发展要求有机结合为前提，合作社对运营机制进行了大胆探索和实践。一是生产经营机制，合作社对内统一生产标准，社员以家庭经营为基础、生产基地为依托，按照合作社生产技术质量标准开展生产经营活动；合作社对外经营统一品牌，开展市场开拓、产品销售活动。二是民主决策机制。突破合作制"一人一票"制的局限性，实行以一人相对多票制方式民主管理、决策合作社重大事务，对合作社贡献大的社员可拥有不超过总票数20%的表决权，这样既发挥核心社员的积极性和领办作用，又防止"一股独大"，保障普通社员的民主决策权利。三是品牌经营机制。合作社在生产、分级上，严格执行"玉麟"西瓜商品果质量标准，在销售上，实行售后质量跟踪制度，夯实产品质量品牌的基础；合作社通过绿色食品认证、科技开发创新、产品宣传推介，提升合作社市场品牌；合作社有序组合社员联手开拓市场，统一质量标准，统一分级包装，统一产品品牌，统一定价销售，开展合作社品牌经营，增强产品市场竞争力和占有率。四是利益分配机制。合作社盈余按社员投入的股份（经营规模）比例返还。合作社进行两次利益分配，第一次利益分配是社员参加劳动经营取得的收益，列入合作社经营成本；第二次利益分配是合作社盈余分配，在扣除成本和各种费用，提取一定的公共积累和风险保障基金后，按社员投入的股份比例分配。

截至 2006 年 11 月，合作社已经投入 260 万元资金，用于进行生产服务设施建设、教育培训场所建设、市场营销网络建设和产品品牌建设。合作社投入资金 150 多万元，建立了无公害西瓜标准化生产核心基地，建成钢架大棚 102 亩，节水滴灌设施 308 亩；配置 4 台小型翻耕机和无公害农产品检测设备一套，有效提高了西瓜标准化生产服务能力；建成 25 吨级 50 平方米冷库一座和 1113.88 平方米收购贮藏大厅；在建 40 吨级和 45 吨级冷库各一座，以大大增强收贮服务实力。合作社投入资金 56 万元，建成了 300 平方米的社员教育培训基地和技术信息服务中心，并租赁 168 平方米房屋作为合作社的办公场所；配置电化教育设备一套、计算机及打印机各 2 台，并完成了合作社网站建设，从而促进了社员文化知识和技术水平的提高，增强了合作社经济信息传送能力。合作社投入资金 22 万元，建立了一支由 20 多名社员组成的营销队伍，先后在广东、福建、浙江、上海、江苏、北京、山东等省（自治区、直辖市）50 多个大中城市的主要农产品批发市场建立销售网点，并在北京、上海、广州、杭州、宁波等地设立专卖店，由此构筑起合作社的市场营销网络，有效提高西瓜销售服务能力。合作社投入 30 多万元，一是在栽培技术、果品质量和市场准入三个方面制定了生产技术操作规程、"玉麟"牌西瓜商品果质量标准、箬横西瓜合作社质量管理手册，为打造品牌打好基础；二是加大"玉麟"西瓜宣传推介力度，先后在上海和杭州举行"玉麟"西瓜新闻发布会，邀请分管市长亲临现场卖西瓜，并且还与浙江电视台协作制作"玉麟"西瓜专题片，在 7 个省市级电视台 32 个频道专题播出；三是积极开展"玉麟"西瓜的认证、评优，提升市场信誉。目前，箬横西瓜合作社的"玉麟"牌西瓜被命名为浙江名牌产品；2003年"玉麟"牌商标被认定为台州市著名商标和浙江省著名商标；在2001~2004年中国浙江国际农博会上，"玉麟"牌西瓜连续获得金奖；现在"玉麟"牌西瓜被认定为绿色食品。

合作社服务实力的增强、服务质量的提高，促使西瓜生产经营成本大大下降，每亩降低生产成本300多元；市场占有份额稳步上升，2007年销售"玉麟"西瓜1.9万吨，比上年同期增加26.7%；社员经济收入明显增加，2007年户均收入7万元，比上年同期增加16.7%。①

2. 合作社之间的联合——浙江台州市临海上盘西兰花产业合作社

临海市有种植蔬菜的传统习惯和天然的资源优势，但进入21世纪，这里的西兰花产业在发展过程中面临新的问题：①分散的千家万户小生产与千变万化的大市场之间缺乏有效的联结载体，产、供、销脱节，贸、工、农割裂的格局没有得到实质性的改变。②西兰花在产生加工过程中缺乏完整的技术体系、规范的操作方法和产品质量标准，难以满足人民日益发展的物质生活需要。③时常出现这样的局面：产品畅销时，企业上门求货，价格抬高，品质降低，损害企业利益；而产品滞销时，价格下跌，谷贱伤农。④企业与企业之间相互残杀，无序竞争，变市场为战场。⑤发达国家利用WTO绿色壁垒限制进口农产品。农民们在残酷而不规则的市场竞争面前，深深呼吸到"恶性竞争"、"中间商盘剥"、"撕毁合同"等血腥味。用合作社理事长徐友兴的话说，"中间商联手故意制造市场饱和的假象，压级压价，农民和运销户相互不讲诚信，运销大户和加工企业恶性竞争，这样做必然拖垮一个地方的特色产业，我们必须联合起来，组织起来"。建立专业合作经济组织成为政府和农民的共同愿望，在政府推动和支持下，这里的农民于2000年8月成立了临海市上盘蔬菜产销合作社。2002年6月14日在临海市工商局登记注册改名为"临海市上盘西兰花产业合作社"，经济性质为股份合作制企业，经营方式为种植、加工和运销。

该合作社实际是当地农民在蔬菜产业发展过程中逐渐成长的公司性生产、

---

① 本案例转引自韩俊：《中国农民专业合作社调查》，上海远东出版社2007年版，第244~251页。

加工和销售企业以及种植专业农户的经济联合体。目前，全社共有 864 个社员，其中菜农 841 户（面积 5.5 万亩），加工专业户 12 户，营销专业户 10 户，中介组织 1 个。为紧密产销关系、合理分工、便于监督管理，合作社对这 12 个加工企业、4 个运销大户与 841 个种植农户，在实行双向选择的基础上，将所有社员分别编入 16 个分社，各分社以各自社员田块划分 81 个作业区。

合作社注册资本 27 万元。各分社认购股金及出资方式：翼龙分社以现金出资 4 万元，占总股本的 14.8%，其余分社都分别以现金出资 2 万元，分别占总股本的 7.4%，另外的股本被该合作社 8 个社员分别以 2 万元、5000 元、3000 元等标准认购，合计占总股本的 16.7%。

合作社内部各分社自我经营、独立核算。合作分社的分配受合作社的节制，分配方式由合作社章程和社员（代表）大会决定。2003 年开始对各分社从年终赢利中先提留 5% 的公积金、3% 的公益金、3%~5% 的风险金（订单农业），再在可分配利润中划出 5%~10% 的比例按当年原料投售量返还到本分社内的种植社员，实行二次返利，剩余部分按投资比例分红。

合作社几年来的发展取得了骄人的成就，2002 年销售额达 7500 余万元，其中外销 60%，内销 40%，有 300 多批次的西兰花进入日本及东南亚市场，同年获得浙江省无公害农产品认证书、浙江省绿色农产品证书和使用标志、浙江省无公害农产品基地、出入境检疫局备案的出境蔬菜种植基地、浙江国际博览会金奖（2001），被列为农民专业合作经济组织全国试点单位。①

（二）分析与启示

这两个典型案例分别代表了由农民联合起来组建的农民合作社和由农民合作社联合组建的专业合作社两种形式。不论是由农民直接联合组建的农民合作社，还是由数十个小农民合作社联合而成的专业合作社，从本质上说都是联结千家万户的小农户与千变万化大市场的纽带和桥梁，都是以服务为纽

---

① 本案例引自李瑞芬：《农民专业合作经济组织知识》，中国农业出版社 2006 年版，第 63~69 页。

带，提高农民的组织化水平，促进农业产业化经营的重要形式。分析这两个典型案例，我们不难看出其中一些共同的东西，诸如它们产生的历史背景，它们发展壮大的过程中，需要核心成员的领办作用和政府的大力支持，它们都不同程度地提高了农业生产的组织化程度等。

1. 产生的历史背景

浙江温岭市箬横西瓜合作社是在西瓜生产与市场难以有效对接的矛盾下自发产生，当时现实的情况是，瓜农难以有效联结市场，西瓜出现卖难；千家万户种西瓜，技术服务跟不上；实施标准、提升品牌方面缺乏有效的载体。而浙江台州市临海上盘西兰花产业合作社的出现也是由于西兰花产业在发展过程中面临一些类似的状况，比如分散的千家万户小生产与千变万化的大市场之间缺乏有效的联结载体，产、供、销脱节；西兰花在产生加工过程中缺乏完整的技术体系、规范的操作方法和产品质量标准；时常出现产品畅销时，企业上门求货，价格抬高，品质降低，损害企业利益；而产品滞销时，价格下跌，谷贱伤农；企业与企业之间相互残杀，无序竞争，变市场为战场；发达国家利用 WTO 绿色壁垒限制进口农产品。

这些问题绝不仅仅是这两个地区的农民遇到的偶然现象，其实，20 世纪 80 年代，在中国农村广袤的大地上，已经出现了大批专业化农户，他们从事集约化程度较高的农业生产，产品在满足自己需要之外还有大量剩余，需要通过流通领域转移到消费领域。此时还没有专门的销售组织和民间合作服务组织，单个农民应对市场，讨价还价能力较弱，因此农民只有两种选择，要么把农产品按照较低收购价卖给供销社、粮棉油经销公司，要么按照市场价与个体商贩和非国营部门进行交易。① 无论哪种形式的交易，农民单打独斗始终处于劣势地位，"小生产"与"大市场"的矛盾凸显，处于弱势的农民不得不面对恶劣的市场竞争，为了避免由主体地位不对称导致的谈判、签约和利益分配上的不对称，农民们联合组建的合作社扮演着农民（社员）利益代言人的角色，保护农民利益不受侵犯，在联合农民共同参与生产、流通，参与市场竞争中起到了积极的作用。随着市场经济的发展，分散经营与社会化服务之间的矛盾也成为摆在农民面前的一个难题，农民合作

---

① 韩俊：《中国农民专业合作社调查》，上海远东出版社 2007 年版，第 3～10 页。

社这个完全建立在农民自愿组合基础上发展起来的组织越来越受到广大农民的欢迎。

2. 合作社的发展需要核心成员的领办作用和政府的大力支持

合作社的产生乃至持续健康发展，都离不开合作社核心成员的领办作用。浙江温岭市箬横西瓜合作社是以当地西瓜生产经营中最具影响力和威望的专业大户为核心创建的。彭友达个人整体素质好，具有独到的眼光，经营管理水平高，自身经济实力强，而且具有奉献精神、合作意识，对合作社的创建、运作和发展起到了巨大的推动作用。

合作社的大力发展同样也离不开政府的大力支持。在合作社成立初期，政府农业主管部门指导合作社制定章程、建立健全各项规章制度；合作社的生产经营活动也需要得到政府农业技术部门的辅导，政府提供的公共服务也是农民合作社顺利发展的重要保障。比如，温岭市、镇两级政府分别在上海、杭州召开"玉麟"西瓜新闻发布会，各级农业部门组织各种农业博览会，支持合作社参加评奖、参展和促销，有利于合作社打造品牌、塑造形象、提高市场竞争力。

3. 合作社大力提高了农业的组织化程度

两个合作社都是围绕农业生产产前、产中、产后各个环节，提供了多项统一服务，有效地实现了农业生产要素的组织化、生产经营的组织化、产品营销的组织化和利益分配的组织化。生产要素组织化是指合作社通过提供统一服务，使社员的资金、技术、劳动力等生产要素得到有序联合，合作社统一调配使用资金，统一提供种苗和物资供应服务，统一组织社员开展生产经营活动，并提供社员相互交流经验、协作服务的机会，有效提高生产要素的组织化程度。生产经营组织化是指通过合作社统一服务，社员以家庭经营为单位，按照产品的质量技术标准进行生产，有效提高生产经营的组织化程度，保证标准化生产。产品营销组织化是指通过合作社统一分级、统一包装、统一品牌、统一市场销售，使产品有组织地进入市场。利益分配组织化是指合作社通过统一财务核算，将生产经营产生的经营收入、成本费用按照统一账户、统一结算、统一按股份管理并返还盈余。合作社组织化程度的提高，对农业产业化的经营发展也产生了促进作用，实现了农民经济收入的显著提高和农业经济的快速发展。

第十三章 一体化组织

一体化组织的出现有两个动力，一个是农民对提高农产品附加价值的追求，一个是工商资本向农业领域的渗透。这两股力量在农村市场规模不断扩大的过程中逐渐加强并最终结合在一起，形成了公司加农户、公司加基地加农户的一体化形式。因为一体化组织将农业生产、加工、销售的各个环节有机地结合在一起，科学地引领农民面对风云变幻的市场，实现农产品由初始形态向附加价值较高的商品的转化，在本质上发挥了市场中介的作用，所以它是我国农村市场中介组织的一种重要类型。

一、农村市场中的一体化组织

（一）一体化农业与一体化组织

一体化农业（Integrated Agriculture），是指在高度发达的基础设施建设基础上，将农用物资的生产和供应，农业生产，农产品收购、储运、加工、包装、销售等各个环节通过某种契约方式联结成一个统一的农工商综合体。它包括两层含义：一是农业的产前、产中、产后各个环节都有合作组织或中介组织提供社会化服务；二是工商业以不同形式进入农业，使农业成为农工商协作下的具有现代生产特征的一体化产业。① 在我国，一体化农业又称为农业一体化、农业产业化，是由"龙头"带动，以各参与主体互惠互利为原则，按照产业链形成农工商结合的经营方式，这个"龙头"既可以是企业、农村专业市场，也可以是农民专业协会、农民合作社，还可以是与农户建立起分工与合作关系的一体化组织。这些"龙头"很多都是农村市场中介组织，在农业产业化进程中都发挥着强大的中介、带动作用。鉴于前面几章已经分别论述，这里主要论述农业产业化经营中"公司＋农户"、"公司＋生产基地＋农户"等一体化组织，这样的一体化组织一头向市场延伸，搜索、分析市场信息，疏通流通渠道，开辟国内外市场；一头向生产延伸，为农民提供准确全面的市场信息，引导农民根据市场需求进行生产经营，并通过配套的社会化服务，把个体农民联合起来兴办生产基地。一体化组织通常以一个农副产品加工企业为核心，与农户建立稳定的合作关系，将生产资料供应、农户生产、技术指导、农副产品收购、加工、储存、运输、销售等完全纳入一体化管理。从组织形式来看，一体化组织就是一个经营实体，但从其对农户提供的各种服务来看，从其处于农户与市场之间的联结地位来看，它是为农户获得生产技术、生产资料，实现农副产品的加工增值提供居间服务的组织，所以我们可以界定它是一种农村市场中介组织。

（二）一体化组织的产生

1978 年以来，中国农村经济领域内主要进行了两项重要的改革：一是实行了家庭联产承包责任制，确立了农户作为农村经济的微观主体地位，使农民的劳动权和生产资料所有权直接结合，农民生产有了经营自主权，生产积极性得到了极大提高，农业生产率迅速提高；二是推进了农产品流通领域的市场化改革，农产品流通主体结构有所改变，国营商业、合作商业、个体商业并存发展，大批农民以其经营上的灵活自主、效率高等特点参与到流通环节，到了20世纪90年代，大部分农产品均实现了市场交换。然而，随着

---

① 袁克忠、王万山：《农业一体化、农业产业化和市场中介组织》，载《江西农业经济》1999 年第 4 期。

这两项改革的进一步深化，一些新的问题也产生了。与农村经济市场化水平的逐步提高、农产品供求数量的不断扩大以及农户生产组织的日趋健全、稳定相对照，农产品流通主体结构的改革还是大大滞后于生产经营制度的变革和消费结构的转换，农户作为农业生产经营的基本单位跟不上日益加快的农村经济市场化进程的步伐，凸显了由于缺乏专业化分工的有效交易协调机制而产生的单个农户"小生产"与整个"大市场"之间的矛盾。[①]

为了有效解决这个随着农村市场经济推行产生的新矛盾，必须建立一种新的制度设计与之相配套，一方面，要把一家一户小规模生产与健全的社会化服务体系结合起来，以实现不改变家庭经营格局的规模效应；另一方面，要把分散的家庭经营与集中的市场需求有机联系起来，引导、组织和带动农户进入市场。一体化组织就是这种制度创新的产物，它作为一种有效载体在农业产业化进程中发挥了重要的中介作用。它把传统生产方式与现代化科学技术融合起来，既体现了我国农业精耕细作的优良传统，又实现了现代农业高产量、高效益的要求；它把农产品生产、加工、储藏、运输和销售联结在一起，提高了农产品的附加价值，增加了农民收入。

（三）一体化组织的发展现状

1. 一体化组织近年来取得的成就

近年来，随着各级政府对于农业这个基础产业认识的加深及惠农政策的倾斜，越来越多的公司、农户加入到一体化组织中来。总体来说，全国一体化组织呈快速发展、不断变革状态，在交易模式探索和利益分配机制方面也取得了一些成就。

第一，一体化组织各主体之间的交易模式不断演进。最初的一体化组织各主体之间的交易模式多为公司与农户之间的即期交易，即农户自发生产，待农产品成熟后，按照市价出售给公司。这种交易方式实际上起不到引导农户生产经营的作用，只是定期收购农民的产品，农民需要独自面对各种自然

---

① 姚今观等著：《贸工农一体化经营——理论与实务》，中国物价出版社 1998 年版，第 21~25 页。

灾害以及市场风险，经常出现"增产不增收"的情况。缓解这种状况的方法是公司与农户之间远期交易模式的实施，即公司与农户签订远期合约，农户生产什么、生产多少都按照合约的要求进行，待农产品成熟，公司按照之前约定的价格收购。这种远期交易模式应用于信用缺失严重且缺乏约束机制的公司与农户之间，势必导致履约率低的现象发生。因此将期货交易引入一体化组织的交易模式是近期刚刚兴起的一种新型交易模式。① 公司与农户在签订种植合约的同时，通过期货市场开展套期保值业务，从而锁定未来的成本和收益，通过在期货市场集中的投机者和套期保值者之间重新分配市场风险，使公司和农户的根本利益得到保障是一体化组织交易模式演进的重要趋势。

第二，一体化组织内部的激励机制逐渐代替惩罚机制。公司与农户签订合约，为了约束双方行为，公司在为农户提供服务、保证按价格收购的同时，农户需要提前支付一部分"保证金"，这笔钱在农产品成熟后，公司与农户交易成功后，完全返还给农户，并按照银行利率支付利息，一旦市场价格对农户形成诱惑，农户不履约时，这笔钱就作为"违约金"归公司所有，这种约束行为我们可以看做是一种惩罚机制。随着公司的发展壮大，越来越多的公司意识到，要想真正激发农户的积极性，同时保证公司经营的顺利进行，需要有更合理的激励机制起作用。如"野力集团"位于河北昌黎的葡萄种植基地，原来把"种葡萄苗"发给农户进行种植，签订收购合同，进行葡萄生产期的全过程技术指导，但是追求当前利益最大化的农民经常采取机会主义行为，为追求较高产量而忽视了葡萄的品质，使秋后收获的果品品质达不到加工高档葡萄酒的要求，也有的将出产的品质好的葡萄高价卖给前来收购的小贩，而将品质不好的葡萄拿来履约。"野力集团"于是果断地进行改革，采取"返租倒包"的契约形式。该形式的具体做法是：每亩以300元租金从农民手中长期租用土地，对土地给予适当的平整和肥力的调整后承包给农户种葡萄，农户在公司技术人员的指导下进行种植，农户的收益为固定工资（根据承包土地数量确定）加上可变比例分成，比例的确定按

---

① 何嗣江、张丹：《"公司＋农户"模式的演变及发展路径》，载《经济学家》2005年第1期。

照生产葡萄的质量和数量综合评定，并以保证质量为前提。① 每亩 300 元的租金，高于当地农民种植农作物的收益，对农民的利益没有损害，农民还可以通过降本增效获得更大的收益。一体化组织采取这种激励模式，可以避免农户片面追求葡萄产量而忽视葡萄质量的行为，同样也保证了公司生产经营的顺利进行，公司利润得以实现。

2. 一体化组织存在的显著问题

尽管一体化组织为众多零散的既不掌握先进技术又缺乏市场信息的农户带来了很多实惠，但由于行为主体逐利性的本质和机会主义倾向以及监督成本过高等现实问题的存在，使得一体化组织在发展过程中也面临许多困境，突出表现为履约难和质量安全难以控制两方面。第一，履约率低已成为制约一体化组织运营的重大难题，据统计，我国"公司＋农户"形式的一体化组织履约率仅有三分之一左右。市场行情好时，公司会积极履行收购义务，而农户有可能在利益的驱动下违约；市场行情不好时，一些公司借故农产品质量不合格，或指责农户在生产过程中没有严格按照合同要求生产，拒不执行合同。这两方面的原因导致了一体化组织履约难的现象。第二，产品质量难以控制，目前质量安全问题已成为一体化组织刻不容缓需要重视的问题。一些公司为了降低成本，放松对农产品质量的检查和管理，使得原材料质量下降而直接影响最后产品的质量；而农户由于不直接面对消费者，降低了靠质量寻求市场的动力，同时为了获取更多收益，降低生产成本，从源头上影响了产品的质量安全。② 最近刚刚出现的三鹿奶粉事件，就是一体化组织质量安全失控的典型案例，引起了很大的社会反响。

二、一体化组织的组织制度及运行机制

公司与农户之所以组成一体化组织，主要是为了将各自优势由原来的相

---

① 本案例引自蔡志强：《农业产业化龙头企业制度研究》，中国农业大学博士学位论文，2004 年 6 月。

② 林柯、任红岩：《"公司加农户"模式的运行缺陷与食品安全》，载《科学·经济·社会》2006 年第 2 期。

互分离状态，通过纵向一体化内化在一体化组织中，再进行合理的分工，进而达到资源的最优配置。即公司发挥规模优势、技术优势、市场优势，为农户提供原料购买、技术指导、产品销售等服务，而农户则发挥精耕细作的生产优势，专门从事原材料的生产，这等于农户把他在产业分割情况下投入到上述环节的努力，通过纵向整合的制度创新同公司作了交换。①

（一）一体化组织的组织制度

一体化组织通过选择合理的组织形式和科学的经营模式分别从组织形成方式和组织运作方式两个层面在农业产、供、销等环节实现公司和农户的收益。

1. 一体化组织的组建形式

一体化组织主要通过某种利益联结方式，实现农业生产、加工、销售等环节的一体化，以达到降本增效的目的。有三种利益联结方式形成的一体化组织较为常见，分别为通过提供服务项目形成的一体化组织、通过签订契约合同形成的一体化组织和通过投入资金入股形成的一体化组织。

（1）通过提供服务项目形成一体化组织。这种组织形式属于松散型一体化组织，是一体化组织的初级阶段。组织内部的公司与农户之间保持相对独立的产权关系，仅在生产资料供应、技术指导、销售服务方面为农户提供有偿或无偿的服务。对于农户来说，通过这种组织，买到了质优价廉且货源稳定的生产资料，降低了因买到劣质种子或化肥带来的风险；得到了专业技术部门或专家的技术指导，学到了病虫害防治知识及增产增收的技巧，提高了获得较大收益的可能性；再也不用为农产品找不到销路而烦恼，减少了增产不增收的几率。对于公司来说，通过为农户提供服务，实现了原材料数量及质量上的保障，为顺利生产奠定了基础。由于这种组织形式通常在一个生产周期结束后也宣告解散，因此不论对于公司还是对于农户来说，都存在一次性交易可能带来的机会主义风险。

---

① 黄祖辉、郭红东：《"公司加农户"：农业产业化组织的创新——基于新制度经济学层面的分析》，载《浙江学刊》1997 年第 4 期。

（2）通过签订契约合同形成一体化组织。这种组织形式将公司与农户之间的关系拉近了一些，是通过签订契约或合同的形式，规定各经营主体之间的权利和义务关系，在合同范围内享受服务、分配利益和承担风险。这种组织形式的特点是生产基地化、产销契约化、产品标准化、服务系列化。这种组织形式除了为农户提供生产资料供应、技术指导、市场销售等服务之外，还通过合约形式，在一定程度上密切了一体化组织内部各经营主体的联系，但各主体之间依然保持着财产关系的独立性。通过签订契约或合同形成的一体化组织形式，可以为公司与农户均带来实惠，一方面，公司有了稳定的原材料基地，可以减少为了获取可靠初级农产品所需要付出的搜寻成本；另一方面，分散的农户可以借助公司的力量，成功实现初级农产品的销售，尽可能地避免了千家万户小农户闯荡千变万化大市场所可能出现的种种烦恼，基本保证了农民的稳定收入。但是这种组织形式从某种意义上说，公司与农户之间利益联结关系不够紧密，共同抵御市场风险的意识还不强，不履约现象时有发生。

（3）通过入股形成一体化组织。这种组织形式属于紧密型一体化组织，是目前一体化组织经营中最严密的一种。这种一体化组织的农户仍然独立从事农业生产，并通过合同形式将其产品销售给公司，实现农业生产环节的利润，同时还以土地、资金、技术等不同资本要素在公司入股，参与公司利润的分配。这种组织突破原来各自独立的财产关系的束缚，有机地将公司与农户联结起来。这一方面使一体化经营所需的资金得到迅速筹集，解决了农村经济发展资金不足的难题；另一方面在产权层面上确定了公司与农户之间的利益关系，使公司与农户以股份为纽带、共同发展为前提，紧密合作。农民可以凭股份分红，农民以生产者和股东的双重身份参与农业生产、加工、销售环节的生产和经营，生产积极性大大提高。

2. 一体化组织的经营模式

一体化组织的经营模式是经营过程的运作方式。目前，常见的一体化组织的运营模式主要为"公司＋农户"、"公司＋基地＋农户"两种形式。这种经营模式通常是以农产品加工企业为龙头，重点围绕一种或几种农产品的生产、加工、销售，与原材料生产基地的农户实行有机联合，实行一体化经营的组织模式。由于我国农户的规模较小，公司直接与分散、独立的农户建立一体化组织的操作成本很高，规模难以扩大，因此，通过乡、村等行政部门，把农户组织起来建立"公司＋基地＋农户"便成为不错的选择。① 这两种经营模式中的公司可以是以农产品购销为主要业务的商业公司，可以是以农产品加工为主要业务的生产型企业，也可以是农工商为一体的企业，以这些公司为龙头，形成产、加、销一体化经营，对于公司和农户都有好处。对于公司来说，首先，公司的初始原材料有了稳定来源，公司收购原材料的搜寻成本和谈判成本大幅降低；其次，公司与农户通过某种契约形式联结为一体化组织，利于公司对于原材料质量安全的监控；再次，公司可以将原来采购初始原材料的时间、金钱和精力投入到新产品开发、市场扩张等业务上来，公司的发展能带动更多的农户走上致富道路。

对于财力薄弱、市场信息闭塞的农民来说，这种经营模式无疑也是很好的选择。首先，公司为农户提供的各种服务，使农民可以专心生产，不必顾虑产品前景和市场状况，降低了农户的生产经营风险；其次，公司掌握大量市场信息，通过市场的价格形成机制确定的农产品收购价格（合同价格）能使农民收益得到保障，避免了"谷贱伤农"现象的发生；再次，一些公司为了帮助农户提高生产效率，提供的大型机械设备使农民在不增加支出的情况下，实现了农业生产的现代化。另外，公司与农户在合作经营的过程中，都在努力寻求更合适的合作方式和赢利途径，容易打开双赢的局面。

（二）一体化组织的运行机制

1. 利益分配机制

一体化组织的运行机制主要是指公司与农户之间的利益分配机制及风险分担机制。在公司与农户之间建立多种多样的利益联结方式，使组织中不同利益主体能够形成"利益共享，风险共担"的利益共同体，是一体化组织运行的基本原则。一体化组织的利益分配机制通常是由其组建方式决定的，因此，从实践看，一体化组织的利益分配机制主要有三种形式：

---

① 杜吟棠：《"公司＋农户"模式初探——兼论其合理性与局限性》，载《中国农村观察》2002 年第 1 期。

一是通过提供服务项目形成一体化组织，以服务的数量、质量和销售产品的数量、质量为依据进行利益分配。由于该种组织形式具有松散的特性，公司或公司委托农业技术部门为农业生产者提供产前咨询、生产技术指导、防病虫害知识普及以及农产品销售等服务通常收取一定的费用，或者通过帮助农户销售产品实现公司与农户之间的利益分配。参加这种形式的农户通常生产规模小、位置相对分散、对市场信息的掌握不完全，与公司打交道时，农户处于劣势地位，经常导致农民利益受损、利益结构扭曲的现象发生。

二是通过签订契约合同形成的一体化组织，以合同契约为依据进行利益分配。公司与农户各自作为独立的利益主体，在自愿、平等、互利的前提下，签订合同，并以此作为利益分配的依据。随着一体化组织的发展，这种利益分配机制也在不断改进。最初，公司与农户完全执行合同约定的价格成交，由于农民具有有限理性，因此当市场价格高于合同价格时，农民不履行合同现象严重。为了减少这种情况的发生，一体化组织进行了新的利益分配机制设计，主要遵循"随行就市，设置最低保护价"原则，即当市场价格高于合同价格时，按照市场价格收购；当市场价格低于合同价格时，按照提前约定的最低保护价收购。这种做法极大地保护了农户的利益，企业的利益却无法得到保障。于是又出现了保证金制度，即在签订合同之前，农户需要缴纳一定的保证金，当双方按照市价或合同价完成交易，公司连本带利返还保证金；而如果农民爽约，则需为自己的行为付出代价。

三是通过入股形成的一体化组织，以股份的多少为依据进行利益分配。公司与农户由各自独立的利益主体变为利益共同体，二者之间的合作关系更趋于稳定。农民通过销售产品获得农业生产环节的收益，还通过股份获得股权收益。企业赢利多少直接决定农户股息收益，企业如果亏损，农户则分享不到半点利润，因此农民生产者和经营者的双重身份，保证了农户会始终和公司"利益共享，风险共担"。

2. 风险分担机制

农业的自然属性和社会属性导致农业生产经营者面临自然风险和市场风险的双重风险，一体化组织的风险分担机制的完善与否直接关系到公司或农户的切身利益。完善风险保障机制除了从基础设施建设入手，增强抵御自然灾害的能力之外，还需要进行合理的制度设计，如加强农民的保险意识、健全社会化服务体系、建立风险基金保障制度等。农民维持生计的迫切需求与追求利润的双重目标决定了其规避风险的强烈意愿,因而很多农民愿意付出一部分"保证金"来购买一份稳定的收入或价格。公司为农户提供全方位的社会化服务体系,可以最大限度地减少病虫害和经营风险;对单位价值高的农畜产品,由龙头企业扶持并出面组织农户参加各种类型的农业保险,争取把自然风险造成的损失降到最低程度;而按照农产品收购价与增加值的比例或从公司赢利中单独提取出来的风险基金能在万一不测时对农户进行补贴。

市场瞬息变化,一成不变的运营模式有时不能真正实现一体化组织各个主体共同分担市场风险。目前,我国一体化组织的农产品购销环节,较多采取公司预测交易价格并与农民签订购销合同的方式,以保证公司和农户的供求平衡。但由于农业生产的生产周期长,从种植到收获,市场行情可能发生很大变化,对于公司而言,当市场价格低于合同价格很大程度时,由于面对众多农户转移过来的风险累积使其无力应对或难以抵挡市场诱惑而采取违约行为,农户面临巨大的市场风险;对于农户而言,当市场价格高于合同价格很大程度时,其之前支付的"保证金"已显得微不足道,单纯依靠道德约束亦很难实现合约的履行。因此,将期货交易模式引入一体化组织的运营,是一种较为科学的风险分担机制。期货的价格发现功能可以为公司预测价格提供公平的参考,均衡价格能反映某种商品当期的供求关系,对于生产周期长的农产品来说,根据当期的价格安排下一期的生产,确定下一期的价格显然很不科学,而通过期货市场的价格形成机制,为公司及农户提供一个权威的参考价格,既能最大限度地避免农民盲目生产的状况发生,降低农民的生产风险,又能对公司下一步的经营战略提供指导意见,使公司事先规避可能面临的市场风险。

三、一体化组织发挥中介作用的方式

就一体化组织自身而言,其经营效益取决于产业链延伸的程度和组织运营状况,尤其是其产品的加工深度;而对于一个区域而言,主要任务则是将产业链各环节很好地衔接起来，形成一个完整的、连续的系列，环环相扣，共同发展。一体化组织作为市场和农户有效对接的一类农村市场中介组织，发挥中介作用的方式主要有两种，一是纵向延伸产业链；二是全面服务，横向联合。

（一）纵向延伸产业链

产业链是人们依据各产业的前向、后向的关联关系组成的一种网络结构，其实质是产业关联关系。农业产业链是产业链的一种特殊形式，是由农产品作为构成要素，贯穿资源市场和需求市场，为农业产前、产中和产后提供不同服务功能的企业或单元组成的网络结构。[1] 纵向延伸产业链是指向关联产业延伸，同关联产业协作、联合，提高产品附加价值，也就是通过建立顺畅的农产品产、加、销系统，改变农产品的初始状态，使农产品以崭新的面孔赢得新的市场空间。这种做法帮助农民解决了初级产品销售难、丰收不丰收都卖不上价钱的难题，一方面通过一体化组织的深加工链条的延伸，许多初级产品错开了集中上市的时间，避免了"谷贱伤农"的发生；另一方面通过一体化组织的深加工链条的延伸，初级产品经过先进技术的"包装"，附加价值得到了明显的提高。这种把农产品的生产、加工、销售作为一个完整的产业链条，通过契约，应用先进的加工技术，创造新的消费需求，能大大提高农民收入，实现规模经济和改善农业技术装备。

一体化组织通过产业链的纵向延伸，能将农业生产的上、下游联结起来，将外部经济内部化，同时发挥一体化组织综合经营的产业协同效应，降低交易成本，使农民收入大大提高。通过一体化组织的联结，分散的千家万户小农集中在一条或多条完整的产业链条上，并对其初级产品进行深加工，这样，农业生产在农村家庭承包经营的基础上，实际上走了一条外延扩大再生产的道路，实现了全新意义的规模经营，提高了经济效益，使农业进一步发展获得了资金积累。[2] 另外，一体化组织使公司和农户成为一个利益共同

---

[1] 张明林：《农业产业化进程中产业链成长机制研究》，南昌大学博士学位论文，2006 年 6 月。

[2] 姚今观等著：《贸工农—一体化经营——理论与实务》，中国物价出版社 1998 年版。

体，加工部门（公司）为了实现自己的利益最大化，在生产资料供应、先进技术推广、先进设备更换等方面不得不予以资金投入，因而极大改善了农业技术装备，为农业生产效率的提高奠定了物质基础。

（二）全面服务、横向联合

全面服务、横向联合是指公司和农户为了抵御风险或者实现互利的目的，通过建立产前、产中、产后全程的社会化服务体系，联结小生产和大市场。全程社会化服务体系主要是指公司为农户提供生产指导、技术服务、风险化解、信贷帮助等服务，这些配套的服务能够有效解决商品性农业生产全过程遇到的诸多实际困难，如产前为农户赊账提供种苗、生产资料，产中的防治病虫害，产后的储运、加工、销售甚至打造品牌等；同时还缩短了农户与市场的距离，在供给者和需求者之间建立起一座沟通的桥梁，农民按合同生产，消除了"卖难"的后顾之忧，生产者相应地获得了稳定的生产资料供应。另外，一体化组织提供的这种全面服务最重要的功能是加速了农产品的流通速度，少环节、快流通的流通格局使得流通成本急剧下降，提高了公司、农户的直接收益。

横向联合是指一体化组织的天然属性，联结小农户与大市场，形成产品由生产领域向消费领域转移的快速通道。从事一体化经营的组织大多以产销合同等方式与大中城市建立供销关系，有的在这些城市设置网点，有的在沿海沿边口岸设立对外窗口，通过现货批发、合同购销和期货贸易等多种形式，稳定农产品及其附加产品的销路。这种多个流通组织、多种流通渠道、多样化交易方式使得一体化组织在市场上充满活力。通过这种横向联合，不仅实现了大量农产品顺畅进入市场，而且可以引导农户逐步摆脱小规模生产方式的束缚，成为专业生产大户。农业生产力的快速发展将进一步加快我国农业经济向商品经济转化的步伐。

四、一体化组织典型案例分析与评价

（一）典型案例

1. "公司＋农户"形式的一体化组织

中国雨润食品集团有限公司创立于1993年，是目前国内最大的肉食品加工企业，拥有多处冷鲜肉、冷冻肉以及以猪肉为主的低温肉制品、高温肉制品，现有"雨润"、"福润"、"旺润"、"大众肉联"四大品牌。集团下属近90家分（子）公司，分别设立在江苏、上海、北京等28个省（自治区、直辖市），拥有总资产63.4亿元，职工总数23000多名，已形成年屠宰生猪800万头、年加工熟肉制品25万吨的生产能力，初步形成了以华东为根据地、辐射全国的区域战略格局。1996年雨润首开江苏省民营企业收购重组国有大中型企业之先河，连续收购兼并南京罐头厂、江苏东海肉联厂、安徽当涂肉联厂等30几家国有大中型企业，取得了当年兼并、当年赢利的佳绩，并于2005年成功在香港联交所上市，当年实现净利润提高112.3%的业绩。

作为农产品精深加工企业，它其实是"公司＋农户"形式的一体化组织，其发展直接带动了当地及周边地区农民生猪养殖等相关产业链的发展。它充分利用自身完整的产业价值链，积极推动了周边地区的农业产业化经营。在雨润经营中，主要通过签订购销合同的方式进行交易，雨润公司订单模式的特点，一是价格保护，二是确保按约收购。如甘肃雨润肉联类食品有限公司，仅2005年与农户签订的合同就多达300多份，带动当地农户900余户，涉及金额近1000万元；而且，公司还与附近个体运输户签订运输协议20多份，涉及金额150多万元，有力地带动了当地包装和运输等相关行业的发展。再如，雨润公司在消耗生猪的同时，还需大量的皮蛋、土豆、芝麻、鸡蛋等农产品原料，皮蛋、松花蛋的需求量每年约达1500万只，对此，公司选择有组织能力的大户，定数量、定质量、定价格，以高于市场的价格收购。为了确保合同履约，公司非常重视市场价格走势预测，一般只订短期合同，如皮蛋、松花蛋一般在 2~3 个月内实行固定价格，之后再根据市场行情进行适当调整。目前，雨润每年生猪屠宰量近 1000 万头，深加工生产能力达 20 万吨，带动农村种植、养殖业形成近 100 亿元的产值，解决了 100 多万农村剩余劳动力的就业，直接支付给养殖户的资金高达 15 亿元，户均收入 4000 多元。①

2. "公司+基地+农户"形式的一体化组织

吉林省有机食品公司是吉林省首家从事有机农业生产开发和进出口业务的专业公司。在公司成立的 4 年内，共在吉林省内建立有机食品生产基地 9 个，总面积 988565 亩（其中有机种植面积 103320 亩，野生采集和野化仿生栽培面积 885245 亩）。取得有机认证产品 5 大类 60 余个品种。共培训有机农户 36908 人，出口数量 5299 吨，实现出口创汇 222 万美元。目前已通过欧盟、日本、美国有机食品认证机构认证的基地有数十个。该公司是典型的"公司+基地+农户"的一体化组织运作模式，在生产经营领域建立了 5 个标准化运作体系，实现公司与农户收益的提高。

一是组织管理标准化，主要是建立"有机小农户种植团体"、"地块负责人制"、"内部检查员制度"和"农户有机培训制度"。公司组织有机食品生产基地的农户，每 100~500 户成立一个"有机小农户种植团体"，自愿签订有机种植协议，统一种植管理，从而解决生产规模化与小农户自主经营的矛盾。每一个有机地块都有许多农户，在他们当中推举一个"地块负责人"，严格按照有机生产要求，统一指导管理该地块生产，对"有机小农户种植团体"负责。由公司为各基地派驻培训教师，在每个生产季节的产前、产中、产后对基地种植进行有机生产培训，就"什么是有机生产"、"如何进行有机农业生产"、"如何做有机生产中的记录"、"生产的标准化流程包括哪些方面"等问题，对每个种植户进行培训。另外，每一个基地设置 1~2 名内部检查员，由乡镇的农业技术人员担任，定期检查农户的生产是否有违反操作规程的情况，发现问题及时处理，防止违禁物资进入基地。内部检查员配备检查记录单，对每一次检查中发现的问题真实记录，以保证产

---

① 徐金海：《专业化分工与农业产业组织演进》，社会科学文献出版社 2008 年版，第 171~172 页。

品的质量。

二是基地种植标准化。公司建立了"农事记录本"和"标签系统"，就生产的全过程翻、耕、播、管、收进行完备的记录，基本要求是：所有农事活动必须记录，确保严格按照公司的生产要求，无任何污染，无任何违禁物质，保证标签系统的可追踪性。

三是出口环节的标准化。按照有机食品的操作要求，建立严密的批号管理系统，保证出口后的产品可以追踪到每个农户和每块田地；制定有机产品运输单据，标识批次，清洁运输工具，确保有机产品不会在储运过程中被污染；按照生产过程的标签系统确立批号系统，严格按照有机食品加工要求操作加工环节；出口装运、单证、批号系统完整，协助进口商办理"TC"证。

四是档案管理标准化。完备的标准化档案记录系统，确保每一最终产品可以追溯到最初的种植户和地块，每个基地、每个产品都有可供追溯的文件汇编；信息管理标准化系统，使所有文档可以通过计算机系统查找，确立有机食品基地计算机管理的模式。

五是生产合同标准化。春耕前，公司依据国内外客户的需要，安排每一个基地的种植品种，提供相应的种植方案。与基地农户签订种植收购合同，确定最低保护价格与品质规格，确定公司与有机种植农户的责任和权利。

吉林省有机食品有限公司这种"公司＋基地＋农户"形式的一体化组织，为当地农民和公司带来了很好的效益，具体表现为合同履约率高和公司收益提高两方面。公司根据市场状况作出的预测相对准确，合同价格更贴近实际情况；高质量的产品压缩了双方的"公共空间"，降低了机会主义行为的可能性；同时，基地组织也对农民形成了一定的约束。这些都在一定程度上提高了合同的履约率。根据吉林省有机食品有限公司的统计，采取"公司＋基地＋农户"模式以后，该公司的农业收购合同履约率从不到50%上升到了82%，提高了30多个百分点。基地保证了原料的供应，减少了公司的后顾之忧，标准化生产流程和日常监督机制保证了产品的质量，提高了公司的市场信誉；基地统一收购产品，使公司不必同大量的农户直接交易，降低了公司的运营成本。这些都直接或间接地提高了公司的收入。①

(二) 分析与评价

我们知道一家一户的小规模农户生产单元使得农民生产有了极大的热情，每个农户为了自己的利益，也会不遗余力地发展生产，这样做减少了"大生产"所需要付出的监督成本。但千家万户的小生产与生俱来的弱质性，又导致了农户这样的生产单元作为市场交易主体地位的卑微，很难平等地与其他市场主体对话。而公司在寻求原材料的过程中，也付出了艰辛的搜寻成本，且时常为原材料的数量不能保证、质量不能过关而烦恼。因此，将农户与公司通过某种契约关系或服务关系联结为一个利益共同体，既能有效解决小农民面对大市场的困境，又能满足公司的需求，基于这样的设想，一体化组织应运而生。这两个案例是我们界定的"一体化组织"的典型组织形式，不论是"公司 + 农户"，还是"公司 + 基地 + 农户"都是通过某种契约方式将农用物资的生产和供应，农业生产，农产品收购、储运、加工、包装、销售等各个环节联结成一个利益统一体的一体化组织形式，都是实现小农民和大市场有效对接的方式。

分析这两个典型案例，我们可以从中看出，不论哪种形式的一体化组织，都极大地带动了当地相关产业的发展，为公司和农户都带来了相当丰厚的回报。这些都充分说明了一体化组织是适应当地生产力发展水平的一种制度设计，对于提高农民增收和提高地方财政收入发挥了不可磨灭的作用。

从这两个典型案例成功的经验，我们不难看出，公司的发展壮大是一体化组织最大限度为农户提供保障的重要前提。公司在一体化组织中处于举足轻重的地位，在很大程度上决定着农户的生产项目、生产规模以及收益水平，公司只有注重标准化、品牌化建设，才能持久发展。案例中雨润公司经营着"雨润"、"福润"、"旺润"、"大众肉联"四大品牌，市场占有率很高，对于生猪及相关产品的需求量大，当地农民才能不去考虑市场风险，专

---

① 本案例引自牟大鹏：《农业产业组织创新的经济学思考》，吉林大学硕士学位论文，2004年，第 23 ~ 27 页。

心从事生猪养殖，从而获得较高收益。吉林省有机食品公司在生产经营领域建立了组织管理、基地种植、出口环节、档案管理、生产合同五项工作的标准，还取得有机认证产品 5 大类 60 余个品种。标准化运作体系、品牌化的营销策略为公司和农户的稳定收益提供制度保障。

"公司＋农户"、"公司＋基地＋农户"目前最迫在眉睫需要解决的问题是"食品的质量安全控制问题"。由于公司通常在城镇或城市，而农户分散在几里、几十里甚至几百里地以外，虽然有技术指导员或质量监督员对产品进行抽查或质量检测，但任务量之大，如果做到面面俱到，监督成本不可想象，因此也不可避免地出现食品质量安全难以控制的情况。最近发生的三鹿奶粉事件在令人痛心的同时，也提醒我们对于"公司＋农户"、"公司＋基地＋农户"中对于初级农产品质量安全的关注。而十几年前，我们曾给过三鹿的"公司＋农户"这种一体化组织模式极高的评价，具体原因就是三鹿的这种经营模式，把千家万户小养殖与千变万化大市场有机结合在一起，通过深加工，一方面解决了初级农产品的增值和市场出口，增加了养殖户的经济收入；另一方面实现了三鹿集团奶源的低成本扩张，在无须建设大规模养殖场和雇佣员工的情况下，获得了充足的奶源。

第十四章　农村专业市场

农村专业市场是继家庭联产承包责任制之后，我国农村经济发展的一项重要制度创新，是适应农村市场经济发展而形成的一种新的流通方式，是实现农村商品生产与市场对接的有效途径。作为生产者和消费者联结的载体，农村专业市场发挥着重要的中介作用。

一、农村专业市场的形成和发展

（一）农村专业市场的概念和特点

农村专业市场是指在农村地域范围内形成的有固定交易场所，以一种（类）或几种（类）具有连带性的商品为主要交易内容，以批发为主要交易方式的专业性产品市场。市场在某种程度上，是对于企业的一种反替代，而这种替代关系产生的临界点是外部交易成本与企业内部管理成本之间的平衡点。农村专业市场也不例外，实际上它是介于农村工业、农业生产与宏观市场之间的一个中介组织，对于农村工业而言，农村专业市场是对其销售部门的一种替代，是市场；而对于农村专业市场本身而言，它又是一个实体性组织。在这里，"农村"不是严格意义上的村庄的概念，而是一个经济区域的概念。从交易产品结构看，包括农产品专业市场、农村日用工业品市场和农业生产资料市场；从地域范围来看，它既包括设在乡村的专业市场，又包括设在县镇的专业市场。① 在阅读相关文献中，笔者发现，很多学者使用了"农村专业批发市场"这个概念，在本书里，笔者将"农村专业批发市场"和"农村专业市场"等同起来，统一使用"农村专业市场"这个称谓。这是因为：一方面，农村专业市场的特点之一就是以批发为主、零售为辅，这与农村专业批发市场的含义是相符合的；另一方面，两个概念同时存在可能使读者产生混乱，不利于对文章内容的理解。

农村专业市场不同于一般的农村集贸市场或农村综合市场，归纳起来有以下几个鲜明的特点：第一，专业性强。每个农村专业市场都专门经营一类或几类具有连带关系的商品，品种规格齐全，专业化程度高。第二，辐射范围广。农村专业市场通常先有"市"，后建成"场"，场内聚集了成千上万个销售商，吸引着来自全国各地乃至国外该类产品的供给者和需求者，辐射范围可谓很广。第三，产销两旺，带动能力强。农村专业市场不仅使产品找到了顺畅的流通渠道，而且经常能带动当地相关产业的发展，真正做到"兴一方市场，带一个产业"。第四，经营方式灵活多样。农村专业市场多以批发业务为主，批零兼营。产销直接见面，既有现货交易，也有期货交易；既有市场成交，也有看样订货；既有自产自销，也有代购代销等多种购销方式。

（二）农村专业市场的形成

改革开放以前，在高度集权的计划经济体制下，在片面强调以粮为纲的方针制约下，我国没有真正意义的农村专业市场。实行家庭联产承包责任制后，农民生产积极性得到了极大促进，农业生产力大幅提高，农民生产的农产品除了满足自家使用外，还有很大部分剩余，"交换"其他产品的需要由此发生。党的十一届三中全会之后，随着市场经济的渗透，我国的经济体制改革使农村发生了翻天覆地的变化。一些不愿意只从事农业生产的农民通过各种方式实现了最初资本的原始积累（尽管原始资本积累量并不是很多），开始发展家庭作坊式的农产品加工业或手工艺品制作业。由于资金少、农村

---

① 纪良纲等著：《中国农村商品流通体制研究》，冶金工业出版社 2006 年版，第 174 页。

劳动力基本素质较差及组织者能力不强等因素使得在此基础上形成的这种小生产的特征是规模小、技术落后、产品档次低和企业功能不全。① 尽管如此，其生产过程却体现着明显的专业化协作分工，有的按照生产流程分工，有的按照生产单位的户际分工，发展较好的工厂甚至按照产销基地内部各乡的优势来发展某项专业生产，这种分工为今后生产力的大幅提高奠定了组织基础，农村的物质产品也变得丰富起来。而真正导致农村市场形成的动因是生产过程和流通过程的分离，即一批脑子活、善于与人打交道的工人，从生产岗位上解脱出来，专门从事原料采购、产品推销工作。尽管家庭工业作为一个独立的生产经营单位，可以独立从事产购销活动，但生产成本与流通成本居高不下对其进一步发展不利。集市贸易这种几千年来农民之间、农民与手工业者之间商品交换的传统形式，有效地解决了这个问题。随着市场经济的发展，一些集市向既经营农产品、农村日用工业品，又经营农业生产资料的综合性市场发展，这类市场约占集市总数的三分之一。随着集市规模不断扩大，不少综合性大型集市根据当地产业特色或传统优势分离出一些专业市场。由于农村专业市场为这些家庭作坊生产的产品提供了交易的场所，使得家庭工业摆脱了狭小的规模局限，有效分散了投资压力，因而农村专业市场成为农村商品流通体制不可或缺的一部分，发挥着联结供求双方的市场中介作用。②

（三）农村专业市场的现状

经过 20 多年的发展，我国农村专业市场的发展不论从数量、规模上还是从服务设施方面看都有了一定的发展。从统计数据来看，截至 2006 年年底，我国农村专业市场的发展状况如下：

第一，从数量结构上来看，全国共有亿元以上专业市场 2525 个，是综合市场总数的 2.28 倍。农村专业市场包括粮油市场、干鲜果品市场、水产品市场、蔬菜市场、肉食禽蛋市场、土畜产品市场、农业生产资料市场等几

---

① 盛世豪：《农村专业市场的形成及其主要特点》，载《浙江社会科学》1996 年第 5 期。
② 盛世豪：《农村专业市场的形成及其主要特点》，载《浙江社会科学》1996 年第 5 期。

大类，亿元以上的市场个数为 720 个，仅占专业市场总数的 28.5%，而农产品综合市场占到综合市场的 73.3%，说明农产品交易多以综合市场为主。另外，从数据中不难发现，绝大部分的农村专业市场以批发业务为主；农业生产资料专业市场发育缓慢，全国范围内亿元以上的只有 34 家，仅占农村专业市场总数的 4.72%；而亿元以上的农村日用工业品专业市场根本没有，可见农村专业市场的发展还有待进一步加强。

第二，从市场规模上来看，蔬菜市场营业面积总数较大为 883.4 万平方米，而其他农产品交易市场营业面积总数为 200 万平方米左右。但总体来说，农村专业市场目前呈现向大型化发展的趋势。以粮食交易市场为例，我国现有粮食交易市场近 150 家，交易额达到近 700 亿元，其中亿元以上粮食交易市场有 86 个，交易额达到 520.3 亿元。2006 年新建的大型粮油交易市场有两个：投资 3.61 亿元兴建的福建厦门粮食批发市场，占地 41.7 公顷，建筑面积 11.6 万平方米；投资 6 亿元兴建的福建南安市官桥粮食城，建设用地 66.7 公顷，计划将市场建设成为"泉州·中国粮食城"——集仓储、加工、现货市场交易、农产品及加工机械展示、订单、物流、信息平台等为一体的多元化、现代化粮食市场。①

表 14—1　亿元以上商品交易市场基本情况

市　　场	市场数量 （个）	摊位数 （个）	营业面积 （万平方米）	成交额 （亿元）	批　　发 （亿元）	零　　售 （亿元）
全国	3876	2527987	18072.3	37137.5	29679.9	7457.5
综合市场	1106	912771	3899.0	7824.2	5624.9	2199.3
工业品综合市场	295	406172	1990.4	3484.9	2779.5	705.4
农产品综合市场	811	506599	1908.6	4339.3	2845.4	1493.9
专业市场	2525	1473469	12884.0	26280.6	21345.2	4935.5
纺织品服装鞋帽市场	480	551163	1953.7	6348.7	5492.5	856.2
食品饮料烟酒市场	129	55421	336.9	850.0	765.9	84.1
药材药品及医疗	18	25450	61.6	221.8	147.6	74.2

---

①　洪涛：《我国商品交易市场的政策取向及其趋势》，载荆林波主编：《中国商品市场发展报告》，社会科学文献出版社 2007 年版，第 185～199 页。

续表

市 场	市场数量（个）	摊位数（个）	营业面积（万平方米）	成交额（亿元）	批 发	零 售
器材市场						
家具市场	100	48152	661.4	482.8	226.7	256.1
小商品市场	84	57077	201.5	628.4	567.1	61.2
文化音像书报杂志市场	44	15270	81.6	279.6	236.3	43.3
旧货市场	35	13699	110.1	213.6	160.9	52.7
机动车市场	169	38891	782.7	1957.6	631.9	1325.8
金属材料市场	201	52800	1211.8	6711.4	6237.9	473.5
煤炭市场	10	1562	916.0	83.1	83.1	
木材市场	68	22170	664.8	532.6	368.6	164.0
建材装饰材料市场	333	137809	3099.1	1899.3	1194.4	705.0
粮油市场	86	26004	289.8	520.3	473.4	46.9
干鲜果品市场	119	56975	324.5	822.0	732.0	90.0
水产品市场	110	55908	200.0	1039.2	940.4	98.8
蔬菜市场	228	174506	883.4	1310.0	1225.3	84.6
肉食禽蛋市场	82	25560	170.4	468.6	379.6	89.0
土畜产品市场	46	32899	219.9	691.6	685.9	5.7
农业生产资料市场	34	16765	130.9	179.7	159.2	20.5
计算机市场	63	19588	87.7	468.6	141.7	326.9
通讯器材市场	20	4713	24.8	60.2	36.1	24.1
花卉市场	15	10526	259.9	109.3	108.3	1.0
五金电料市场	51	30561	212.1	402.2	350.4	51.8
其他市场	245	141747	1289.3	3032.7	2709.9	322.8

资料来源:《中国统计年鉴2007》。

　　总之，经过近三十年的发展，农村专业市场已具有相当规模，形成了一批在国内外有重要影响的专业市场，这些专业市场是我国农村商品流通体系的重要组成部分，对农村经济的发展起到了重要的推动作用。首先，它解决了乡镇企业的产品销售问题，促进了乡镇企业的迅速发展。其次，它带动了农业产业化进程的加快。一大批农副产品专业市场的建立帮助农民将自己生产的蔬菜、肉、蛋等农副产品顺利销售出去，很大程度上解决了农产品"卖难"问题，这有助于农业产业化的发展和农民组织化程度的提高。另外，它也带动了当地交通运输、邮电通讯等相关服务业的发展。在浙江义乌写字楼林立，星级宾馆随处可见，很难想象这只是一个县级市，这些证据对于说明一个市场带动一个地区的经济发展很有说服力。

二、农村专业市场的中介作用

农村专业市场是农村商品流通的重要组成部分，它改善了城乡之间商品流通不畅的局面，为产自农村的商品拓展市场空间提供了条件。在此基础上，依赖不断扩大的流通规模，农村专业市场引导带动农村的专业化生产，从而不断推进农村社会分工的深化。农村专业市场的中介作用具体表现为以下三个方面：①会聚同类产品的供方和需方，中介商品集散；②作为信息的集散地，传递、沟通各种信息；③作为市场供求的风向标，指导、带动当地专业化生产。

（一）会聚同类产品的供方和需方，中介商品集散

农村专业市场吸引着来自全国各地乃至国外的买者①和卖者，也会聚了来自不同厂商的同类产品。在这里，买卖双方进行商品交易，因此，农村专业市场既是高朋满座的"市"，又是商品云集的"场"。

对于卖者而言，农村专业市场为生产者提供了一个面对国内外大市场的平台，在这里生产者有机会将自己生产的最新、最好的产品展示出来。农村专业市场的集聚效应将大量客商吸引过来，生产者不需要为了产品的销售再奔波于全国各地，可以把用于推销产品、回收账款的时间、人力、物力、财力等资源合理配置在技术创新、产品创新方面。另外，众多的生产者会聚在

---

① 这里的买者未必是消费者，也可能是批发商或零售商等。

一起，易形成行业协会等组织，联合起来应对国内外大市场，增强竞争力，缓解了许多时候单打独斗的小生产者面对大市场无奈的状况。对于买者而言，农村专业市场商品品种繁多，规格齐全，为其购买到称心如意的商品，提供了鉴别、比较的机会。在市场机制作用下，市场运行遵循价值规律的作用，形成的价格具有自主性、客观性、波动性和利益驱动性这样的特征，因此买者以最低的价格购买到最满意的商品就成为现实。

总之，农村专业市场是实现商品集散功能的重要场所。商品集散能力的强弱与农村专业市场影响力的大小呈正比例关系。以农产品为例，家庭联产承包责任制导致了我国是千家万户的小生产面对千变万化大市场的状况，如果没有农村专业市场，农民便没有足够的能力和过多精力关注产品的销售，农产品不能及时转移到消费者手中。农村专业市场起到了会聚商品，再分散销售的作用，充当了生产者和消费者之间的桥梁。随着农村专业市场影响力的日益提高，商品辐射面也会越来越广，其中介作用越来越明显。例如，创建于1987年的浙江松门水产品批发市场已经逐渐发展成为专业特色鲜明、产业依托强、功能设施齐全的大型水产品市场，进场交易的水产品，除了当地及临县的之外，来自辽宁、山东、江苏、广东、福建以及日本、韩国、越南等地的数量也很多；水产品销往各地，目前已辐射到全国28个省（自治区、直辖市），特别是北京、天津、石家庄、南京、武汉等城市的鲜活水产品大多从这里进货。①

（二）作为信息的集散地，传递、沟通各种信息

为了实现商品供给与需求的完美匹配，信息传递是十分必要的，农村专业市场的另一个中介作用是其作为信息集散地，起到信息收集、发布的作用。一般来说，供求信息的传递包括两个过程：需求信息向卖者的传递和供给信息向买者的传递，这两者之间的传递也不是单向的、一次性的，而是循环进行的：需求信息向卖者的传递—卖者根据需求信息调整供给—供给信息向买者的传递—买者根据供给信息购买商品，并通过消费改变消费观念、习

---

① 荆林波主编：《中国商品市场发展报告》，社会科学文献出版社2007年版，第486~492页。

惯从而产生新的需求信息—新的需求信息向卖者的传递—卖者根据新的需求信息调整新的供给—新的供求信息再向买者进行传递。[①] 农村专业市场为实现上述供求信息的循环传递提供了良好的平台，缩短了信息传递的时间，从而实现了商品买者与卖者的沟通。

当市场上的每一个买者和卖者都掌握着与自己的经济决策相关的完全信息时，比较容易做出最优的选择，从而获得最大的经济利益。所谓完全信息既包括信息的真实性、完整性，又包括信息传递的真实性。对于商品流通来说，完整的信息应该包括对于某种产品过去、现在及未来预测的价格、产量、消费量以及产地、日期、品种、等级等各方面内容。农村专业市场作为一个信息聚集场所，来自买者、卖者、商品三者的信息都会聚于此。依托于农村专业市场的现代化信息中心负责收集、整理并及时发布真实完整的信息，对生产者和消费者提供决策依据，最大限度地保障交易双方实现利益最大化。在专业市场发展过程中，市场影响力与信息聚集度二者之间是相互促进、相互强化的。市场影响力越大，市场内蕴涵的有关交易活动的市场信息及其他经济技术信息就越多；市场信息聚集越多，越能使交易者感到便捷，越能吸引更多买者和卖者前来交易。[②] 例如创建于 1989 年的舟山水产中心批发市场通过信息集散，有效实现了买卖双方的信息传递，市场规模不断扩大，交易品种由单一的冰鲜水产品发展到活、鲜、冻、干多品种交易，2006 年实现水产品交易 85 万吨，交易额 90 亿元，接纳投售船只 21 万艘次，交易人次达 300 多万次。另外该市场还于 1999 年 10 月创办"中国渔市"网站，自创办以来，平均每年发布 20000 余条行业信息、300 余期水产品价格信息，已经成为国内知名大型水产专业网站之一，年专业人员点击率在 1000 万人次以上。通过农村专业市场及其所建网站的信息传递，买者和卖者实现了信息上的互通有无，对于供给和需求都有指导意义。

（三）作为市场供求的风向标，带动当地特色产业发展

从全国范围来看，农村专业市场的发展壮大对于当地特色产业的带动和

---

① 夏春玉等：《流通概论》，东北财经大学出版社 2006 年版，第 72～78 页。
② 谢利根：《农村专业市场与信息聚集》，载《浙江社会科学》1997 年第 1 期。

对产业集群的催化是我国商品交易市场发展中的一个伟大创举。农村专业市场作为市场供求的风向标，能够为众多中小企业提供各种服务，并帮助其实现商品的顺畅流通。农村专业市场已经成为产业集群这种新型产业组织形式的重要组成部分，其所承担的信息中心、价格发现中心、商品展示中心、物流服务中心、技术研发中心和国内外采购及贸易中心的功能，是产业集群得以形成、发展和壮大的关键要素，也是农村专业市场与产业集群实现互动发展的根本原因。①

农村专业市场对当地的特色产业发展壮大起到推动作用的例子很多，如浙江桐乡市崇福是中国皮毛名镇，皮毛加工业最早可追溯到明清时代。崇福皮毛市场始建于 2000 年，是一个依托崇福地区厚实的皮毛加工产业为基础而兴办的具有较强专业特色的工贸一体型重点专业市场。之后皮毛市场与皮毛产业互相促进、共同发展。2001 年浙江桐乡崇福皮毛市场有限公司正式成立；2002 年崇福皮毛市场开业；2003 年成立崇福皮毛协会，通过组织展销会等形式为客户提供更广阔的商业交流平台；2005 年建成崇福皮毛大世界，实现了从原料交易到成品交易的发展，市场功能进一步完善。如今崇福皮毛市场已经取得了可喜的成绩，其巨大的发展潜力也得到了初步展示。崇福皮毛产业的规模日趋庞大，皮毛已经成为崇福的支柱产业。全镇皮毛加工注册企业从 2001 年的 28 家，发展到 2006 年的 900 多家。个体皮毛加工户 2000 多户，从业人员达 2 万余人。崇福皮毛产业实现工业总产值从 2000 年的 7 亿多元发展到 2006 年的 58 亿多元，占全镇工业总产值的三分之一以上。

另外，我国很多经济欠发达地区，依托一个或几个农村专业市场，实现了市场与产业相互促进发展。山东临沂市曾是经济发展较慢的地区，近年来依托当地农村专业市场的发展，成为鲁、苏、豫、皖交界地区最大的商品集散地和鲁东南地区重要的贸易中心、物流中心、资金结算中心和信息中心。市场的发展带动了临沂地区大量中小制造企业的发展和集中，形成了兰山、费县、罗庄片木业产业聚集带，河东机械配件产业聚集带等 20 多个产业集

---

① 任兴洲：《我国商品批发交易市场发展的新动向、新趋势》，载荆林波主编：《中国商品市场发展报告》，社会科学文献出版社 2007 年版，第 166～173 页。

中发展片区。①

三、农村专业市场中介作用的形成方式

农村专业市场作为市场中介组织在商品流通中发挥了巨大的作用，其中介作用的形成方式主要体现在以下几个方面：

（一）通过为买者和卖者提供交易场所，降低双方交易成本

商品流通是实现商品由生产领域向消费领域转移的过程，是在不同的流通主体之间进行的，这个过程会发生成本或费用，这些成本主要包括为获取准确的市场信息所需要花费的成本、讨价还价与签订合同所需要的成本、监督合同执行所需要的成本等，而农村专业市场通过为买者和卖者提供交易场所，极大降低了各项交易成本。②

首先，农村专业市场使买者和卖者的搜寻成本大大降低。没有农村专业市场的卖者为了将自己的产品销售出去，需要付出巨大的搜寻成本；买者为了买到价格低廉、称心如意的商品，也需要付出艰辛的努力，付出相当的代价。另外，买者和卖者除了存在主体分离、时间分离、空间分离之外，还存在着一个重要的未知问题，即商品种类、规格与数量的矛盾问题。农村专业市场为买者和卖者提供了交易的场所，将大量商品集中在一个市场，大大节约了买卖双方的搜寻成本。

其次，农村专业市场减少了买卖双方为了完成交易所必须发生的交易次数。农村专业市场实现了同类产品及相关产品的大会聚，买者可以成系列购买商品，而不必像没有市场作中介时那样，为购买一系列产品跑遍很多厂商。

再次，农村专业市场为买方和卖方提供稳定的交易场所，降低了谈判成

---

① 此案例引自任兴洲：《我国商品批发交易市场发展的新动向、新趋势》，载荆林波主编：《中国商品市场发展报告》，社会科学文献出版社 2007 年版，第 166～173 页。

② 夏春玉等：《流通概论》，东北财经大学出版社 2006 年版，第 72～78 页。

本。农村专业市场摊位相对固定，随着交易频次的增加，交易会变得常规化，这样就省去了每次交易必须进行的关于价格、支付、运输等交易方式和条件的谈判，从而可以大幅降低交易成本。

最后，农村专业市场作为生产者与消费者的桥梁，承担了部分"逆向物流"职能。顾客在使用商品过程中，如出现退货、废弃物物流等现象时，通常向厂商寻求帮助，这样的现象时有发生但比较分散，不仅给消费者带来很多麻烦，厂商处理起来也力不从心。农村专业市场作为联结生产者和消费者的桥梁，此时又承担了实现"逆向物流"的职能。

（二）通过市场的信息集散，为市场主体提供获利机会

对于任何一个市场来说，信息建设都是极为重要的。信息系统硬件的建设是各类市场主体的信息无阻碍交流的前提，市场中的信息传播者也为商品买卖的达成付出了努力，这一切，都为市场主体提供了更多的获利机会。农村专业市场通过市场的信息集散功能，形成中介作用，主要表现在以下几个方面：

1. 通过掌握大量信息资源的经纪人的中介行为，实现买卖双方收益

每个农村专业市场都会有一支经纪人队伍，这些人掌握着近乎"完全"的市场信息，与许多买者和卖者保持着密切的联系。经纪人在农村专业市场中通常提供一条龙服务，即信息提供—产品收购（产品销售）—物流安排。一些外地客商甚至不亲临市场，电话委托经纪人进行商品收购、物流安排，这种情况在辐射面达到国外的农村专业市场尤其多见。如始建于 1998 年的"冀东果菜批发市场"是河北省一家大型产地果菜专业批发市场。该市场专门建有信息收集与发布中心，45 平方米的大型电子显示屏随时传递最新市场信息。另外，该市场还培育了 190 多个市场中介组织，近 3500 人的经纪人队伍，联系着 4 万多家国内外客商和 13 万个农户，近 30 万农民从事水果蔬菜产业，形成了一种"公司＋专业市场"、"专业市场＋经纪人"、经纪人外联客商、内联基地和信息传递模式。乐亭县果菜种植面积几年内迅速发展到近 80 万亩（其中蔬菜 50 万亩），总产量达 280 多万吨，同时带动了周边各县（区）果菜产业的快速发展，上市品种达到 40 多个，果菜产品的 80%

通过冀东果菜批发市场销往京、津、沪、东北、西北、长江以南以及港澳等26个省（自治区、直辖市）。2006年，该市场年交易量达到了204万吨，交易额为17.5亿元。①

2. 通过价格信息的形成与发布，提高交易主体的福利水平

价格是在商品交易过程中形成的，商品交易越集中的市场，越能真实反映市场的供求关系和商品的价值，越利于形成合理的价格。商品的供求关系也受到多种因素的影响，因此商品的价格是不断波动的。零售市场交易量小，交易对象也有限制，因而单个零售市场的价格不能反映整个社会供求关系的真实情况，并且这种不真实的价格在传播时还会产生各种误差。对于生产者而言，影响其生产选择最重要的信息就是价格，因而扭曲的价格会对生产者产生误导。消费者也会根据市场上商品的价格决定消费某商品的数量或转而消费替代品，不真实的价格信息会间接导致消费者福利的降低。而农村专业市场具有商品集散的功能，来自大范围乃至全国的大量商品同场竞技，便于比较和按质论价，有利于反映商品价值和供求关系，合理价格迅速形成。有的辐射面广、影响力强的大市场还形成了对全国同类产品有指导意义的价格指数。如1990年成立的郑州粮食批发市场就形成了粮食类产品的"郑州价格"，郑州价格是一个包括郑州粮食批发市场粮油批发价格、全国粮油批发价格指数、郑州商品交易所期货价格等在内的一个完整价格体系。十几年来，"郑州价格"以其准确及时的预测、公开透明的特色、健全完善的手段，为政府部门和企业提供了重要的决策参考。

3. 通过信息会聚，推动市场转型

一些农村专业市场建立的初衷是为了缓解当地产品"卖难"的问题，市场的出现引起了大量信息的会聚，"本地产"商品已经远远不能满足来自全国甚至国外客商的需要，因此，市场的出现经常会将"产地型农村专业市场"推向"中转地型农村专业市场"的转型，如山东寿光蔬菜批发市场。这个市场经过20多年的发展，已经经历了两个重要的转变：①批发市场交易的蔬菜从靠本地生产到主要依赖外购。前面讲过，建立寿光蔬菜批发市场

---

① 此案例引自刘东英、梁佳：《中国的生鲜蔬菜物流链：观察与解释——以河北省乐亭县蔬菜物流系统为例》，载《中国农村经济》2007年第8期。

的初衷是为了本市的蔬菜寻找销路，避免出现 1983 年大量蔬菜卖不出去的情况，减少对农民造成的损失。因此，该市场依托于当地的农业生产，是明显的产地型专业市场。然而，随着知名度的不断扩大，寿光蔬菜批发市场的影响力已超出了本区域，成为国内菜农都向往的巨大销售平台。在这种情况下，很多外地区、外省市的蔬菜源源不断地运到寿光蔬菜批发市场销售，使该市场越来越成为集散型专业市场。据寿光蔬菜产业集团总经理杨东旭介绍，在寿光蔬菜批发市场销售的蔬菜中，本地菜不到 45%，一半以上是外地菜。近年来，外地菜所占比例不断增加，2000 年达到了 90% 左右。河北永年是有名的蒜薹生产基地，每年都将大量的蒜薹运往寿光，仅南沿村一个点就有 4200 吨。② 从面向本区域销售转变为面向全国 30 余省市和国外市场进行销售。1984 年寿光蔬菜批发市场刚刚建立的时候，规模比较小，经营比较困难。地处东营的胜利油田成为寿光蔬菜批发市场最大的客户，该油田巨大的蔬菜购买量为寿光蔬菜批发市场的启动起到了重要的作用。① 蔬菜市场还是一个区域性的市场，是本区域蔬菜交易的中心，用于满足周边地区的需要。随着寿光市场影响力的不断增强和批发市场交易量的逐年提高，寿光蔬菜的销售区域不断扩大，成为国内最大的蔬菜销售市场。以北京市为例，北京消费蔬菜的 55% 左右是从山东购入的，其中的一大半是从寿光运抵北京的。在积极占领国内市场的同时，批发市场还通过举办蔬菜博览会等形式加强国际合作，吸引了大批来自我国港澳台地区和日本、韩国等的客商，使寿光蔬菜远销国外。2005 年，我国农产品出口额 269 亿美元，山东农产品出口额占全国的 1/3，而寿光蔬菜占山东农产品出口额的一半。② 由于寿光蔬菜批发市场实现了"买全国、卖全国"，从产地型批发市场转变成集散型批发市场，对于当地经济发展也起到了举足轻重的作用。

（三） 通过市场对特色产业的带动发展，加速当地经济增长

农村专业市场，尤其是产地型农村专业市场的产生通常根植于当地的传

① 此案例引自贾汝广：《中国农村专业市场绩效评价及启示》，河北经贸大学硕士学位论文，2005 年 6 月，第 28～29 页。

② 常志鹏：《品牌万里行："寿光蔬菜"的品牌"生长"》，新华网 2006 年 6 月 20 日。

统产业，农村专业市场的发展壮大又为当地产业的发展创造了良好的市场环境，促进了当地产业的进一步发展，当地产业形成特色，形成规模，又反过来吸引八方客商，通过这种互动、促进发展，对于当地经济增长起到了加速器的作用。

第一，通过农村专业市场的品牌效应，形成专业化产业区的产地品牌，促进当地经济增长。2006 年 11 月 8 日，中国商业联合会发布了协会标准——《品牌市场等级评定》（CGCC/T0001 - 2006），自 2006 年 12 月 1 日起实施。该标准对品牌市场的等级评定指标作了明确规定，这标志着我国商品交易市场的品牌化建设上了一个新的台阶。农村专业市场也不例外，目前我国很多农村专业市场形成了国际知名品牌，如义乌的国际小商品城。农村专业市场的品牌建设，势必带动当地特色、传统产业的专业化生产，而专业化生产的进一步发展，有助于形成商品的"产地品牌"。产业区所创造的这种"产地品牌"对于小生产者来说至关重要，小生产者生产规模小，资金和技术力量薄弱，凭借自己的力量创造一个品牌的成本太高，但在产业区内，所有的小生产者联合起来，共同以产地品牌销售，有利于形成小生产与大市场的对接，使小生产者获得产品增值。我国部分地区，已经探索出一条农业特色产业区发展道路，如"山东寿光"这个产地品牌的蔬菜已经成为无公害和绿色蔬菜的典型代表，寿光经济也因此市场和产业的相互促进而高速增长，2007 年寿光 GDP 高达 332.88 亿元，人均 GDP 近 5000 美元。

第二，通过农村专业市场的带动作用，延伸产业链，形成产业集群，对当地经济发展起到助推作用。特色产业链的延伸和产业集群的形成，是一个地区经济发展强有力的后劲，是经济增长的重要动力源泉。安平就是河北省衡水地区一个以丝网产业为支柱产业的扩权县。安平丝网业历史悠久，改革开放以后，县委、县政府采取了许多有效措施发展安平的丝网产业，投资 2 亿元兴建了建筑面积 16 万平方米的"安平丝网大世界"，这个市场是国家计委批准立项的全球唯一的丝网产品专业批发市场，有坐商 1000 多家，年交易额 44 亿元人民币，目前已成为全国乃至世界最大的丝网产品集散地和中国丝网业面向世界的窗口。经过多年的发展，安平丝网大世界已经发展成为集产品交易、货物转运、银行结算、信息发布、物业管理、质量检测为一体的现代化市场，它市场设施完善，功能齐全，为企业创造了一个良好的交易环境。市场的发展带动了当地丝网编织技术的进步，初级丝网产业链延伸为高级丝网产品产业链，以丝网为主体的丝网制品业蓬勃发展。目前，根据安平丝网产品分8大系列，100多个品种，4000多种规格，市场设计为8个组团式商住楼，1个组团经营1个系列的产品，交易面积4万平方米，仓储面积3万平方米。市场设有信息发布、人才培养和质量检测、会展4个中心，铁路、航运及金融机构在市场设立了20多家办事处，为运输和结算提供了便利条件。市场的吸附、辐射、带动作用日益明显。市场开业以来，经营企业由过去的380多家增加到现在的980多家。其中，上海、浙江、江苏、河南等30余家国内外生产、批发商也慕名而来，直接参与丝网的生产与流通，增强了安平丝网与国内外的技术交流，安平县的GDP等各项经济指标也位居本地区前列。①

第三，通过市场对特色产业的带动，促进当地其他产业的发展。很多农村专业市场在带动特色产业发展的同时，也带动了当地交通运输业、餐饮业、商业、旅游业、仓储业和邮电通讯业等服务业的进步。还以山东寿光蔬菜批发市场为例，该市场对于当地交通运输业和旅游业也有突出贡献。寿光蔬菜批发市场这个在全国有重要影响的集散型专业市场成交量大，进场交易的市场主体多，蔬菜从产地到市场、从市场到销地以及市场主体的来往都需要有便利的交通条件。随着批发市场规模的不断扩大，对交通运输业的要求也就更高。截至2005年，寿光累计完成投资4.5亿多元，共新修、改造农村公路949公里，特别是2002年，筹资8339万元，新修市、镇、村道路400公里，在全省率先基本实现了村村通等级柏油路，2003年，被交通部确定为全国两个农村公路改造工程示范县之一。目前，全市柏油路通车里程达到2100公里，柏油路密度达到每百平方公里95.7公里，实现了县城和16处镇（街道）全部用二级以上公路连接。② 对于旅游业的促进作用也很明显。正是由于寿光蔬菜批发市场和寿光蔬菜强大的影响力，吸引了越来越多的人参观学习。目前，寿光已开发形成了"三大示范园、五大样板基地和两条示范线"的农业生态观光旅游网络，构筑了以绿色文化为内涵的旅

---

① 此案例内容引自 http：//www.1022.cn/anping。
② 资料来源：寿光市政府网站 http：//www.shouguang.gov.cn/。

游景观体系。在 2006 年年初召开的全国旅游工作会议上，寿光市被正式命名为"中国优秀旅游城市"。①

四、进一步发展农村专业市场的对策和政策建议

农村专业市场在我国商品流通体系中的重要地位显而易见，其市场中介组织的作用对于改善城乡流通不畅的局面也发挥了不可忽视的作用。随着市场形式的变化和人们对于交易自动化程度要求的逐渐提高，农村专业市场在今后发展过程中也应做到与时俱进，笔者认为，进一步发展农村专业市场可以从以下几个方面展开工作。

（一）政府应从全局上整体规划农村专业市场的发展

我国农村专业市场经历过了数量扩张阶段，现在全国农村专业市场的数量很多，但是真正在国际上有些知名度的还屈指可数。因此笔者认为，从政府角度来说，一方面应对农村专业市场的发展进行整体规划，另一方面，鼓励有条件的市场通过入股、合并等方式把专业市场做大做强，是今后一段时间发展农村专业市场应该着重考虑的问题。这个整体规划应从中央层面落实，即全国一盘棋，整体布局，只有这样才能形成与国际市场对接的有实力的农村专业市场。另外，中央布局应在当地市场发育基础上进行，对农村专业市场建设的规划不是随意的，而是需要进行充分的调查研究、进行深入分析的基础上提出的，是遵循经济发展规律的，能够有效防止无用市场的出现，避免资源浪费。在农村专业市场的设计上要突出综合性、配套性和服务设施的多功能化，突出本市场的特色和竞争优势。

政府应鼓励有条件的农村专业市场进行市场重组，组建大型商贸集团。应积极探索以特大型龙头市场为核心，以资产为纽带，按股份制方式组建市

---

① 此案例引自贾汝广：《中国农村专业市场绩效评价及启示》，河北经贸大学硕士学位论文，2005 年 6 月，第 33～34 页。

场集团的新路子。通过兼并联合组建大型商贸集团，一则可以使双方共享集团资源，实现优势互补，促进集团整体实力的提升；二则可以迅速扩大市场规模，提高专业市场的知名度，增强专业市场的竞争能力和辐射能力。但政府在农村专业市场重组过程中应充分考虑到专业市场的实际情况，考虑双方的合作意愿，切忌"拉郎配"。如果政府主观地要求双方合并，很有可能达不到强强联合的目的，还有可能导致市场经营困难。① 总之，政府的宏观调控和有力措施能使农村专业市场的发展达到事半功倍的效果。

（二）农村专业市场应不断谋求自身创新发展

随着现代化网络的普及和现代化电子设备的广泛应用，农村专业市场在硬件设施和交易方式上都进行了一系列更新，今后一段时间，农村专业市场的发展除了保持其市场的功能外，还应向信息中心、会展中心、物流中心三位一体的大型国际化市场转型。我国农村专业市场已经不同程度地建立了一定的信息系统。但这些信息系统由于一些配套设备或人才缺少等客观原因，还不能实现预期的效果。另外，农村专业市场之间还没有形成相互连接、统一运行的整体，信息共享度比较低，因此农村专业市场更新信息系统，建立信息中心已成为迫在眉睫的大事。农村专业市场可以通过展览会展示产品和自身实力，既可以提高市场的知名度，又可以吸引更多的经营者、客商和消费者，从而提高市场的交易额。农村专业市场的会展经济能为其带来意想不到的额外收益，因此大力发展会展经济也是农村专业市场的一个创新。随着商品交易数量的不断扩大，有条件的农村专业市场需要建立专门的物流配送中心，为商品的运输和配送提供专业的、高效的服务。四通八达、快捷方便的物流配送中心的建立，一来可以增强专业市场商品交易的能力，为市场的大规模发展奠定基础；二可以为经营者和客商提供更多的便利，从而可以吸引更多的经营者和客商。农村专业市场从形成这"三个中心"着手，是将市场培育成国际化、现代化、专业化大市场的可行途径。

---

① 此案例引自贾汝广：《中国农村专业市场绩效评价及启示》，河北经贸大学硕士学位论文，2005 年 6 月，第 41～43 页。

（三）应进一步强化农村专业市场的中介作用

农村专业市场是重要的农村市场中介组织形式，其沟通和联系千家万户小生产与社会化大生产之间的桥梁和纽带作用已非常明显，在今后发展农村专业市场的过程中，应进一步强化农村专业市场的中介作用，进一步提高农民的组织化程度。笔者认为，强化农村专业市场的中介作用可以由重视行业协会的作用和发挥经纪人的作用两方面入手。一般认为，行业协会的产生和发展是社会分工和市场竞争日益加剧的结果，反映了各行业的企业自我服务、自我协调、自我监督、自我保护的意识和要求。在农村专业市场的带动下，为了促进某一产业的发展，为了谋求该产业从业人员的共同利益，专业行业协会组织顺势成立。这些行业协会在普及生产知识、推广先进技术、促进产品销售等方面起到了积极的作用，行业协会为了更好地在组织产品销售方面发挥作用，它们深入专业市场联系买家，为农户带来了切实的利益。而由农村专业市场对于产业的发展带动，需要行业协会这样的组织更好地服务，行业协会作用的发挥有助于提高农村专业市场的组织化程度，有利于交易量的大幅度增加，对专业市场的健康稳定发展有重要的意义。农村经纪人则对于活跃当地农业经济，也起到了积极作用。

总之，农村专业市场的作用不言而喻，农村专业市场的进一步发展需要各级政府及社会各界的广泛关注。

第十五章　国外农村市场中介组织发展实践及启示

各国农村市场中介组织在本国农业现代化之路的过程中均发挥了不可或缺的作用，但其名称、组织形式、发展过程等又各不相同，本章主要对以日本为代表的农协、以法国为代表的合作社、以美国为代表的一体化组织和以荷兰为代表的拍卖商等国外农村市场中介组织产生的必然性进行分析，并对其历史沿革、主要特征进行描述，阐述这些组织在本国农业经济发展中是如何发挥作用的，进而归纳出对我国农村市场中介组织的发展有哪些启示。

一、以日本为代表的农协

农协（农业协同组合）是日本现代农业的重要组成部分，在全国范围内覆盖面很广，为农民生产、生活等各个方面提供服务，既是直接代表农民利益的社会组织，又是政府政策强有力的执行机构。有学者曾经说过，"对于现代日本农业的分析，如果不谈农协那就无法了解它的主要特征"。[1] 可见日本农协对于本国农业发展起着至关重要的作用。

---

① 冈部守、章政等：《日本农业概论》，中国农业出版社 2004 年版，第 113~115 页。

（一）日本农协产生的必然性

日本农协的发展、壮大过程与日本农业发展是同步进行的，可以说，日本农业是日本农协生存和发展的土壤，日本农协是日本农业现代化得以实现的重要保障。日本农协作为现代农业发展进程中的重要组成部分，它的产生也不是一蹴而就的，而是与日本农业生产的特点、政府的推进和独特的文化传统有着天然联系的。

日本农业的小规模经营，需要农协作为他们的利益代言人。在日本，拥有东日本 10 公顷或者西日本 5 公顷以上经营耕地面积的，原则上就属于农家。而如果经营耕地面积在此之下，但农产品销售额超过了一定金额（昭和四十年 3 万日元、四十五年 5 万日元、五十年 7 万日元、六十年 10 万日元)[1] 的也属于农家。日本农业最显著的特征就是以农家为经营单位。这种生产经营方式固然可以实现农产品的精耕细作，但仅仅依靠农家，想实现农业的规模化生产、组织化经营又变得不那么现实。单个农家在市场竞争中处于劣势地位，与政府部门或国外客商谈判分量不够，交易成本过高，因此建立联结全体农户的基层合作社便成为必然选择。而随着农业合作社组织成员的不断增多，规模日益扩大，为了在瞬息万变的市场中迅速做出决策，基层社建立一定的层级制度也是十分必要的。日本政府对于农协组织的大力推进，对农协的发展起到了推波助澜的效果，当然这种现象的产生源自日本的文化传统。日本这个岛国，经历过长期的封建社会，在其文化中存在着浓厚的"各得其所，各安其分"的等级情结，日本人在政治、宗教、军队、产业等各个领域中，都有十分周到的等级划分，包括农业生产经营领域，因此在政府的推动下，建立层级制的农民协会就成为发展日本农业的不二选择。[2]

---

[1] 昭和元年为 1925 年。
[2] 日本农协和美国农业合作社的发展概况见 http://www.zjcoop.gov.cn，2008 年 5 月 21 日。

（二）日本农协的历史沿革

日本农协历史悠久，早在明治初期，农民自发组织成立的合作社就遍布全国，第一次得到法律承认是 1900 年颁布的《产业组合法》，该法律的制定掀开了日本合作社发展史上新的篇章，使日本产业合作社制度化得以实现，但此时还未在全国范围内得到普及。

1929 年日本面临世界性恐慌所引发的粮食恐慌问题，为此日本政府配套实施了"农山渔村经济更生运动"和《扩充产业组合 5 年计划》，在坚持四种业务兼营化的同时，全面推进"一村一社"制度，即每一个村级基层行政单位至少设立一个产业组合。① 这样基本实现了日本基层产业组合的整编。20 世纪 30 年代，几乎全体农户都加入了某一组合，产业组合在县级（相当于中国的省级行政单位）根据业务划分，分设了联合会。在全国范围内以领导业务为核心的中央联合会也相继成立，自此日本农协的三级组织体系原型已基本形成。

第二次世界大战期间，产业组合发挥着农村战争支持机构的作用，这种状况一直持续到 1947 年《农业协同组合法》（简称《农协法》）的制定。《农协法》出台是为了"促进合作组织的发展，提高农业生产力和农民的经济、社会地位，并实现国民经济的增长"，从法律上确立了农协的地位，使农协的发展走上了法制化轨道。农协的业务范围比以往的产业组合也明显扩大了许多。1956 年日本政府制定了《农业整备措施法》，进一步从法律上加强了对农协的保护和支持。1961 年政府又公布了《农业基本法》和《农协合并助成法》，规定了基层农协与基层政府机关联合成立"农政协议会"，从而确立了农协在农村经济中的领导地位。1972 年，"全国购买农协联合会"和"全国贩卖农协联合会"合并，成立了"全国农业协同组合联合会"。20 世纪 80 年代以后，随着日本经济的发展，农业专业化生产迅速兴起，为了适应形式发展的需要，不少基层农协进行了合并，全国基层农协的

---

① ［日］山田定市：《日本农协的形成过程与主要特征》，载《农业经济》2004 年第 6 期。

数量大幅减少，但规模不断壮大，实力逐渐增强。①

（三）日本农协的主要特征

日本人多地少，自然资源相对匮乏，农业生产呈现典型的分散经营和小规模农户经营的特点，受本国自然环境、经济发展、文化水平的影响和制约，日本农协具有以下的特征。

第一，覆盖范围广，组织网络完备。按照上下级隶属关系形成的日本农协呈三级组织体系，以市、町、村为经济区域，由农民入股组建而成的属于处于三级组织体系末端的基层农协，每个农户根据所在地区无选择地加入当地基层农协；以都、道、府、县作为经济区域，单位农协入股组建而成的县一级农协组织，按照职能不同，可分为"县农协中央会"和"县经济联合会"，前者主要负责对基础农协进行行政指导和业务监督，后者负责对基础农协进行业务指导和协调；以全国作为经济区域，由单位农协和县级联合会入股组建而成全国的农协组织，与县级农协组织相对应，全国农协组织也分为以行政指导业务为中心的"农协全国中央会"和以某一特定业务为中心的"全国联合会"。这样的组织体系致使所有农民都加入了农协，因此农协作为全体农民利益的代表机构当之无愧，对外的话语权很重。

第二，经营业务全。末端基层农协有综合农协和专业农协两种。综合农协是根据《农协法》规定，以本地区农户为对象组建而成的，围绕农业生产和农民生活开展的多元化、综合性指导服务活动，业务范围涉及农业生产技术指导、农产品销售、生产资料供应、农业设施使用、农村信贷保险、农村生活资料供应、农村教育、文化、卫生、福利等各个方面。专业农协是以专门从事某一种动植物的生产经营活动为中心的农协，业务范围涉及该种产品产前、产中、产后的指导和服务，但不包括农村信贷方面的业务。从事某种产品生产的农户，为了调集资金、发展生产，既要加入专门农协，又要加入综合农协，基层综合农协和专业农协都接受县级农协组织和全国农协组织的业务指导和监督，因此农协的经营业务可谓包罗万象。除此之外，日本农

---

① 艾云航：《日本农协的发展历程和运作方式》，载《世界农业》2000 年第 10 期。

协还创办了自己的全国教育中心。1969 年 9 月，全国农协建立了"中央协同组合学院"，为三年制本科。为了培养农协组织的核心人才，1999 年 4 月更名为 JA 全国教育中心。更名后设立一年制 JA 经济学校，开设经营硕士课程。① 该校为农协内部担任决策经营体制、综合计划部门培养的大量中坚人才，使日本农协实现了可持续发展。

第三，政治依存度高。日本农协从产生开始，每一步发展都离不开政府政策直接或间接的支持。一般说来，资本主义进入垄断阶段以后，政府都会把农村市场中介组织作为农业政策执行的依托来利用，日本政府尤为突出。日本政府对于农业的支持、保护政策，如以粮食管理制度为首的各种价格政策、补助金、低息资金等，几乎都是把农协作为政策的执行机构来定位的，这也是日本政府支持农协业务、搞活农协经营的重要原因。②

（四）日本农协业务及其在农业经济发展中的作用

经过长期发展，日本各级农协的各个职能部门责权关系、业务范围已经非常明确，它们各司其职，为农民生产和生活提供不间断服务。下面我们通过分析日本爱知县"安城市农协"的组织结构图，可以全面了解农协的业务及其在农业经济发展中的作用。③

---

① 尹丽辉：《农协的组织结构》，载《湖南农业》2005 年第 7 期。
② 阎部守、章政等：《日本农业概论》，中国农业出版社 2004 年版，第 115～117 页。
③ 昊天：《现代日本农协（三）》，载《现代农业》2003 年第 3 期。

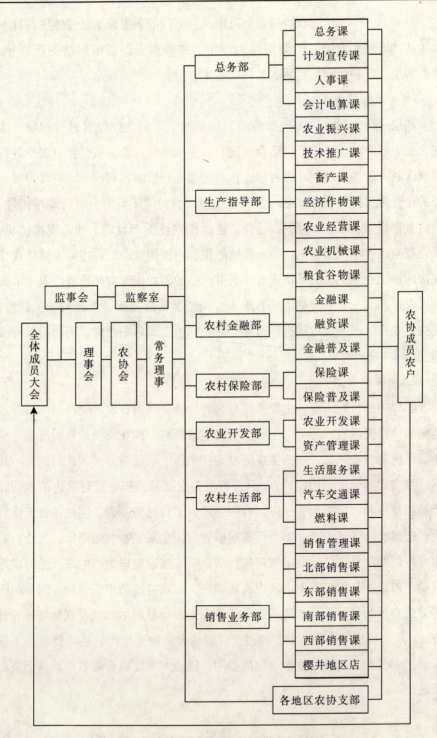

图 15—1 日本爱知县"安城市农协"组织结构图

事实上，一个基层农协的业务范围及各部门的职责分工已经体现在日本爱知县"安城市农协"的组织结构图中，主要涵盖的范围包括生产指导、销售购买、金融保险、生活服务四项基本业务。

1. 生产指导业务

基层农协专门有"生产指导部"负责对农户的生产经营进行指导，涵盖农业生产产前、产中、产后全过程。农业生产前，农协就开始对农户进行经营诊断，帮助其制定经营目标，在对土壤进行诊断的基础上，对农户可选择的经营类型提供参考意见。生产过程中，农协除了对农户进行栽培指导、防病虫害指导、家畜诊疗等指导外，还提供农业生产设施，如大型拖拉机、联合收割机、稻米干燥机、抽水设施等供农户使用。产后的指导主要体现在农协的加工业务上，为了提高农户农畜产品的附加值和商品价值，农协牵头开展农产品加工业务，如大酱、罐头、火腿、精品蔬菜等产品的加工制造。农协对农户生产的全过程进行指导，使农户生产无后顾之忧，利润得以持续增加。

2. 销售购买业务

农协的销售购买业务主要是以有利的价格共同销售农户生产的产品并以有利的价格提供农户所需的生产资料和生活资料。现在农协销售的商品几乎涵盖了所有农业产品，农协主要通过委托销售、手续费方式、计划销售·共同计算方式、全员利用四种方式[1]进行主要农产品销售。通过农协销售的农产品在规格和质量方面有保障，有些还形成了自己的品牌，因此销售价格较高；通过农协销售农产品容易形成规模效应，交易成本大幅降低；另外，农协有专门的信息人员，既了解市场行情，又掌握着农户生产的农产品的成熟日期，可以在全组织范围内实现有效调控，实现持续的市场供给。农协的购买方式有预约订货、计划购买、手续费方式、全员利用方式及现金结算五种方式。[2] 农协根据市场行情，通过有计划的大宗购买生产、生活资料，不仅降低了单位商品的搜寻成本、物流费用，还最大限度地保障农户使用上放心产品。

---

① 冈部守、章政等：《日本农业概论》，中国农业出版社 2004 年版，第 122～124 页。
② 冈部守、章政等：《日本农业概论》，中国农业出版社 2004 年版，第 122～124 页。

3. 金融保险业务

金融保险业务由农村金融部和农村保险部负责，主要是为农户提供资金信贷和保险服务。农协接受农户储蓄，使其运转起来，用做三种用途：第一，社员或地区农民贷款；第二，现金或县级信贷联合会（简称信联）的委托存款；第三，农协日常购买和销售等活动的业务资金。基层农协通过利用贷款利息、向信联转存委托存款和代理账户管理等创造收益，用这些收益支付农户储蓄利息和信贷职员的工资。值得一提的是，农户之所以不选择商业性金融机构作为资金代理机构的原因在于，普通商业性金融机构会将剩余资金作为银行资本或其他资本，而农协则会根据业务利用的分量进行摊派，提取公积金，最终受益的还是农户。[1] 农协的保险业务覆盖面较一般的商业保险更广。一般商业保险为农民提供生病、受伤、死亡等事故时的保障，为农民的子女教育提供保障，为农户的财产安全提供保障，为农民退休后生活保障等业务。农协的保险业务还包括当遇到不测时，通过农户自身的相互帮助，最大限度降低灾害造成的生命财产损失，尽量实现农业经营稳定和农户生活安定。

4. 生活服务业务

生活服务业务主要由农村生活部负责，业务范围包括与农民生活息息相关的一切活动，如婚、丧、嫁、娶等。公用设施的提供也是农协生活服务业务的体现，农协为农户提供商业店铺、浴室、理发、医疗保健等生活设施，自来水、电力等公用事业设施，为农民的日常生活顺利进行提供保障。可以说，日本农协为农户提供的是全方位、不间断服务，这也是近年来，日本农民生活水平持续提高的一个重要原因。

日本农协的四项基本业务，全面覆盖了农民的生产、生活、融资、经营这些对农村经济发展产生重要影响的领域，彻底改变了农民在这些领域上的小规模、分散化所带来的不利地位，成为农民与大市场联结的最有效的中介组织。

---

① 阁部守、章政等：《日本农业概论》，中国农业出版社 2004 年版，第 121～122 页。

二、以法国为代表的合作社

（一）法国合作社产生的必然性

法国合作社的起源很大程度上受其历史悠久的合作社思想影响，法国合作社起源于 19 世纪上半叶，追其思想根源可以上溯到法国空想社会主义思想家圣西门、傅里叶的合作社思想。19 世纪初，以圣西门、傅里叶、欧文为代表的空想社会主义者目睹和批判了原始积累时期资本主义的社会弊端，幻想一个没有剥削、没有贫困、协同劳动、平等和谐的理想社会，合作社就是这个理想社会的组织基础。[1] 法国是一个重视农业的国家，农业人口仅占全国人口的 4%，但四分之一的法国人生活（居住）在乡村；法国农业占国土面积的 59%，森林占国土面积的 27.5%；法国农业经营户为 59 万个，农业年产值为 640 亿欧元；法国在农校或与农业相关专业的在校学生有188400 人，也就是说每五名农民中就有一个在校学生等待接替，法国农业研究经费每年为 9.05 亿欧元。[2] 这些数字表明法国农业基本上还是小规模经营，农业人口不多，但却具有较高文化素质。高素质的农民、农业的小规模经营，再加上悠久的合作社思想的文化传承，法国合作社的产生、发展就成为一种必然。

（二）法国农业合作社的历史沿革

法国的合作社历史悠久，早在 1848 年时，法国已经建立了 360 个合作社，其中农业合作社 170 个，手工业合作社 175 个，捕鱼合作社 15 个。第一个罗虚代尔式合作社诞生于 1864 年，称为"通用供应消费合作社"，之

---

[1] 合作经济，http：//baike. baidu. com/view/429036. htm。
[2] 廖先旺：《法国乡村及农业漫谈（2）》，http：//world. people. com. cn/GB/8212/4700930. html，2006 年 8 月 14 日。

后在全国范围内又陆续出现了许多农业联合组织如农业公司、农业工会中央联盟等。1947 年 9 月 10 日，参照 "公平先锋社" 的基本原则，法国制定了合作法。合作法第一条明确规定 "合作社的基本目标是通过共同努力，降低成本，使社员获利"。法律还规定，合作社的业务可以扩展到人类活动的各个领域，包括农业。1967 年《农业合作社调整法》要求合作社把本身置于垂直的综合体之中，即合作社必须参加农工综合体，通过调整法把合作社的工、商业形态用立法形式固定下来，目的是把农业与工商业活动联系起来相互促进，共同发展。① 1972 年，法国从法律上对农业合作社进行了定义，"农业合作社及其合作社联盟是不同于民事企业和贸易企业的一种特殊企业。它具有独立法人权利和完全民事权利"，"农业合作社的目的是，农民共同利用便于发展其经济活动的相关手段，以扩大该经济活动的效益"。② 由此可以看出，对合作社而言，追求利润最大化不是其目标，而是为社员服务的一种手段。20 世纪 80 年代以后，法国合作社规模逐渐扩大的同时数量呈减少趋势，经营内容已涉及加工、贮藏和销售领域。目前，全国 40.6 万个农业经营户中，90% 都是合作社成员。农业合作社在法国农业和食品业领域的地位举足轻重，全国 60% 以上的农产品被合作社收购，全国 15% 的大型合作社实现了全部合作社营业额的 80%。

（三）法国农业合作社的主要特征

经过 100 多年的发展，法国农业合作社已经发展得相当完善，网络、规模庞大，服务体系健全，涉及农业生产生活的各个方面。与其他发达国家的农村市场中介组织相比，法国农业合作社具有以下特征。

第一，法国农业合作社是不同于一般企业的特殊法人，其特殊性主要体现在以下几点：首先，法国农业合作社是按照私法登记的特殊企业类型。成立之初，它除了需要像一般企业一样到当地商事法院注册登记之外，还需到农业部核准。农业部专门设有负责这项业务的审计处，对农业合作社申请者

---

① 纪良纲等：《农产品流通中介组织研究》，中国商业出版社 1998 年版，第 253～261 页。
② 全国人大农业与农村委员会代表团：《法国农业合作社及对我国的启示》，载《农村经济管理》2005 年第 4 期。

提交的章程等材料审核，并考察其运作机制，判断其是否符合农业合作社的特征，审核程序复杂，整个审核过程大约持续一年左右。① 经农业部核准后，合作社才可以享受国家给予的财政、税收等特殊优惠政策。其次，法国的农业合作社是可变资本企业。普通企业的注册资本是固定的，如果要减少或增加注册资本，必须经过一系列复杂的手续，而农业合作社是可变资本企业，资本可随社员流动随时发生变化，农业合作社理事会有权吸收新的社员加入以增加合作社资本，也允许由于社员退出而减少资本。另外，法国的农业合作社还体现了一定的公共利益。法国有法律规定，如果合作社因解散或其他原因进行清算，其剩余财产必须交给另一家合作社或能体现公共利益的组织。这点充分说明，虽然农业合作社是根据私法建立的私法人，但又体现一定公共利益的特殊性。②

第二，政府对农业合作社发展提供特殊的优惠政策。法国的农业合作社之所以能得以迅速发展，除了得天独厚的自然条件和欧洲经济共同体的支持外，很大程度上得益于政府强有力的优惠政策，主要体现在法律保护、财政支持、税收优惠等方面。法国政府不仅从立法上明确了农业合作社统一章程，还对合作社日常运行的各个环节加以规范。

20世纪60年代，法国通过制定《农业指导法》，将国家对农业的扶持资金大部分用于扶持农业合作社，以鼓励农民通过合作社联合起来。除了持续增加财政扶持资金之外，政府对于农业合作社购买农产品加工设备及农业机械设备，均给予一定比例的资金扶持。③

按政策规定，农业合作社与一般企业相比享受两种税收优惠：一是免收公司税，二是减半征收地方税。减免税收的依据是：农民合作社的组建是为了获得服务而非获取利润，合作社的活动是社员生产经营活动的延伸，获得的盈余都通过利润形式返还社员，社员依法缴纳个人所得税，因而合作社没有义务再缴纳公司所得税。但这种税收优惠也是有限制的，法国法律规定合

---

① 全国人大农业与农村委员会代表团：《法国农业合作社及对我国的启示》，载《农村经济管理》2005年第4期。

② 全国人大农业与农村委员会代表团：《法国农业合作社及对我国的启示》，载《农村经济管理》2005年第4期。

③ 全国人大农业与农村委员会代表团：《法国农业合作社及对我国的启示》，载《农村经济管理》2005年第4期。

作社与非成员之间的交易额不能超过营业额的20%，否则要对合作社的全部盈余征收公司税，对于合作社与非成员之间交易形成的利润，不能按照合作原则返还社员，所以要单独征税。

第三，法国已形成完善的农业合作社联合机构网络。法国的农业合作社联合网络由纵、横两种形式。纵向联合会是由合作社按照产品或活动内容组建而成的，具有"垂直"性质的全国性专业合作社联合会。联合会由各会员社选派代表组成代表大会，按照一社一票的原则选举联合会理事长。横向联合会是由同一区域内的不同专业合作社联合组建而成的区域性合作社联合会，主要负责各部门合作社之间的"横向"联系，是地区行业和管理机构的合作组织的代表。目前，法国农业合作社的统一行业组织是1966年成立的农业合作社联合会（CFCA），它代表并维护农业合作社在专业领域、物质及知识产权方面的利益，促进和加强农业合作化，为农业合作社提供咨询、培训和建议等服务，并通过审查、会计稽查等方式，监督合作社的管理。[1] 这样纵横交错的农业合作社联合会把全国农民联结成一个能代表所有社员利益的组织，为法国的农业现代化做出巨大贡献。

（四）法国合作社业务及其在农业经济发展中的作用

从农业合作社创立开始至今，合作社的业务也由原来仅仅局限于技术、采购、销售扩大到了与农民生产和生活相关的一切活动，业务范围涉及五个领域：

1. 农业生产资料供应

为农业生产创造条件是农业合作社的一项基本业务，主要负责替社员代购优质种子、肥料、农药、饲料等生产资料，为改善农业生产购置大型农机具供社员使用，为社员从事农业生产解除后顾之忧。

2. 生产过程技术服务

在农业生产过程，为社员提供技术服务也是农业合作社的重要工作，包

---

① 全国人大农业与农村委员会代表团：《法国农业合作社及对我国的启示》，载《农村经济管理》2005年第4期。

括对土壤成分进行分析，对农作物的生长进行管理，对化肥、农药等使用方法进行技术指导，对动物营养和保健知识进行传播等内容，为社员的日常农业生产提供技术支持。

3. 农产品贮藏、运输、加工及销售

为改善农产品的商业化条件，法国农业合作社还将农产品进行统一贮藏、运输、加工及销售业务，主要目的是将社员生产的农产品尽快转化成高附加值的商品，提高社员收益。农产品的收购、加工、销售业务是密不可分的，收购和流通加工多数统一在同一合作社内进行。

4. 信息服务

农业合作社还开展信息的商讨、研究和情报提供服务。法国农业合作组织联合会与欧洲及世界农贸市场保持着密切的联系，通过计算机和计算机网络为社员提供各种农产品价格信息和其他方面的最新资讯，使社员足不出户就掌握全世界的行情。

5. 统一农产品质量标准的建立和落实

随着经济一体化和全球贸易的广泛进行，农业合作社建立统一的农产品质量标准并落实这些标准，成为一项崭新的、不容忽视的业务。农业合作社根据质量标准将社员生产的农产品进行分类销售，可以最大限度地使农民的收益得以实现。另外，为了出口的方便，许多农业合作社联合起来，由经济委员会创造共同商标，并将其打造成国际品牌，最大的受益者也是社员。

由于农业合作社开展的各项服务，使得参加合作社的农民可以高枕无忧，安心生产，并获得稳定的市场行情、合理的价格和技术培训，而为了扩大再生产、增加就业和对新社员的投资，农业合作社分给社员的利润部分不得超过总利润的5%。可见，参加农业合作社的利益不在于获得多少利润，农民在生产指导、合理的价格、减少流通环节成本等环节得到的好处，远远超过从合作社分得的利润。从这一点上可以看出，法国的农民对农业合作社的需求更多的是它所能提供的使之与市场紧密衔接的中介作用。

三、以美国为代表的一体化组织

一体化组织是有效联结农业生产、加工、销售的各个环节，引领农民实现农产品初级形态向高附加值形态转化的重要中介组织。美国是世界上贸工农一体化发展最早的国家，也是目前贸工农一体化发展水平最高的国家，贸工农一体化在美国农业发展过程中起着举足轻重的作用。

（一）美国贸工农一体化产生的必然性

美国农业资源非常丰富，降雨充沛，耕地面积约占国土总面积的20%，且平原居多，土壤肥沃，美国的自然禀赋奠定了其发展农业的良好基础。美国的平均农场规模约为200公顷，而农业人口和农业劳动力只占到全国人口和劳动力总数的2%~3%左右，这种"大农业生产"与"少劳动力"的状况从自然条件上刺激了美国农业实现机械化生产和规模化经营的要求。大农场主作为一种竞争实体，随着自身实力的不断增强以及农场主之间的联合程度日渐紧密，具备了讨价还价能力，形成了工商企业对于农民垄断性侵害的一种制衡，但农业生产经营领域的大部分利润依然被工商企业通过农产品深加工环节和销售环节所赚取。因而农场主或农场主们组织成立的合作社，通过与工商企业合作，赚取农产品深加工与销售环节部分利润的想法就促使贸工农一体化成为进一步发展美国农业经济的制度首选。

（二）美国贸工农一体化组织的历史沿革

自20世纪50年代开始，在科技水平不断进步的推动下，美国的农业生产力得到了迅猛发展，高度机械化基本实现。机械化的发展又促进了分工的进一步深化和生产专业化的发展，美国农业不仅出现了地区专业化和农产品专业化，工艺专业化也应运而生。专业化分工导致了生产的社会化，生产一种农产品往往需要农业企业之间、农业企业与工业企业之间甚至与商业企业之间的通力合作才能实现。这样，农业部门对农业生产产前部门和农业生产产后部门的依赖逐渐增强，当农业同产前部门和产后部门通过某种相对稳定的业务联系形成一个经营系统的时候，一体化农业就形成了。而工商企业、农户、专业协会等通过某种契约形式把农业生产前、生产中、生产后各部门联系起来，顺利实现农产品从生产领域向消费领域的转移过程就形成了贸工农一体化。早在20世纪40年代，美国就出现了畜牧业与工商企业联合经营的形式，到70年代，美国蛋品生产一体化率为55%，火鸡生产一体化率为71%，其中以工商企业为龙头的一体化经营形式分别占80%和76%。[①] 近20年，跨国农业综合企业迅速发展，规模不断壮大。如今，以美国工商企业为领头羊的跨国农业综合企业正在走"无国籍化"发展道路。

（三） 美国贸工农一体化组织的主要特征

第一，工商企业是美国贸工农一体化组织的中坚力量。由于美国具有天然的资源优势，因此农场规模比较大，地区专业化程度也很高，农产品品种丰富、产量大、出售比重高、辐射地区距离产地较远，通过成本核算，农场主独立完成运输、加工、销售既不现实也不经济，由工商企业牵头组建的贸工农一体化组织顺应农业生产力发展趋势产生，在很大程度上推进了农业经济的发展，对农场主顺利实现农产品价值、规避市场风险起到了很大帮助作用。工商企业在贸工农一体化组织中通过以下两种方式实现赢利：直接经营农场组织的农工联合企业和建立垂直一体化联合企业，后者是当前发达国家贸工农一体化组织的最普遍的形式。当然工商企业作为企业也具有"趋利性"的特点，受到利润法则支配使得它们与农业合作的范围、内容、地区分布等方面必然会受到某种限制，但就其本身的长远发展来看，在农业地位日益提高的今天，走贸工农一体化道路无疑是工商企业一个不错的选择。

第二，美国贸工农一体化一个最明显的特点就是"合同制一体化"。以工商资本为主的工商企业，通过签订合同，将有关农场主和专业协会等组织

---

① 姚今观等著：《贸工农一体化经营——理论与实务》，中国物价出版社 1998 年版，第 3～5 页。

起来，使生产、加工、销售各个环节紧密联系在一起。合同中详细规定，农场主负责提供农畜产品的品种、数量、规格和交货期等；专业协会或其他服务公司负责提供种子、饲料、肥料、农机及信贷、技术服务；工商企业负责仓储、运输、加工、销售等工作。在美国的现代农业发展中，工商企业与农场主之间签订合同，不是孤立、分散、临时的行为，而是按照供产销的农业在生产环节，在一体化的现代农业体制下采取的一种有效经营方式。

第三，政府对美国贸工农一体化组织实施必要的干预和调控。农业是美国国民经济中国家干预最多的一个部门，众所周知，美国是一个典型的市场经济国家，政府不会对贸工农一体化组织的活动进行直接的行政干预，而是通过一系列细致完善的农业法令，给予农场主种种优惠，以保证农业持续、稳定发展，主要做法体现在以下几个方面：首先，顺应市场机制的特点，围绕确定农产品市场交易标准，规范农产品市场交易行为和对整个食品—纤维体系进行总体协调等，从而达到对贸工农一体化等农村市场中介组织的协调；其次，政府通过农业信贷和税收政策对贸工农一体化组织的发展给予支持和帮助，并对农业提供各种形式的间接补贴和资助；再次，美国联邦政府把发展农业教育、农业科研和推广工作作为农业部的主要职责，使贸工农一体化组织实现可持续发展。[①]

（四）美国贸工农一体化组织的业务及其在农业经济发展中的作用

贸工农一体化是农业发展到一定阶段的必然产物，随着美国商品经济逐渐发达，居民平均收入水平提高，大部分农产品需要经过各种形式和不同程度的加工处理，才能成为消费者直接享用的成品或便于家庭制作的半成品。同时，随着居民消费水平的提高，要求许多农产品的供应必须打破季节限制。此外，美国的消费结构也发生了巨大变化，人们对于产品的需求从包装到内容都有了更高的要求。总之，现代美国人的消费既要享受优质的食物，又要享受购物的方便、乐趣，这就要求农业部门、工业部门、商业部门

---

① 纪良纲等著：《农产品流通中介组织研究》，中国商业出版社 1998 年版，第 205～225 页。

从农产品生产到加工、运输、包装、贮藏再到销售，都提供一系列优质服务，尤其对农产品加工和农产品流通企业提出了更高的要求。贸工农一体化组织显然是解决这些问题的不二选择，其在农产品加工和农产品流通方面发挥了重要作用。

农产品加工业务可以解决农业高效生产带来的农产品过剩困扰，原始农产品经过深度加工，成为深受消费者喜爱的新食物品种，创造新的市场需求，拓宽农产品市场。而农产品流通业务使产品迅速转化为商品，完成那"惊险的一跳"，贸工农一体化组织采取委托销售、拍卖销售等多种方式销售产品，还采用各种不同的销售战略，如商标战略、名牌战略等促进农产品销售。贸工农一体化组织身兼多重角色，作为农产品销售来说，它是中介性实体，农产品正是通过它的组织和协调进入消费市场，满足消费者需要；作为加工者来说，它通过对农产品的加工，不但开辟了新的市场需求，拓宽了农产品流通范围，而且起到了蓄水池的功效，保障农产品平稳、均匀、有序地进入消费市场；它还是农产品的第一市场，通过向农场主发出需求信号，直接组织和协调农业生产。

四、以荷兰为代表的拍卖商

荷兰的自然环境注定了其不能成为农作物的主产区，然而这样一个人口密度极大，土壤、气候环境堪称恶劣的国家如何成为世界第三大农产品出口国的？通过研究，不难发现，完善的农产品流通体系，尤其是健全的拍卖制度的广泛应用，是荷兰制胜的秘诀。

（一）荷兰拍卖商产生的必然性

荷兰位于欧洲西部，西、北濒北海，南邻比利时，东界德国，地处德国莱茵河流域、比利时东部以及法国东北部最便捷的出海口。荷兰地势低平，全境除东南一隅为海拔300米的阿登高原的一部分外，西部40%以上的土地低于海平面或相当于海平面。荷兰土质不肥沃，东部主要是沙土和砾石堆积物，西部多黏土性土壤，上面常覆盖有厚层泥炭。① 如此恶劣的自然环境注定了荷兰不容易成为农作物的主产区。然而荷兰的农产品不仅实现了自给自足，而且有近三分之一可供出口，是世界上仅次于美国和法国的世界第三大农产品出口国。是什么成就了荷兰农产品出口大国的地位？究其根源，不难发现：便捷的航海交通优势及海外贸易的传统为本国发展集约型农业及农产品加工业奠定了良好的基础。荷兰农业以畜牧业为主，园艺业也很发达，以发展集约化的出口型农业为最大特点。由于自然环境相对较差，荷兰人在位于莱茵河下游北岸的低地，建成了占到全欧洲暖房面积一半左右的玻璃暖房。暖房的三分之二种植蔬菜，三分之一种植花卉。暖房可谓集现代化设备和科学管理于一身，是荷兰农业现代化最典范的代表，盛产的蔬菜及花卉远销英、法、德等许多国家和地区。因此高效、现代化的流通网络建设也是荷兰农业及花卉业需要大力发展的事业。其实，早在 100 多年以前，荷兰的花卉种植者就开始了流通方式的探索，当时他们经常面临顾客不按期支付货款，商人们互相串通、压低价格的现象，为了摆脱这种困境，种植者们根据现实的需要，建立了花卉拍卖制度，即由卖者确定最高价，买者由高向低喊价，价高者得。经过百余年的发展，拍卖商早已从种植者（卖者）中分离出来，成为花卉流通的主力，"荷兰式拍卖"也已经作为一个专属名词出现，并成为拍卖的一种重要形式。

（二）荷兰拍卖商的历史沿革

21 世纪初，拍卖业务刚刚起步的时候，所谓拍卖只不过是当地花卉种植者合作社将供需双方集中在一起，以拍卖的方式进行交易而已。经过近百年的发展，拍卖市场的业务范围和服务功能都有了很大扩展。目前，拍卖市场所拍卖的已经不仅仅限于产自荷兰的产品了，来自以色列、肯尼亚、哥伦比亚等国的花卉产品也通过这个大平台销往世界各地，所拍卖的产品也不都运到拍卖市场进行交易，而是将部分样品在拍卖市场检疫、展示，以保证花卉的新鲜度。拍卖行的服务功能由建立初期单纯的花卉销售，扩展为集展

---

① 陈才等主编：《世界经济地理》，http：www．centrum．net．cn。

示、检疫、包装、销售、价格形成多种功能于一身的花卉交易场所。荷兰花卉拍卖业有着悠久的历史。早在 1912 年，地处阿斯米尔镇名为"花乐拍卖行"和"阿斯米尔中心拍卖行"的两家公司就开始从事花卉和盆栽植物的拍卖生意，1968 年，这两家商行合并组成当今世界上最大的阿斯米尔联合花卉拍卖行。拍卖大楼建成于 1972 年，当时占地约 8.8 万平方米，后经过多次扩建，目前占地面积已经达到 71.5 万平方米。这里不仅是世界上最大的花卉拍卖市场，而且是世界上最大的贸易建筑群。[1] 这个大型的拍卖行是由 5000 家花卉种植者共同拥有的股份联合体，有 5 个拍卖大厅，13 个电子拍卖钟，提供了 10000 多个就业岗位，85% 的产品出口，每年接待 22 万旅游参观者。[2] 可以说，现在的拍卖业是荷兰国民经济发展中不可忽略的重要内容。

（三）荷兰拍卖商的主要特征

拍卖场、批发、零售以及出口构成荷兰花卉市场营销体系，其中荷兰的拍卖场驰名全世界。荷兰规模最大的阿斯米尔拍卖行的市场占有率高达 44%，而第二大拍卖场 BVH 的市场占有率也达 38%，荷兰的花卉拍卖是荷兰乃至世界鲜花流通的重要途径，其主要特点表现为以下两个方面。

1. "计价钟"交易制度

荷兰的"计价钟"交易制度是荷兰式拍卖（Dutch Auction）的一个特色，是现代化的减价拍卖形式。拍卖之前，拍卖场墙上的电子交易系统将花农背景、鲜花数量、品质、价格标注得一清二楚，交易开始时，计价钟指针指在 12：00 方向，代表最高价格。随着时间过去，计价钟指针逆时针旋转，表示价格递减下降，直到竞标者觉得价钱合理，按下按钮以停止计价钟。凡遇到两个以上应价时，计价钟指针再顺时针旋转，表示递增加价，直到剩下最后一人按钮使其停止。为了最大限度保护拍卖行中供货和购货成员的利益，各拍卖行根据市场和生产情况，针对不同商品都制定了最低销售价。如

---

[1] 华翼网新闻中心——荷兰新闻，http：//news. chinesewings. com。

[2] 《荷兰花卉业发展的成功经验》，花卉知识资源库 http：//www. bio – flower. com。

果拍卖产品的价格降至这个最低价仍然没有人叫买，这些产品就会被销毁，而不得减价出售。① 该产品的供应者可以从拍卖行得到一定的补贴，当然这种情况谁都不愿意发生，因此，为了避免这样的情况发生，拍卖行还肩负着向供需双方及时通报市场信息的重任。

2. 流通效率高

荷兰花卉拍卖营销体系能使花卉产品在拍卖后的 24 小时之内，被运送到世界各地，下面这个案例足以说明荷兰花卉拍卖业的流通效率之高。②

7：00，荷兰阿姆斯特丹的花农罗·卡迪夫把已经接受花卉种球测试中心质量测试，保证种类标识正确并且不携带细菌或疾病的红色郁金香运往阿斯米尔拍卖行；

7：30，阿斯米尔拍卖行对该郁金香进行质量分类、标识茎的长度，并进行裁剪与包装；

7：45，根据当日花卉的价格，拍卖行为此束郁金香定价，并运到销售部等候售出；

8：00，经过计算机管理系统出口商的购货要求，这束郁金香与其他鲜花一起，装箱并运往机场；

8：30，荷兰皇家航空公司的飞机运载着鲜花起飞；

13：00，飞机到达纽约（当地时间 9：00），红色郁金香被花商运往各处花店；

14：00，（纽约时间 10：00），早已订购好的红色郁金香被送到纽约一对新人的婚礼上，此时的红色郁金香依然新鲜饱满、娇艳欲滴。

在这个拍卖场，平均每 3 秒就有一单生意以迅雷不及掩耳之势完成。花卉一经卖出，载花的推车便退出拍卖厅，经过大厅门外的一台带打印的计算机，为这批商品开发货单。除此之外，荷兰花卉拍卖系统得以高效运营的组织保证是荷兰花卉业批发理事会和荷兰花卉产品批发商协会（VGB）的调节作用，它们积极协调批发商与拍卖场做好有关确定价格、拍卖方式、供应条件、附加费和标准、质量控制等各项工作。③

---

① 农生：《荷兰：拍卖促进农业发展》，载《农村新技术》2002 年第 12 期。
② 本案例引自艺龙旅行网 http：//bbs. elong. com/blog，荷兰花魔。
③ 《荷兰花卉业发展的成功经验》，花卉知识资源库 http：//www. bio – flower. com。

（四）荷兰拍卖商业务及其在经济发展中的作用

随着拍卖业务在荷兰的广泛应用，"荷兰式拍卖"已经成为一个专属名词，代表一种重要的拍卖方式，荷兰的拍卖业务在农产品（花卉）流通方面的中介作用有目共睹，它对于荷兰农产品出口能力的增强、带动国际交流以及促进本国其他产业发展方面也发挥着重要的作用。

拍卖场作为农产品（花卉）流通的重要中介形式，增强了荷兰农产品的出口能力。从农产品（花卉）流通角度看，有数据显示，荷兰大约有600个出口商，将70亿个鲜花球茎运往120多个国家，每年收益能达到7亿美元，这个可观的数字能充分说明荷兰通过花卉拍卖赚取外汇的能力之强；从农产品（花卉）深加工角度看，由于掌握着第一手的市场供求信息，荷兰人很容易知道从事哪些植物的生产最为赚钱，再加上荷兰具备完善的生产供应体系和技术服务体系，因此利用资金、技术优势开展农产品（花卉）深加工业务，也是荷兰农产品（花卉）出口数额很大的重要原因。

另外，荷兰的拍卖业对本国其他产业的发展也有显著促进作用，尤其是鲜花拍卖业务带动了国际间交流的繁荣，从这个意义上说，荷兰的拍卖商不仅仅是联系供求双方的市场中介组织，更是联结国际市场准客户们的纽带。荷兰大部分拍卖市场欢迎游客入内参观，规模最大的两个鲜花拍卖市场的设施最方便游客参观。游客通过对拍卖市场的考察，进一步加深对于荷兰的认识，甚至达成到荷兰投资的意向。总之，荷兰拍卖业对该国国民经济发展的作用体现在方方面面，是荷兰经济发展史上浓重的一笔。

五、国外农村市场中介组织的总体特点及启示

以日本为代表的农协、以法国为代表的合作社、以美国为代表的一体化组织和以荷兰为代表的拍卖商都是目前世界上农村市场中介组织发展较好的典范，准确把握它们的特点，学习借鉴它们的经验，可以使我们少走弯路，加速发展我国的农村市场中介组织。

（一） 完善的立法保护是农村市场中介组织得以健康发展的有力保证

纵观发达国家的农村市场中介组织的历史沿革，有一个共同的特点，就是组织的发展均受到来自立法的保护。立法范围涵盖了农村市场中介组织的内涵的界定、章程的统一、行为的规范，有的国家还通过法令形式对农村市场中介组织的业务范围、机构设置做出了细致规定，这样有法可依的农村市场中介组织的运营效率大大提高。日本的《产业组合法》、法国的合作法都从法律上确定了农村市场中介组织的地位，并对其发展提出了指导意见。在欧洲，关于农村市场中介组织（主要是合作社）的争论从来没有停止过，但合作社仍然在大多数市场经济国家享受法律待遇，主要原因是"合作社能在社会经济中促使农业从业者参与市场竞争"这点达成了共识。很多国家除了中央从立法上对农村市场中介组织支持、保护外，地方政府也做了很多工作。如加拿大政府制定了联邦合作社法律——《加拿大合作社法》，加拿大的 10 个省市还都有各自的合作社法律。

目前我国《农民专业合作社法》已经颁布实施一年多了，从全国人大农委法案室调研的结果来看，该法促进了农民专业合作社的快速发展，合作效益初步显现，具体表现为提高了农民专业合作组织的服务能力，在保证农产品质量安全、完善产业体系、加快现代农业发展、促进农村和谐社会建设方面效果显著。今后，我们应尽快出台法律规定的农民专业合作社产业支持、税收优惠、信贷支持等配套法规制度。[①] 综合考虑我国地区差异，加快地方立法进程。

（二） 政府支持是农村市场中介组织发挥作用的重要条件

通过前面几节的介绍，我们不难看出，在发展农村市场中介组织方面，

[①] 徐旭初等：《德国农业合作社发展及对我国的几点启示》，载《农村经营管理》2008 年第 5 期。

政府的支持都是必不可少的。这主要是由于农村市场中介组织不同于一般商业组织，而是带有一定"公益"性质的组织，它的发展对社会、对农民都有益处。发达国家政府对于农村市场中介组织的支持主要体现在三个方面。第一，建立支持性机构，加强对农村市场中介组织的领导，一些国家的政府建立了专门的行政管理机构，一方面负责落实国家制定的有关优惠政策，另一方面负责协调、监督工作，以确保中介组织能够正常运作；第二，加强财政、税收支持，或者采取直接注入资金的办法对农村市场中介组织的发展加以扶持；第三，实行金融政策支持，一方面对农业贷款实施低利率政策，以保证农业再生产的实现，另一方面，允许农村市场中介组织从事金融、保险业务，金融、保险业务的赢利，用于弥补为农产品生产、流通服务部门的亏损，从而为农村市场中介组织安心服务于农户奠定坚实的经济基础。[①]

我国农业基础较差，农产品流通开放时间不长，发展成熟的农村市场中介组织数量不是很多，为了尽快扶持农村市场中介组织发展起来，政府借鉴国外发达国家的经验给予支持十分必要。但农村市场中介组织就其本质而言是一个独立的机构，政府应主要通过制定政策来支持和培育其成长，而不应进行更多的行政干预。

（三）形成全国乃至跨国网络是农村市场中介组织中介能力得以提高的关键

农村市场中介组织发展成熟的国家，大都经历了大力发展农村市场中介组织的横向一体化，在此基础上再发展纵向一体化，形成全国性的统一联合网络组织，有的甚至开展跨国业务。通过各级农村市场中介组织的管理活动，形成一个上下贯通、左右连接、机制灵活、运转协调的网络，使各个组织、各个农户在生产经营上的难题都能得到及时有效的解决，通过这一组织充分反映农民心声，通过这一组织使政府政策得到很好的执行。

在我国一些农村市场中介组织发展较好的地区，当围绕当地主导产业或特色产业形成的同类农产品专业合作社发展达到一定数量规模后，也出现了

①　纪良纲等：《农产品流通中介组织研究》，中国商业出版社 1998 年版，第 293～296 页。

需要进一步"联合"的迹象。"联合社"的出现一方面能代表更多生产同类产品的人或组织，进而达到单个农村市场中介组织市场不能实现的谈判能力；另一方面可以避免国内（本地区内）农村市场中介组织各自为战、相互竞争、自相残杀的局面，形成统一定价，一致对外。基于这样的目的，借鉴发达国家农村市场中介组织发展"合作联社"的发展经验，我们应有选择地推动基层农村市场中介组织的联合、兼并，同时要加强对中介组织的行业管理，在全国范围内形成统一联合体组织，强化对基层组织的扶持。

（四）拓展服务功能、业务范围是农村市场中介组织发展的趋势

日本农协之所以成为日本农业不可缺少的一部分，是因为它的存在几乎能解决农民日常生产、生活的全部难题。以综合农协为例，其业务范围涵盖农业生产技术指导、农产品销售、生产资料供应、农业设施使用、农村信贷保险、农村生活资料供应、农村教育、文化、卫生、福利等各个方面。尤其是农协的保险业务更是受到广大农民的欢迎，一般商业保险为农民提供生病、受伤、死亡等事故时的保障，为农民的子女教育提供保障，为农户的财产安全提供保障，为农民退休后生活提供保障等业务，而农协的保险业务除此之外还包括当遇到不测时，通过农户自身的相互帮助，最大限度降低灾害造成的生命财产损失，尽量实现农业经营稳定和农户生活安定。

我们国家与日本同处亚洲地区，从某种意义上说有着天然的联系，日本的综合农协模式经验正是比较符合亚洲各国国情的组织，在组织机构设立、服务功能拓展及业务范围设定上，可以有选择地借鉴日本的经验，少走弯路。

第十六章　中国农村市场中介组织发展思路与政策建议

在我国涌现出的多种形式的农村市场中介组织，在联结生产与市场、促进农业产业化和组织化及市场化方面发挥了重要作用，但由于现阶段我国的农村市场中介组织还处于起步阶段，加上种种因素的制约，中介组织在发展中还存在着一些问题和不足。当今国外农村市场中介组织出现了新的发展趋势，结合我国现状，可以就我国农村市场中介组织的发展方向作出预测。当然，农村市场中介组织的发展需要良好的内外部环境作支撑，所以分析农村市场中介组织的发展路径十分必要。

本章的目的是在前面章节的基础上进行理性思考，通过探讨国外农村市场中介组织的发展趋势，指出今后一段时间我国农村市场中介组织的发展方向，并通过分析中介组织发展过程中良好的内外部环境的创造，探讨我国农村市场中介组织发展的路径选择，最后本章提出了建设有中国农村特色的农村市场中介组织的发展建议。

一、国外农村市场中介组织的发展趋势及启示

从世界范围内来看，农村市场中介组织作为农民自己的组织，已成为世界各国农村社会中最受农民欢迎、最普遍的组织形式，是农村社会经济发展不可替代的力量，被认为是市场经济条件下发展农村经济的一个重要组成部分。在国外，农村市场中介组织在提高农民组织化程度、保护农民利益、增加农民收入、促进农业发展等方面起着举足轻重的作用。纵观发达国家的农

业发展历程，就是农村市场中介组织的组织化水平不断加强提高的过程，发达国家的农村市场中介组织已超越现代化达到了知识化的水平，而我国农村市场中介组织还处于起步阶段。有效的农村市场中介组织体系的建立，对于我国农业向现代农业转变起到明显的促进作用。因此，借鉴国外经验对我国农村市场中介组织的发展具有重要的理论意义与实践意义。

（一）国外农村市场中介组织的发展趋势

在世界经济全球化、一体化的背景下，各国的农村市场中介组织，特别是发达国家的农村市场中介组织发生了很大变化。随着经济全球化过程中竞争的日益激烈，为了提高竞争力，国外大批农村市场中介组织出现了横向和纵向一体化的趋势，有的甚至形成跨国经营。引进外来资本，实行股份化改革的方式在美国、加拿大、欧洲及澳大利亚等国发展较快，并将成为一种趋势。

1. 组织体系化趋势明显，产业一体化发展成为必然

在全球范围内，许多国家在国内农村市场中介组织的组织设置上大多形成了自上而下的体系。具有比较健全的农村市场中介组织体系的国家，在全国有国家组织，在地方有地方组织，在农村有基层组织。如在日本，从国家至基层都成立了各级农协组织，职能范围明确，各有分工。美国、法国、德国等国家也都是这样，农村市场中介组织都已形成了独立体系。

在市场经济条件下，市场竞争的日益激烈使得国外农业开始向其关联产业延伸，或与其关联产业联合协作，农工商形成了一体化组织，国外农村市场中介组织与工业、商业之间的合作程度大大加深。如美国把农业生产与农业有关的所有环节都组成了农工商综合体，德国的农工综合体，澳大利亚的贸工农一体化，还有些国家把农村市场中介组织与家庭农场联合起来，组成了一体化联合企业等。

2. 经营形式日趋多样化，队伍逐步壮大

随着农业生产和经济社会的发展，农村市场中介组织呈现出多样化的发展方向，涉及农民生活的各个方面。农村市场中介组织涉及的范围几乎涵盖了农村、农民和农业的生产、销售、生活、公共物品供应等各个领域。在这

些领域已经形成了专业化的农村市场中介组织，不同的农产品以及农产品的生产、加工、运输、贮存各个部门都已完全从农业产业中分离出来，成立了专业化的农村市场中介组织，生产资料的供应、信贷等也形成了专业化的农村市场中介组织。国外农村市场中介组织的类型多种多样，主要包括农牧业生产中介组织、消费中介组织、农村信用社中介组织、教育中介组织等许多类型，并且数目巨大。

农村金融类市场中介组织是国外农村市场中介组织经营形式多样化的一个缩影。为了适应商品经济发展的需要，许多国家的农村金融类市场中介组织都有了长足发展，成为农村市场中介组织经营的重要领域。而且这种金融类市场中介组织的运作，已不仅仅是在农村、农民这个范围，已扩展到城市和市民中。以德国为例，德国是农村金融类市场中介组织的发源地，其组织形式为合作银行。经过 100 多年的发展，如今已成为世界上最大 50 家银行之一，并有着自身的特点和完整的体系。德国合作银行系统是由三级组成的，但相互间都是独立的经济实体，基层地方合作银行是由农民、城市居民、个体经营企业、合作社企业和其他中小企业入股组成的。第一层次是基层地方合作银行，全国共有 2500 家，直接从事信用合作业务。第二层次是3 家地区合作银行。第三层次是全国合作金融组织的中央协调机关——德意志中央合作银行。三级银行间不存在隶属关系，仅仅是空间范围的不同，但相互间在业务上存在着关联。在德国，信用合作组织和生产合作社、消费合作社共同组成德国全国合作社联合会，各州设有专门的各类合作社的行业自主组织，由审计协会进行行业监督。[①]

农村市场中介组织已经成为国外农民最主要的组织和经营渠道。在多数欧美国家，绝大多数农民都是农村市场中介组织成员，如荷兰的大部分农民至少同时参加 3~4 个农村市场中介组织，农民收入的 60% 以上是通过中介组织实现的。法国 90% 的农民都参加农村市场中介组织，有的国家，如传统农产品出口国丹麦几乎全部农民都加入了中介组织。在美国，每 6 个农场主中就有 5 个参加了购销中介组织，每个参加农村市场中介组织的农场主平

---

① 冯平涛、李文双：《农村合作金融发展模式的国际比较及经验借鉴》，载《深圳金融》2005 年第 8 期。

均参加 2~3 个购销中介组织，在日本几乎所有农户都加入了农协组织。①

3. 经营机制逐步完善，组织体系走向开放

第二次世界大战以后，市场竞争日趋激烈，为了求得自身的生存和发展，国外农村市场中介组织也开始逐渐放弃不以营利为目的的原则，出现了向营利企业发展的倾向。这一倾向不仅表现在农村市场中介组织的具体行为上，而且在有关部门的法律规定和法定的中介组织示范章程中也都有所反映。国外现代化的农村中介组织引入了股份制，形成股份制中介组织，向社会发行股票，同时实行董事会或理事会领导下的企业家或专家负责制，开展日常经营业务活动。日本农协改革的一个重要方面就是实行企业化经营，实行常务理事会负责制，聘任企业家担任常务理事，负责农协的经营业务。

为了适应国际贸易体系的变化和市场竞争的需要，农村市场中介组织开始打破地域限制和成员身份限制，走向开放。瑞典消费者联盟近年来尝试与挪威、芬兰、丹麦的农村市场中介组织进行联合，组建中介组织跨国集团。卢森堡的不少肉牛饲养者是其邻国农村市场中介组织的成员，德国的乳制品企业中有比利时的成员，日本农协也出现会员多元化。

（二）国外农村市场中介组织发展趋势对我国的启示

首先，不断拓宽经营范围与服务领域。我国现有的农村市场中介组织只能为农户提供单项或少数几项服务，对于农民急需的市场信息服务、技术服务及产后的农产品销售、加工、储藏服务和资金融通等方面服务功能都相当薄弱，导致农村市场中介组织发展后劲不足。今后发展应围绕组织成员家庭经营和生活需要，开辟新的服务渠道，增加新的服务内容，逐步由技术交流、生产服务向生产服务、市场销售等综合性服务发展，向产、加、销一体化的经济实体转变，通过兴办农产品加工流通企业，在中介组织内部实现农产品的多次增值，使组织成员获得更多利益。同时，农村市场中介组织也要积极为非组织成员提供服务，如为周围的农户提供购买生产资料、销售农产品的服务，扩大经营规模，取得合理收入。农村市场中介组织经营范围的扩

---

① 高继宏：《国外农业产业化经营的经验及其机制创新》，载《世界农业》2004 年第 10 期。

大，不仅能够增加中介组织的收入来源，而且也能够增强农村市场中介组织对于农户的吸引力和凝聚力。

其次，创建产供销一体化农村市场中介组织，扩大中介组织经营规模。随着农村市场中介组织自身经济实力的不断壮大，为了追求自身利益的最大化，农村市场中介组织应积极兴办生产、加工、销售一体化的经济实体。这一经济实体意味着农业产业链三个环节的投资主体都是农村市场中介组织，或者说中介组织成员将享受三个环节所带来的利益，并按有利于这个产业链的稳固与发展的原则进行分配，最终形成一个真正意义上的利益协调机制，这也是农业产业化经营水平发展的必然趋势。目前，在一些县和乡镇范围内，由于区域主导产业和主导产品相同，存在着一些经营同一产品的农村市场中介组织，这些中介组织经营规模小，服务实力和服务范围都很有限，封闭性强，市场竞争能力弱。由于这一类农村市场中介组织的重复设立，导致市场竞争加剧，组织运行陷入困境。为此，在具备相应的组织管理条件下，可按照自愿互利的原则，引导这些农村市场中介组织进行合并重组，增加业务量，扩大市场销售份额，降低流通成本，提高经济效益。

最后，政府宜采用多种形式培育农村市场中介组织独立的市场主体地位。在政府介入农村市场中介组织的方式上，应该充分利用法律、经济等手段，而不应深入到中介组织内部采用直接的行政干预手段。这一做法的目的是使农村市场中介组织在政府宏观调控下运行，使其作为独立的主体在农村经济的发展过程中发挥其应有的作用，而不是将其培养成政府的行政组织。目前，日本农协就面临这样的尴尬，由于政府行政上过分的干预，日本农协的独立性逐渐丧失，缺乏作为独立主体面对市场的能力，很难应付当前经济全球化的形势，并且给政府造成了沉重的负担，所以其改革已势在必行。

政府对待农村市场中介组织的态度应该从国情出发，并应与时俱进，根据农村市场中介组织发展阶段的不同而不断转变角色。政府对农村市场中介组织的支持应该从我国国情出发，不能盲目照搬外国的发展模式。从外国政府介入方式中，我们可以看出其对农村市场中介组织的支持由于国情的不同而存在很大差异。事物都是不断运动发展的，政府也应根据农村市场中介组织的发展及时转变角色，只有这样才能使农村市场中介组织对农村经济发挥更大的推动作用。

二、中国农村市场中介组织的发展方向

通过对国外农村市场中介组织发展趋势的介绍，我们可以设想我国农村市场中介组织的发展必将顺应国际潮流，超越当前发展的局限以达到新的高度。我国农村市场中介组织将依据本国国情，从制度建设、与政府间的关系、区域间联合以及服务领域几个方面顺应国际发展潮流，逐渐向规范化方向发展。具体来说，我国农村市场中介组织的发展方向具体表现为以下四个方面。

（一）不断增加新的服务类型，完善中介组织功能

农村市场中介组织的主要功能是通过自身的经营活动，为组织成员提供行之有效的综合服务。政府应加强业务指导，引导农村市场中介组织健康发展。通过不断的发展与完善，充分发挥农村市场中介组织的积极作用，努力突破单一的服务功能，扩大服务范围，增加服务功能种类，延长服务链条，满足农民需求。专业技术服务、拓宽融资渠道将是农村市场中介组织重点发展的服务种类。

农村专业技术协会是农村市场中介组织中的类别之一，它是为了适应农村经济商品化、市场化和专业化生产的需要，在科技示范户、专业大户的带领下，同一专业生产的农户自发地组织起来，成立的专业技术市场中介组织。经过十多年来的探索和实践，农村专业技术协会从数量和质量上都有了很大提高，表现出强劲的发展势头。全国从东到西，从南到北，除西藏以外，各省、自治区、直辖市都有了农村专业技术协会，并得到迅速发展。1995 年 11 月 8 日，农村专业技术协会的全国性组织——中国农村专业技术协会（China Rural Special Technique Association，CRSTA）在北京正式成立，初步在全国范围内形成了农村专业技术协会的组织网络体系。随着农村市场中介组织服务范围的日益扩大，农村专业技术协会作为政府联系农业、农村专业技术研究和科学普及工作者的桥梁和纽带，必将在专业技术服务领域发

挥更大的作用。农村市场中介组织专业服务功能的增强，必将以农村专业技术协会为依托，开展类似于农村专业技术职称评审及认证工作的专业服务，从而在我国农业现代化过程中发挥更大的作用。

从专业服务领域来看，农村市场中介组织将不仅仅局限于提供专业技术服务，而倾向于提供综合服务及配套服务，尤其是融资服务将得到鼓励。通过融资服务，一方面可以有效地解决农村市场中介组织融资难的问题，可以从内部直接筹措到资金，降低融资的成本，同时还扩大了中介组织的资金规模；另一方面它可以降低农村市场中介组织的自然风险和市场风险，起到"稳定器"的作用，避免出现中介组织遇到风险而解体的尴尬现象。农村市场中介组织在坚持组织成员入股集资的同时，应拓宽融资渠道，大力筹措外部资金。随着中介组织规模的扩大和商品经济程度的加深，大多数中介组织都会面临资金匮乏的问题。我国目前农村市场中介组织有许多就是因为资金不足而步履艰难，狭窄的资金渠道和有限的资金积累，影响了经营规模的扩大和更新技术的投入，极大地限制了中介组织的正常成长。因此，随着农村市场中介组织的发展，在现代市场经济条件下必须设法拓宽融资渠道，弥补中介组织资金的不足。改革原有的分配制度、充分利用各种信用工具、争取各级财政的支持、鼓励其他涉农企业对农村市场中介组织的投入等，都将成为农村市场中介组织拓宽融资渠道的措施。纵观日本、韩国和我国台湾地区的农村市场中介组织，其成功的重要一点原因就是通过在组织内部设立一个专门的信用部，解决融资难和风险过大的问题，保持中介组织健康、持续的发展。我们认为，农村市场中介组织要持续快速的发展，必须通过融资服务这一纽带，增强其竞争力。

（二）建立与政府之间的互动机制，增强与政府之间的沟通能力

农村市场中介组织是农民在自愿的基础上组建的，不是任何行政力量推动的结果。虽然它在发起形式上包括农民自发兴办型、能人带头型、政府技术部门带头型和企业带动型等多种形式，但它的主体是农民，是尊重广大农民民主权利、民主决策的组织，是为农民利益服务的组织。目前，总体上

看我国农村市场中介组织的发展越来越受到政府的重视，并得到许多政策支持。但值得注意的是，农村市场中介组织在发展过程中，自身并没有独立的主体地位，许多地方的政府在农村市场中介组织的发展过程中始终处于主导地位。有些地方的政府不是根据当地的经济发展水平、产业集中度采取相应的政策措施扶持农村市场中介组织，而是以政府的力量来主导农村市场中介组织的产生与发展。如由基层政府指派中介组织管理人员，或行政人员直接加入中介组织成为领导者；在农村市场中介组织发展业务过程中，政府在公司与中介组织中间先当中介人，本该由公司与中介组织签订的生产合同或销售合同，变成由政府为公司担保或由政府代替中介组织直接与公司签订等。这类行为侵犯了农村市场中介组织的独立性，不利于农村市场中介组织的健康发展。目前我国的农村市场中介组织在许多方面背离了农村市场中介组织的基本原则，其中的绝大多数并不是真正意义上的中介组织，而且它们在中国现有的农村市场中介组织中占有相当的份额。这些农民合作组织长期在决策、经营、管理上高度依赖政府，与政府及其相关职能部门有着"剪不断，理还乱"的关系，突出的"官办"特点大大地减弱了对农民的吸引力。

在农村市场中介组织发展过程中政府地位的不明确直接阻碍了中介组织的发展，间接影响到了农村市场中介组织服务于农民大众的宗旨。究其原因，主要是农民和政府之间的沟通机制尚未建立，农村市场中介组织没有独立的市场主体地位，广大农民、农村市场中介组织并不具备与政府讨价还价的权力。这就需要政府转变自身工作机制，切实发挥自身引导者与监督者的作用，逐步削弱参与者、实行者的身份。政府应建立与广大农民、中介组织之间的互动机制，采取措施广泛听取广大农民群众的需求，引导农村市场中介组织真正服务于这种需求，最终使农村市场中介组织真正成为联结农民和政府的桥梁，一方面，农民可以通过农村市场中介组织向政府反映自身的需求；另一方面，中介组织也可以帮助农民理解政府意图，及时掌握各类信息，使农业法律和政策可以顺利实施。

（三）引进股份合作制，扩大资金筹集能力

从国际经验来看，农村市场中介组织基本的制度规定和本质特征是组织

成员公平地入股建立、民主管理和控制的组织，盈余的分配按照成员与中介组织的交易量进行返还。与之相比，现阶段我国大多数农村市场中介组织在内部组织制度建设与运行机制方面都存在着不少缺陷，在发展过程中普遍存在着组织化程度低、功能比较单一、市场主体不明确造成权责利不明晰等问题。同时，在社会主义市场经济条件下，农村市场中介组织作为组织和引导农户走向市场、帮助农户降低市场风险的经济组织，独立的市场主体地位是其必须具备的。此外，采取股份制的农村市场中介组织仅占中介组织总数的5%左右①，发展潜力巨大。

从以上分析我们可以看出，实行股份合作制是我国农村市场中介组织发展过程中的必然趋势。这一趋势能够在有关的农村市场中介组织章程和规定中融入现代企业制度的内容，股份制的引进可以增强成员的参与意识，使其共担风险、共享利益，而且股份合作的特征在农村市场中介组织的具体行为上也将体现得十分明显：①由于农村市场中介组织规模的扩大，成员数量的增多，全员大会逐渐由代表大会取代，一人一票制度正逐步被一股一票制度所取代；②由于狭窄的资金渠道和有限的资金积累极大地制约了农村市场中介组织的经营规模的扩大和新技术的更新，因此在现实条件下，农村市场中介组织要生存和发展，就必须设法扩大筹资渠道，弥补资金的不足。许多地方的农村市场中介组织一方面改革原来的分配制度，按交易额分配与按股分配并存，在分配中重视股金多寡的因素，以提高社员集资入股的积极性；另一方面充分利用各种信用工具，广泛地在农村市场中介组织外部融资，这一比例有逐步扩大的趋势。这标志着农村市场中介组织利用社会资金的能力大大增强。

（四）发展经济区域间农村市场中介组织联合会

在世界上农村市场中介组织发达的国家，中介组织之间联合是屡见不鲜的，走向联合也是我国农村市场中介组织发展的必然趋势。在市场经济激烈

---

① 黄祖辉等：《中国农民合作社的现状与制度安排》，《第七次中国供销合作经济论坛论文选编》，2004年。

的竞争形势下，单个农村市场中介组织往往实力有限，势单力薄，或难以有效地抵御市场压力，或难以有效地开展纵向一体化等。要克服目前我国农村市场中介组织普遍存在的"小、散、弱"的状况，就必须重视中介组织之间的联合与合作。联合会的形式可以多样化，既可以是类似于行业协会的行业性的、松散的联合体，也可以是类似于企业的基于资本联合的、比较紧密的联合体。

伴随着我国经济体制改革而发展起来的农村市场中介组织，并不是孤立的，从一产生就与其他组织有着千丝万缕的联系，在日常经营活动中应注意搞好中介组织间的联合，切实做到优势互补、风险共担。要根据需要，按照经济区域而非行政区域促进农村市场中介组织走向联合。在具体做法上，农村市场中介组织之间可以通过共同经营项目、共同投资等方式在经济区域内形成实力较强的联合会。日常经营活动的主体仍然是基层的农村市场中介组织，联合会可从总体上协调区域内的农村市场中介组织，发挥沟通与信息传递的作用，同时解决各中介组织不能独自解决的问题。

三、发展中国农村市场中介组织的对策建议

（一）规范和完善农村市场中介组织内部管理运行机制

1. 制定相对规范的章程及经营管理制度，使农村市场中介组织走向规范化发展的道路

农村市场中介组织章程的规范与完善是中介组织内在机制的核心内容，农村市场中介组织的发展必须要建立完善的章程，并通过组织内部科学合理的治理结构使这些章程真正得到贯彻，这样才能保证组织内部的民主管理、民主决策和公平利益分配。章程内容的制定，应该遵循国际上的基本原则，结合农村市场中介组织生产经营的特点，由全体成员讨论决定。同时，农村市场中介组织作为经济组织，其日常运转必须遵循完善的经营管理制度，从而保证自身利益最大化目标的实现。

章程应该明确发展目标，载明组织名称、住所、业务范围、宗旨与原则、成员权利与义务、股权设置及数额、盈亏处理、机构组成和职责、民主议事规则、合并与终止程序、修改章程程序等事项。农村市场中介组织必须严格实行按章选举、民主管理、民主决策、民主监督，有章可循才能做到规范化发展。同时，农村市场中介组织必须建立现代经营管理制度，包括：完善民主管理，保证农村市场中介组织成员的主体地位和经济利益；完善监督机制，加强对经营管理情况特别是财务上的监督检查；完善各项财务管理制度，自觉实行财务公开；完善内部收益制度等。此外，农村市场中介组织可在日常经营过程中提取一定比例的风险储备基金，用来弥补经营上的亏损，以保持为农户服务的连续性和稳定性。

2. 完善内部治理结构，规范管理行为

一是切实建立好农村市场中介组织的"三会"制度，规定好各自的职责、权限和相互间的制衡关系。成员大会是最高权力机构，决定组织发展的方向和一切重大事项。成员大会选举产生理事会和监事会。理事会是成员大会决策的具体执行机构，负责开展各项业务，处理组织在运转过程中出现的各种具体事务。监事会是监督机构，其职责是监督理事会执行成员大会的决策，当理事会因故不能行使职责时，监事会有权代行其职责，并尽快主持召开成员大会，选举产生新理事会。

二是建立规范的管理决策体制，经营控制决策权分配清晰。概括地说，农村市场中介组织的日常经营管理权是掌握在以经理为代表的管理人员手中，而经营战略的决策权则由董事会控制，并经全体成员代表大会同意，中介组织成员掌握着最终的控制权。当然，在现实操作中具有较强的灵活性，但无论怎样灵活多样，其目的均是为了明确成员、理事会、经理及监事会各自的责任、权利与利益，在农村市场中介组织的决策过程中形成一种有效的相互制衡关系。

3. 制定明细的工作责任制度，明确责、权、利关系

理事会应依据组织建立方针制定严格的财务管理制度，生产、经营管理制度，岗位责任制度，严格考核制度，确保中介组织各项工作顺利完成或者超额完成中介组织的各项指标。

制定明细的工作责任制度，主要包括人事劳动管理制度、财务管理制

度、工作会议制度、生产责任制度、成员缴纳会费制度、项目责任制度和奖励制度等，从而提高成员办理具体事务的责任意识和积极性。

农村市场中介组织应实行绩效考核制度，实现工资奖励、分红与责任紧密相挂钩。由农村市场中介组织制定一套规范、科学的绩效考核指标体系，由考评小组定期地对各部门、各责任人的责任落实情况、达标情况、工作成效进行考核，考核结果与工资奖励、分红相挂钩。

4. 完善利益联结机制

总结各地农村市场中介组织发展的经验教训认为，中介组织能否可持续发展主要取决于中介组织是否建立了完备的利益联结机制。调查显示，绝大多数农村市场中介组织缺乏科学、合理的财务核算论证，中介组织的利益分配制度尚未建立在科学的财务核算数据基础上，从而导致其难以与成员、农资生产企业、产品批发商、零售商等利益主体形成长期的稳定关系。因此，笔者认为，完善利益联结机制应做好两方面的工作：一是进行科学、合理的财务核算论证；二是建立、健全利益分配制度。

（1）财务核算论证。农村市场中介组织的财务核算论证主要是指在市场调研、分析的基础上，运用科学的费率测定方法，对成员的生产成本、中介组织的管理成本及农资供应、产品销售各环节、各渠道所需的最低费率及各方利益进行核算论证，并以此核算数据作为利益分配、分担风险的主要依据。

（2）利益分配制度。对于农村市场中介组织，其利润可以按交易额进行分配，也可以与按股分配、按责任分红相结合，但一般应以按交易额分配为主，目前要注意改变过分突出按股分配的倾向。完全按股分红或以按股分红为主的分配形式，可调动入股者的积极性，筹集更多资金，对于解决目前农村市场中介组织资金短缺问题起到重要作用，且这种形式在操作上比按交易额返还的形式简单，但这却难以体现出为农户交易服务这一中介组织的特征。因此，按股分红要适度，一般不要超过按交易额分配的比例。按责任分红主要是运用考核指标体系，根据成员的生产责任落实情况、管理人员的管理责任落实情况、任务完成情况，拟出考核结果，以此作为责任分红的主要依据。

（二）政府准确定位，对农村市场中介组织提供有效支持

从本质上说，农村市场中介组织是沟通广大农民与政府的桥梁，农村市场中介组织的发展壮大在有利于农民获取更大利益的同时，使得政府与农民之间的信息交流更加顺畅。农村市场中介组织一方面将农民的现实需求信息传递给政府，使政府在制定政策时有所侧重；另一方面，中介组织可以指导农民更好地领会政府的政策意图及潜在信息，使政府的政策方针能够得到顺利实施。在农村市场中介组织与政府的关系方面，农村市场中介组织独立的主体地位应得到保证，政府与农村市场中介组织之间的互动机制应尽快建立起来。农村市场中介组织作为服务于农民大众的独立实体，自身的经营活动不应受到政府的干预，但政府可以发挥自身引导者和监督者的身份为农村市场中介组织的规范化发展尽心尽力，必要时对其加以扶持。

在政府促进农村市场中介组织规范化发展的有关政策建议方面，笔者已经在第六章做过详细论述，在此强调两点：一是财政支持及税收优惠。各级政府财政可安排一定数量的资金，建立农村市场中介组织发展基金，用以支持符合政府产业政策的农村市场中介组织的技术进步、贷款贴息、教育培训以及组织间经验交流等，扶持农村市场中介组织开发新产品、发展新技术、改善服务设施等。同时，政府应尽可能减轻农村市场中介组织及其成员的赋税负担。对于农村市场中介组织的征收规定，要充分考虑农村市场中介组织对其成员实施赢利返还，产品具有正向外部效应等特殊性质，对农村市场中介组织的经营所得免征或减征部分企业所得税，对社员的股息、红利等资金收益免征个人所得税，以促进更多的农户参加农村中介组织。二是信贷支持，帮助农村市场中介组织拓宽资金来源渠道。为了增强农村市场中介组织的综合服务能力，提高其经济活动效率，农村市场中介组织应积极兴办经济实体，可以引入股份制，广泛吸纳各方投资，与其他经济组织进行资金联合，增加经济实力。金融机构要加大信贷投放力度，重点加大对特色明显、组织运行顺畅、服务功能完备、信用状况良好的农村市场中介组织的信贷支持。同时，探索完善担保和保险机制，凡法律法规不禁止、产权归属清晰、价值评估合理的各类资产，都可以作为贷款的抵押物；支持发展具有担保功

能的农村市场中介组织，探索建立农户、农村市场中介组织、农村企业和保险公司等各有关农村市场利益主体间的利益联结机制和互动合作机制。

政府对农村市场中介组织的扶持重点除上述两个方面外，还应在产业政策，以及准确的市场信息和市场趋势预测等方面给予更多的支持和帮助，具体内容在第六章已有论述。

（三）加快建设农村市场中介组织信息体系

无论是农村提升市场中介组织的市场运营能力，还是及时沟通与政府职能部门之间的相互联系，都需要一个强大的信息系统来支撑。农村市场中介组织信息体系应该是立足区域、面向全国、沟通世界，以现代信息技术手段为载体，融信息传播、知识扩散为一体，全方位、多功能的服务体系。在服务内容上，应包括农产品市场供求及价格走势、农业生产资料市场供求及价格动态、农业科技新成果及适用技术介绍、国家宏观调控及产业政策导向等信息。在服务功能上，通过建立大农业各领域专题数据库，建立农业专家咨询系统，开展网上服务、检索咨询服务等各种服务，发挥双向交流、反馈功能；农民通过网络向专家提出各种咨询，从而获得技术指导、经验知识及启迪。在服务效果上，要有利于农民做出正确的市场预期和科学的生产经营决策，使农民能够根据农副产品市场供求信息调整种养结构，减少生产盲目性。

加强农村市场中介组织信息体系建设，延伸网络触角。要充分利用中介组织已有资源和信息传递途径，开发多种信息传递途径，扩大网络服务范围。一要加快中介组织网站建设，扩张网络覆盖面。建立农业技术推广网络系统，发展现代化的宽带、高速农业信息网络，尽快完善相对完整的农村市场中介组织信息网络体系。二要建立多渠道、多形式、多层次的信息发布窗口。目前农民接收信息的主要渠道还不是互联网，电视、广播、报刊、电话等媒体和通讯工具还具有很高的利用率，要充分利用传统媒体和现代通讯工具的作用，使之与网络之间有机组合和搭配，向农民传递农业信息，交流农业技术和市场变化情况。三要充分发挥农村市场中介组织专业技术人员的辐射带动作用。中介组织专业技术人员大多有一定的技术基础和广泛的群众基础，最了解农村迫切需要的信息和技术，通过他们可以起到以点带面的作用，以一带十，以十带百，成为农业信息服务的纽带，促使农民从传统的封闭、保守的信息意识中解放出来，提高对信息的应用能力。可通过中介组织专业技术人员示范经营、与农户面对面传播信息等方法，推动周围农户按照市场需求，扬长避短，调整农业结构。

考虑到目前农民装配计算机并连接互联网的还比较少，农业信息要真正做到下乡、进村、入户，到达田间地头和农民身边，必须探索适合现阶段农村信息流通渠道的农村市场中介组织信息体系。要坚持传统手段和现代手段相结合，通过报纸、广播、电话、电视以及互联网等多种形式、多种渠道，把农业市场信息传递到村社、农户，将农村供求信息搜集整理上来，并对外发布。

（四）促进农村市场中介组织网络体系的建立

目前的农村市场中介组织形式多样，名称复杂，大多是各自为战，同行业内的组织规范化程度比较低，更不用说跨行业的了。中介组织规模很有限，一般限于村镇以内，跨村镇和跨县域的很少。单纯从数量上看，各地区都有了一定的规模，但是这些中介组织的发展空间、发展方向都很模糊，一旦其中介能力不断加强，就难以找到新的发展依托，使其要么止步不前，要么发展成为具有企业性质的新的组织，这都不利于满足农民对中介服务的需求。调查表明，目前有56.11%的农村市场中介组织的业务覆盖范围在县域之内，仅26.15%的农村市场中介组织实现了跨省经营。目前，沿海发达地区农村市场中介组织起步较早，组织形态较成熟，资金、技术、人才、管理经验等较充足，具有畅通的市场渠道和较好的品牌，但土地、劳动力等资源相对缺乏。而中西部地区的农村市场中介组织则起步较晚，组织形态和经营管理水平较低，资金、技术、人才等生产要素缺乏，但具有较充裕的土地、劳动力资源。两者如果真正实现区域合作，则有利于优势互补，而且两地的基层干部、农民都有交流与合作的强烈愿望，双方交流与合作的基础比较扎实。因此，推动区域间农村市场中介组织的交流与合作，实现区域资源、技术、信息等资源的共享，可使中介组织能够得到规范发展。政府在推动区域间农村市场中介组织的交流与合作时，可向日本农协学习，通过建立层层的组织网络，能够在更大范围内更灵活有效地利用农村市场来配置资源。

同时，各种类型的农村市场中介组织之间也应加强联合与协作。各种类型的农村市场中介组织间的联合与合作，可以改变当前农村市场中介组织发展初期力量薄弱的劣势，在向规模化发展的过程中提高自身抵御各种风险的能力。同时，从国外经验来看，建立相同产业的行业协会、联合社等农村市场中介组织联合体是农村市场中介组织发展的重要形式，日本农协就是这方面的例子。日本农协建立起了"基层团体—县级团体—中央团体"的二级网络体系，各层次密切相连，有机运作，从而壮大了自身实力，提高了自身驾驭市场的能力。[①] 就我国当前农村市场中介组织的发展形势来看，可以选择各地发展基础比较好的农村市场中介组织进行试点，在农村市场中介组织基础较好的产品领域成立一定范围内的中介组织联合体。同时，在体制上完善农村市场中介组织联合体的管理体系，省域内成立省级专业联合会，各地市分别成立相应的分会，各县成立基层联合会，各级政府通过协会对各类商品的生产予以调控和指导。

---

① 纪良纲、董进才：《完善农村市场中介组织的对策性研究》，载《社会科学论坛》2004 年第 4 期。

主要参考文献

［1］詹武主编：《农产品买难卖难剖析与对策》，北京科学技术出版社1993年版。

［2］李沙著：《拍卖行》，中国经济出版社1995年版。

［3］姚今观、纪良纲等：《中国农产品流通体制与价格制度》，中国物价出版社1995年版。

［4］农业部农村合作经济指导司、农村合作经济经营管理总站编：《引导农民进入市场的新型经济组织——农民专业协会》，中国农业出版社1995年版。

［5］纪良纲等：《农产品流通中介组织研究》，中国商业出版社1998年版。

［6］姚今观等：《贸工农一体化经营——理论与实务》，中国物价出版社1998年版。

［7］魏道南、张晓山主编：《中国农村新型合作组织探析》，经济管理出版社1998年版。

［8］纪良纲、王小平等：《市场中介组织与中小企业发展研究》，中国物价出版社2001年版。

［9］吴锦良：《政府改革与第三部门的发展》，中国社会科学出版社2001年版。

［10］杨明洪：《农业产业化的运行效率与风险防范》，四川大学出版社2002年版。

［11］焦必方、方志权：《中日鲜活农产品流通体制比较研究》，上海财经大学出版社2002年版。

[12] 张晓山:《联接农户与市场:中国农民中介组织探究》,中国社会科学出版社 2002 年版。

[13] 阁部守、章政等:《日本农业概论》,中国农业出版社 2004 年版。

[14] 林仁惠、王蒲华、黄跃东编著:《现代农村经纪人》,中国农业科学技术出版社 2005 年版。

[15] 农业经济合作组织研究课题组:《合作生金——国欣农研会 20 年发展与思考(1984~2004)》,中国农业出版社 2005 年版。

[16] 纪良纲、刘东英等:《中国农村商品流通体制研究》,冶金工业出版社 2006 年版。

[17] 冯绪芳:《农村市场化——理论与方法》,中国经济出版社 2006 年版。

[18] 吕炜主编:《中国公共政策:评价、演进与展望》,东北财经大学出版社 2006 年版。

[19] 傅夏仙:《农业中介组织的制度变迁与创新》,上海人民出版社 2006 年版。

[20] 张展:《中国市场中介组织的发展研究》,中国经济出版社 2006 年版。

[21] 世界银行:《中国农民专业协会回顾与政策建议》,中国农业出版社 2006 年版。

[22] 张要杰编著:《农业中介组织》,中国社会出版社 2006 年版。

[23] 李瑞芬:《农民专业合作组织知识》,中国农业出版社 2006 年版。

[24] 傅晨:《中国农村合作经济:组织形式与制度变迁》,中国经济出版社 2006 年版。

[25] 夏春玉等:《流通概论》,东北财经大学出版社 2006 年版。

[26] 荆林波主编:《中国商品市场发展报告》,社会科学文献出版社 2007 年版。

[27] 韩俊:《中国农民专业合作社调查》,上海远东出版社 2007 年版。

[28] 马彦丽:《我国农民专业合作社的制度解析》,中国社会科学出版社 2007 年版。

[29] [日] 速水佑次郎、[美] 弗农·拉坦著,郭熙保、张进铭等译:

《农业发展的国际分析》，中国社会科学出版社 2000 年版。

［30］徐金海：《专业化分工与农业产业组织演进》，社会科学文献出版社 2008 年版。

［31］［英］亚当·斯密著，张兴、田要武、龚双红编译：《国富论》，北京出版社 2007 年版。

［32］［美］盖伊·彼得斯：《政府未来的治理模式》，中国人民大学出版社 2001 年版。

［33］［美］奥立弗·E. 威廉姆森著，段毅才、王伟译：《资本主义经济制度——论企业契约与市场契约》，商务印书馆 2002 年版。

［34］［美］莱斯特·M. 萨拉蒙等：《全球公民社会——非营利部门视界》，社会科学文献出版社 2002 年版。

［35］［日］速水佑次郎著，李周译：《发展经济学——从贫困到富裕》，社会科学文献出版社 2003 年版。

［36］［美］曼瑟尔·奥尔森著，陈郁、郭宇峰、李崇新译：《集体行动的逻辑》，上海三联书店、上海人民出版社 2003 年版。